일본에 남은 임진왜란

노성환

제이앤씨
Publishing Company

일본에 남은 **임진왜란**

저자 서문

나는 역사학자가 아니다. 30여 년 동안 울산대학교 일본어일본학과에서 일본의 신화와 민속을 통한 한일비교문화론을 강의하고 있는 일본문화 연구자이다. 그렇다고 해서 완전히 역사를 등한시 할 수 있는 위치에 있지는 않다. 왜냐하면 일본과 같은 오랜 역사와 전통을 가진 나라를 이해하기 위해서는 전문적인 지식은 아니더라도 최소한 그 나라 사람들이 어떻게 살아왔는지에 대한 기본적인 지식은 필요하기 때문이다.

이러한 나에게 최근 새로운 연구 분야가 하나 더 생겨났다. 그것은 다름 아닌 일본 속에 남겨진 임란의 흔적이다. 이 테마를 만나게 된 계기는 규슈지역으로 현장조사를 갔을 때 마다 임란포로에 관한 이야기를 들었기 때문이다. 나중에 안 사실이지만 그러한 이야기는 규슈지역에만 있는 것이 아니었다. 임란 때 조선으로 출병한 왜장들이 살았던 곳에는 어김없이 나타나는 것이었다. 다만 우리가 미처 깨닫지 못하고 있을 뿐이었다. 따라서 교토와 오사카를 비롯한 관서와 시코쿠 지역, 그리고 야마구치, 오카야마 등지에서도 예외 없이 발견되었다. 그야말로 서 일본 전 지역에 걸쳐 임란의 흔적이 유적 또는 전승의 형태로 오늘에 이르기까지 전해오고 있는 것이었다.

좀 더 구체적으로 말하자면 어떤 지역에는 조선포로에 관한 이야기, 또 어떤 지역에는 조선에서 가지고 온 동, 식물의 이야기, 또 어떤 지역에는 우리를 괴롭힌 조총에 관한 이야기가 많았으며, 그리고 어떤 지역에는 전사자를 기리는 기념비 및 무덤 등이 지금까지 버젓이 남아 있었다.

1592년에 시작된 임진왜란은 1598년에 이르기까지 약 7년간 한반도를 초토화시킨 전쟁이다. 승부에 주안점을 둔 사람은 그 전쟁을 두고 승자도 패자도 없는 전쟁, 혹은 의병이 이긴 싸움이라고 말하기도 하며, 또 문화전파에 역점을 둔 사람은 일종의 문화전쟁이었다고도 한다. 사실 이 전쟁으로 말미암아 어느 나라도 남의 영토를 획득한 적이 없으며, 또 조선에서는 의병들의 활약이 두드러졌던 것도 사실이며, 그리고 많은 조선도공들이 잡혀가 일본 도자기 산업에 크게 기여했을 뿐만 아니라 활자와 서적 및 불상 등 많은 문화재들이 약탈되어간 것도 부인할 수 없는 사실이다. 그러므로 이상과 같은 정의가 결코 틀린 것은 아니다.

나는 그러한 관점에서 잠시 떠나 임란을 포로전쟁이라는 시점에서 바라보고자 한다. 왜냐하면 일본에 남겨진 흔적의 대부분이 포로의 형태이기 때문이다. 그런데 참으로 이상한 것은 지금까지 일본에 남은 임란포로에 관한 연구가 제대로 이루어지고 있지 않다는 사실이다. 그렇다고 전혀 없었던 것은 아니다. 한국의 이원순, 일본의 나이토 슌보(內藤雋輔)라는 연구자에 의해 선구적인 연구가 있은 이래 현재 몇몇 소수의 연구자들에 의해 진행되고 있기는 하다. 그러나 이들의 연구의 성과가 만족 할 만큼 본 궤도에 올라 있다고 말하기는 아직 이르다.

그러한 가운데 최근에 주목을 끄는 작업을 하고 있는 자가 있다. 그들은 다름 아닌 재일언론인 윤달세씨와 일문학자 최관씨이다. 윤달세씨는 이러한 유적지들을 직접 찾아가 보고 그에 관한 지역자료를 수집, 정리하여 소개하고 있으며, 또 그에 비해 최관씨는 일본문학에 나타난 임란의 흔적을 찾아 면밀히 분석한 결과를 소개함으로써 한일 독자들에게 크나큰 자극을 주고 있다.

이들이 접근하는 방법과 다루고 있는 자료들이 서로 다름에도 불구하고 하나의 공통점을 이루는 것은 일본 속에 남겨진 임란의 흔적을 찾고 있다는 점이다. 이러한 연구는 지금까지 좀처럼 이루어지지 않았다는 점에서 두 사람의 연구를 높이 평가하고 싶다. 그러나 일본 속에 남겨진 임란의 연구는 아직도 갈 길이 멀다고 생각한다. 그 작업은 현장을 답사하고 지역의 자료를 수집하여야 하는 고통이 따르는 작업임에 틀림없다. 그런 까닭에 한국사 전공자들에게는 언어로 말미암은 장애를 겪을 수도 있고, 또 일본인 연구자들은 자신들의 문제가 아니기 때문에 관심의 대상에서 멀어질 수 있다. 그렇다면 이 문제는 나와 같이 일본을 주된 연구대상으로 삼고 있는 한국인이 하지 않으면 안되는 주요한 과제가 아닐 수 없다. 그리하여 나는 아예 이 테마를 지금까지 해온 일본의 신화와 민속과 더불어 또 하나의 평생작업 대상으로 삼기로 했다.

본서는 몇 년간 이같은 작업을 해온 연구결과이다. 첫걸음이라 세상에 내놓기란 그저 미숙하기만 하다. 이것을 계기로 앞으로 각 현마다 현장조사를 통하여 임란의 포로와 흔적을 살펴볼 계획이다. 그런 만큼 이번 작업에 대해서는 독자 여러분의 넓은 아량과 이해를 구하고자 한다.

비록 보잘 것 없는 연구결과이지만 이것이 나오기까지 국내외 많은 사람들에게 신세를 졌다. 교토의 귀무덤의 기사를 모은 것을 선뜻 빌려준 나카오 히로시(仲尾宏)교수, 그리고 일본에 논개사당이 생겨나게 된 자료를 제공해준 진주의 윤승효기자, 규슈의 다케다와 야나가와의 조사 때 나의 발이 되어준 히다(日田)에 사는 사쿠라이 기요시(桜木潔)씨, 또 오카야마 등지의 조사 때는 지역사료를 제공해준 츠야마(津山) 향토자료관장 오지마 오사무(尾島治)씨, 비젠시(備前市) 역사민속자료관의 학예원 이와사키 구미(岩崎紅美)씨, 그리고 모든 제반 상황에 대해 적극 협조해준 하마다 다케시(浜田健嗣)씨에게도 감사를 드리고 싶다. 또 몇 차례나 걸쳐 실시한 사가와 나가사키지역 조사에 적극 협조해준 야마기타 카즈시게(山北和茂)씨 가족들의 은혜도 잊을 수 없다. 그리고 무엇보다 어려운 경제적인 여건 속에서도 본서의 원고를 기꺼이 맡아 출판해주신 제이엔씨의 윤석현 사장을 비롯한 편집부관계자 여러분께도 감사를 드린다.

2011년 8월 1일
문수산 자락 연구실에서   노 성 환

목차

제3장 논개와 로쿠스케 · 81
－후쿠오카의 보수원을 중심으로－

제4장 임진왜란과 기요마사의 전설과 신앙 · 119

제1장 조선인의 귀무덤의 성립과 배경

제2장 역사민속학에서 본 귀무덤

제3장 논개와 로쿠스케

제4장 논개와 로쿠스케

제5장 임란을 통해 건너간 조선의 동식물

제6장 사가의 임란유적

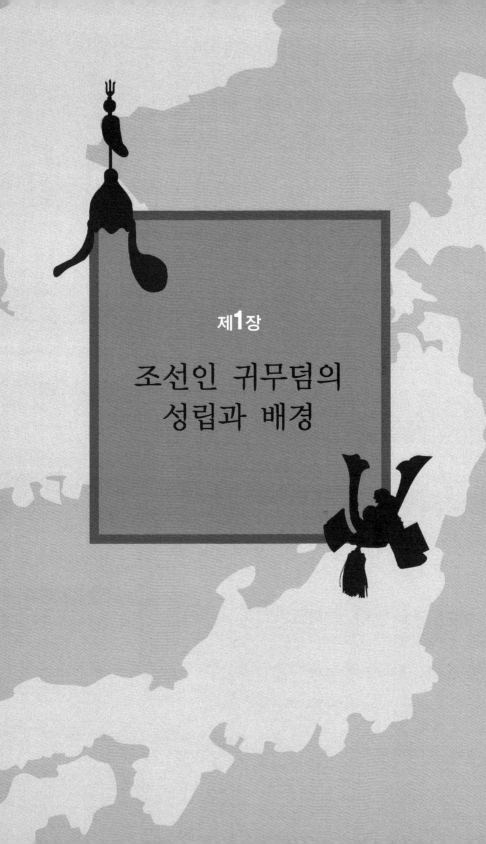

제**1**장

조선인 귀무덤의
성립과 배경

일본에 남은 **임진왜란**

제1장

조선인 귀무덤의 성립과 배경

1. 머리말

일본의 고도인 교토시에 가면 조선인의 귀무덤이 있다. 누가 언제 무엇 때문에 이곳에 조선인의 귀무덤을 만들었을까? 현재 그 입구에 세워져 있는 안내판에는 다음과 같이 설명되어 있다.

이 무덤은 16세기말 천하통일을 이룬 도요토미 히데요시가 한걸음 더 나아가 대륙에도 지배의 손길을 뻗기 위해 조선반도를 침공한 소위 문록, 경장의 역(임진, 정유의 왜란)에 관한 유적이다. 히데요시 휘하의 무장들은 고대 일반의 전공 표시인 머리 대신에 조선군민남녀의 코와 귀를 잘라 소금에 절여 일본으로 가지고 왔다. 이러한 것들은 히데요시의 명에 따라 이곳에 묻혔고, 공양의 의례가 치러졌다. 이것이 전해지는 귀무덤의 유래이다. 귀무덤은 사적 御土居와 함께 교토에 현존하는 히데요시 유적 중의 하나이며, 그 위에 세워져 있는 오륜의 석탑은 옛 그림에도 나타나며, 귀무덤의 석책을 통해 무덤의 축성으로부터 얼마 되지 않아 만들어진 것으로 생각된다. 히데요시가 일으킨 전쟁은 조선 반도의 많은 사람들로부터 끈질긴 저항에 부딪쳐 패배로 끝을 맺는다. 그러나 전역이 남긴 이 귀무덤은 전란 때 입은 조선 민중의 수난을 역사의 유훈으로서 오늘에 이르기까지 전하고 있다.[1]

....
1) 이 문장은 현재 귀무덤 앞에 교토시가 세운 안내판의 설명문을 번역한 것이다.

이것에 의하면 이 무덤은 히데요시의 휘하 장수들이 전공의 표시로 조선군민의 귀와 코를 잘라서 가지고 간 것을 히데요시의 명에 따라 묻고서 그 영혼에 대한 공양의례를 올렸다고 하는 것이다. 다시 말하여 이 무덤은 히데요시에 의해 만들어진 조선인의 귀와 코의 무덤이라는 것이다.

물론 이러한 설명은 이곳을 찾는 관광객을 위한 것이기 때문에 우리가 알고 싶은 내용까지 상세히 서술할 수는 없다. 그렇지만 이를 토대로 기본적으로 생각해 보아도 다음과 같은 몇 가지 의문점들이 자연스럽게 생겨난다. 하나는 일본 장수들이 무엇 때문에 코와 귀를 잘라갔으며, 둘은 그것을 검사한 히데요시가 버리지 않고 무엇 때문에 무덤형식을 만들어 공양을 하였는지, 셋은 그 속에는 코와 귀가 묻혀 있었음에도 불구하고 어찌하여 귀무덤으로 불리게 되었는지, 넷은 그 속에는 귀와 코만 있고, 다른 것은 없었는지, 다섯은 그 코와 귀가 반드시 조선인의 것인지, 여섯은 이 무덤을 일본 측은 어떻게 활용하였는지 등 많은 의문점들을 제기할 수 있을 것이다.

이러한 질문은 매우 기초적인 질문에 지나지 않는다. 그럼에도 불구하고 의외로 우리의 학계에는 여기에 대해서 그다지 관심이 높지 않다. 그에 비해 이곳을 찾는 한국 관광객들은 관심이 높아 귀국하여 그에 대한 소감을 인터넷을 통하여 솔직히 서술하고 있는 예를 찾기가 어렵지 않다. 그렇다고 해서 학계에서 그에 대한 관심이 전혀 없었던 것은 아니다. 필자가 일전에 지면을 통해 발표한 바가 있고, 그 이후 역사학자 이재범과 정재정의 글이 있으며, 일문학자 최관 등의 글이 있다.

그 때 필자는 조선인의 귀무덤은 전과에서 거둔 전리품으로서 대내외적으로 무력을 과시하기 위해 이용하였을 뿐 아니라, 그것을 만든 배경에는 일본의 이인살해 민속이 깔려 있다고 보았다.[2] 이에 비해 이재범은 교토의 귀무덤은 전과를 확인하기 위해 군과 민간인을 구분하지 않고 조선인의 코와 귀를 베어간 것을 묻은 것이며, 그 이후 그것은 일본이 조선보다 우위이며, 조선침략을 부추기는 국민동원의 이념적 도구로서 이용되었다고 했다.3) 그리고 정재정도 이것은 조선인의 4만여 개의 귀와 코를 묻은 무덤으로 그것을 만드는 데는 일본의 원령신앙이 바탕을 이루었을 것이라는 해석을 했다.4) 또한 일문학자 최관도 무덤은 일본군의 무위를 과시하려는 의도에 의해서 만들어진 것이라고 해석했다.5)

이들의 해석에서 보듯이 아직까지 우리나라에서는 귀무덤에 대한 연구는 기초적인 단계에 머물고 있다 하겠다. 이에 필자는 이상에서 제시된 의문점들을 해결하기 위하여 기존연구에 바탕을 두고 국내외의 고문서에 나타난 귀무덤에 관한 내용들을 검토하여 봄으로써 이상에서 제시된 문제에 대한 해답을 찾고자 하는 것이다.

---

2) 노성환(1997)「일본의 조선인 귀무덤」『일본 속의 한국』울산대 출판부, pp.34-41

3) 이재범(1988)「왜 조선인의 코를 잘라 갔는가」『한국과 일본 왜곡과 콤플렉스의 역사(2)』자작나무, pp.121-127

4) 정재정(2007)『교토에서 본 한일통사』효형출판, pp.132-133

5) 최관(2003)『일본과 임진왜란』고려대출판부, p.177

2. 귀무덤의 유래

〈그림 1〉 도요토미 히데요시

교토의 귀무덤은 누구에 의해 만들어 졌을까? 그에 대해서 일본 측의 문헌인 『녹원일록(鹿苑日錄)』(1597년)은 도요토미 히데요시라고 서술하고 있다. 여기에 대해 우리 측의 기록은 착오가 있었던 것 같다. 가령 1607년(선조 40) 통신사로서 일본을 다녀왔던 경섬(慶暹)의 기록인 『해사록(海槎錄)』과 1617년(광해 9)에 같은 통신사로서 일본을 다녀왔던 이경직이 남긴 『부상록(扶桑錄)』 그리고 1624년(인조 2)에 통신사로서 일본을 다녀온 강홍중의 『동사록 (東槎錄)』 등에 각각 귀무덤에 관한 기사가 실려져 있는데, 앞의 일본 측 문헌과는 약간 다른 견해가 서술되어 있다. 그 대표적인 사례로 경 섬의 『해사록』에 실려져 있는 교토의 귀무덤에 대한 내용을 살펴보기 로 하자.

왜의 서울 동교에 우리나라 사람들의 코무덤이 있다. 대개 왜국이 서로 전쟁할 적에 반드시 사람의 코를 베어 마치 헌괵[6]하듯이 하였던 것이다. 그러므로 임진년 난리 때에 우리나라 사람의 코를 거둬 모아 한 곳에 묻고 흙을 쌓아서 무덤을 만든 것이다. 그리고 나서 수뢰가 그곳에 비를 세웠는데 그 내용이 "너희들에게 죄가 있는 것이 아니라, 너희 나라의 운수가 그렇게 된 것이다…"하였다. 참호를 파고 담을 둘러 싸 밟지 못하게 하였다 한다.[7]

6) 전쟁에서 적을 죽여 그 왼쪽 귀를 잘라 바치는 것을 말함.
7) 경섬(1989) 「해사록」 『국역 해행총재(2)』 〈정봉화역〉 민족문화추진회, p.270

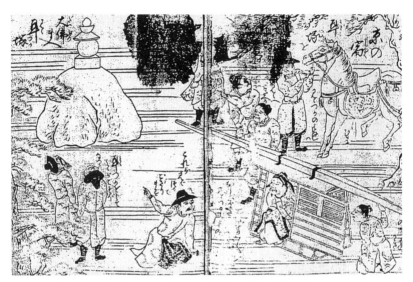

〈그림 2〉 귀무덤에 들린 조선통신사들의 일행(조선통신사이총견물회도)

여기에서 보듯이 『해사록』은 누가 만든 것인지 명확히 드러나 있지 않지만 그것을 만들 때 「수뢰(秀賴)」라는 인물이 「너희들에게 죄가 있는 것이 아니라 너희 나라의 운수가 그렇게 된 것이다.」라는 내용의 비문을 세울 정도로 깊게 관여하고 있음은 확인할 수 있다.

그러나 여기에 비해 이경직의 『부상록』과 강홍중의 『동사록』은 보다 상세하게 서술하고 있다. 즉, 그것들에 의하면 「수길이 우리나라 사람들의 귀와 코를 모아다가 여기에 묻고, 그가 죽은 후에 수뢰가 봉분을 만들고 비를 세웠다」고 명시해 놓고 있는 것이다.

이러한 기록들이 사실이라고 한다면 수길 즉, 히데요시의 시대 당시는 봉분 없이 그냥 묻혀져 있었던 상태를 수뢰(히데요리)가 다시 봉분을 만든 것이 된다. 다시 말하자면 히데요시는 조선인의 코와 귀를 그냥 묻어서 내버려 두었으나, 그것을 히데요리가 봉분을 만들어 비를 세우며 공양을 한 것이 되는 것이다.

그러나 귀무덤이 완성되고, 그의 영혼에 대해 시아귀회를 개최하는 그림을 보면 오늘의 모습과 많이 다르다. 즉, 무덤의 꼭대기에 오륜탑이 있는 것은 같지만, 그 규모면에서 오늘의 것과 비교하면 훨씬 작다. 이것은 조선통신사 일행들이 이곳에 들렀을 때 그려진 1748년의 것으로 보이는『조선인래조물어(朝鮮人來朝物語)』에 수록된「조선통신사이총견물회도(朝鮮通信使耳塚見物繪圖)」를 보더라도 알 수 있다. 여기서도 귀무덤은 그다지 크지 않게 그려져 있는 것이다. 그렇다면 도중에 누가 손을 보았다는 것이 된다. 이 일을 했을 가능성은 히데요시의 아들 히데요리일 가능성이 높다.

그가 이 사업에 직접 관여하게 된 계기는 순전히 도쿠가와 이에야스(德川家康)때문이었다. 이에야스가 동산(東山)의 방광사의 대불을 재건하는 것은 히데요시의 숙원사업이기 때문에 요도기미와 히데요리에게 그 유지를 받들어야 한다고 강하게 주장하였던 것이다. 이에 따라 히데요리는 공사를 벌여 1614년(경장 19) 4월 16일에는 범종이 완성되었고, 이윽고 건물과 대불도 완성되어 그 해 8월 3일에는 대불개안공양식이 거행될 예정이었다. 그러나 이에야스가 종에 새겨진 문구를 트집을 잡아[8] 이를 거절하는 바람에 이루지 못했던 일이 있었다.[9]

이러한 과정 속에서 히데요리가 방광사의 대불을 조성할 때 그의 전

---

8) 이 종에 새겨진 문장은 임란 때 조선으로 종군한 바 있는 남선사(南禪寺)의 승려 문영청한(文英淸韓:1568-1621)이 쓴 것으로 되어있다. 그런데 그 문장 가운데 문제가 된 것은「국가안강(國家安康)」「군신풍락(君臣豊樂)」이라는 부분이다. 이를 도쿠가와 측은 도쿠가와 이에야스(德川家康)의 가(家)와 강(康)을 자르고 도요토미(豊臣)를 군주라 하자는 의도가 숨겨져 있다고 보았다. 즉, 이에야스(康) 및 도쿠가와 가문을 모독하는 것으로 고의적으로 해석하여 도요토미 가문을 멸망시킬 대의명분으로 삼았던 것이다.

9) 中村彰彦(1988)「德川體制の確立と家康の謀略 －周到居士, 最後の大仕事－」『歷史群像シリーズ(7) 眞田戰記』學習硏究社, p.125

리품인 귀무덤도 함께 손을 보았음은 충분히 짐작하고도 남음이 있다. 방광사는 히데요시의 사후세계를 위해 세워진 사찰이다. 그러므로 자신의 아버지인 히데요시의 업적을 더 높이기 위해 방광사의 대불을 재건한다고 한다면 당연히 그의 전리품인 귀무덤도 손을 보아 봉분을 더 크게 만들고 주변을 치장하였을 것이다. 후술하겠지만 특히 귀무덤은 히데요시가 귀무덤이 완성되어 법요식이 열렸을 때 다음해에는 이를 확장하라는 명이 이미 내려져 있었다. 그러므로 그의 유지를 받든다면 당연히 그것에 손질이 가해졌을 것이다. 이와같이 본다면 귀무덤은 히데요시가 만들고, 그의 아들 히데요리에 의해 확장된 것이다. 조선통신사들이 히데요리가 만들었다는 것은 이러한 과정을 잘못 이해하였기 때문에 생긴 표현이었던 것이다.

〈그림 3〉 사이쇼 쇼타이
(오사카성 천수각)

히데요시는 귀무덤이 완성되었을 때 그 속에 묻혀있는 영혼을 위해 크게 법요식을 연다. 그때 법요식을 총괄지휘한 사람은 상국사의 승려 사이쇼 쇼타이(西笑承兌: 1548-1608)이었다. 그는 1597년 8월 16일 히데요시와 면담을 했고, 그해 9월 17일 히데요시로부터 귀무덤에 대한 시아귀회법요(施餓鬼會法要)를 명받았다. 그리하여 이 행사에 책임을 지고 그를 중심으로 그 해 9월 28일에 남선사(南禪寺), 천용사(天龍寺), 건인사(建仁寺), 동복사(東福寺)의 승려들과 함께 법요식을 치렀던 것이다.

히데요시는 우리에게도 너무나 잘 알려져 있지만 히데요리와 쇼타이는 잘 알려져 있지 않다. 그들은 도대체 어떠한 인물일까? 앞서 말했지만 히데요리는 히데요시의 아들이다. 히데요시가 죽고 그의 후계자가 되어 오사카성에 살았지만, 도쿠가와 이에야스에게 성이 함락되고 그의 어머니 요도기미(淀君)와 함께 자결로 목숨을 마감한 불행한 인물이었다.

이러한 히데요리에게 조선 사람들은 그의 아버지 영향도 있었는지 좋은 점수를 주지 않았다. 그 단적인 예로 경섬의 기록인 『해사록』에는 히데요리가 히데요시의 아들임에도 불구하고 그 사실을 부정하는 기사가 다음과 같이 서술되어 있는 것이다.

「수뢰는 그 어미가 간부와 간음을 하여 낳은 아들이다. 수길이 죽은 후에 간부의 일이 발각되자, 가강이 그의 죄를 다스리고 싶었으나 처치가 곤란한 점이 있음을 생각하여, 다만 그 간부를 절도(絶島)에 귀양을 보냈는데, 왜국 사람들이 노래를 지어 수뢰를 조롱하기에 이르렀다.」[10]

이와 같이 조선인의 귀무덤을 세우고 비문까지 세운 히데요리(秀賴)는 실제로 히데요시의 아들이 아니라 그의 어머니의 불륜관계에서 태어난 아들이라는 인식이 조선사회에서는 강하게 퍼져 있었던 것이다. 다시 말하자면 마치 그를 죽이고 일본천하의 대권을 차지한 도쿠가와 이에야스 정권의 탄생이 필연적인 것처럼 서술되어 있는 것이다. 부계 혈연중심의 사회인 조선사회에서는 히데요리와 같은 인물은 마땅히 배제되어야 할 부정적인 인물로서 인식되어졌던 것이다.

이러한 인식은 의미는 조금 달리하지만 상국사의 승려 쇼타이에 관해서도 마찬가지였다. 그는 불교승려임에도 불구하고 현실적인 정치에 참여했던 정치승려이었다. 특히 그는 도요토미 히데요시 뿐만 아니라

---

10) 경섬, 앞의 책, p.270

도쿠가와 이에야스의 한국에 대한 정책에 중용되었던 외교정책참모의 승려이었다. 그는 임진왜란 때 직접 규슈의 나고야(名護屋)까지 종군하여 명나라 사신을 맞이하여 강화교섭을 한 장본인이었고, 또 임란이후 일본 측 요청에 의해 사명당이 일본으로 파견되어 도쿠가와 이에야스와 면담을 하기 위하여 교토로 갔을 때 접대를 맡기도 했으며, 그리고 무역선을 인정하는 허가서를 발급하는 외교사무를 관장한 막강한 정치적인 힘을 가진 승려이었다.

특히 그는 나고야에서 명나라와의 강화교섭 때「히데요시를 일본국왕으로 봉한다」는 문구를 넣어 강화교섭을 하자는 고니시 유키나가(小西行長)의 간청을 거절하여 교섭을 결렬시킨 강경론자로 알려져 있는 인물이기도 했다.

이러한 인물이기에 조선시대의 지식인들은 그를 좋게 평가했을 리가 없다. 임진왜란 이후 우리나라에서 포로송환을 위해 통신사가 일본으로 파견되었을 때 쇼타이는 우리의 일행을 교토에서 맞이했다. 그 때 그는 일본 측이 우리의 사신에 대한 접대가 극진한 것을 보고「조선의 사신이 일본에 유익한 일이 있는 것이 아니라, 병기를 탐지하고 형세를 살피기 위해 온 것에 불과하니, 대접을 박하게 하는 것이 옳소」라고 주장한 인물로서 인상지어져 있다. 그리하여 우리 측의 기록에는 그를「이 중은 본디 탐심이 있고, 음흉한 자로 경인년(1590년)에 서계를 불손하게 한 것과 병신년(1596년)에 조사(詔使)를 협박한 것이, 모두 이 중에게서 나온 것이다」라고 평가하고 있는 것이었다.[11]

귀무덤의 영혼들은 공교롭게도 조선인들에게 있어서 극도로 부정적으로 평가되는 인물들에 의해 법요식이 치러졌던 것이다.

---

11) 경섬, 앞의 책, p.277

3. 귀무덤에 묻힌 영혼들

일반적으로 이 무덤을 미미즈카(耳塚)라고 하듯이 많은 사람들은 귀를 묻은 무덤이라고 생각하기 쉽다. 일찍이 그것에 대해 의문을 품는 사람이 있었다. 그 대표적인 자가 도쿄제국대학 교수였던 호시노 히사시(星野恒)이었다. 그는 1909년에 「교토 대불전의 무덤은 코무덤이지 귀무덤은 아니라는 것에 대한 고찰」이라는 논문을 통하여 이곳에 묻힌 것은 귀가 아니라 코라고 주장이다.[12] 그러므로 그에 따르면 원래 이 무덤은 코무덤이었던 것이 귀무덤으로 바뀌었다는 것이다.

여기에 대해 한국의 역사학자 정재정과 이재범은 의견을 달리했다. 그들은 처음부터 코와 귀가 묻힌 것이라고 해석했다. 특히 이재범은 그에 대한 증거로 가토 기요마사(加藤淸正)의 가신이었던 야마모토 야스마사(山本安政)의 기록과 토도 다카도라(藤堂高虎)의 가신인 나가노 기타우에몬(長野喜多右衛門)의 기록을 들었다. 즉, 그는 야마모토가 "임진년에 주로 귀를 자르다가 조선인의 코를 자르기 시작한 것은 정유재란 때였다."라 하였고, 나가노도 "조선인의 코를 자르기 시작한 것은 경장년간이다."고 언급하고 있는 것을 그 증거로 삼았던 것이다.[13]

그러한 예증은 일본 측 문헌에서 뿐만 아니라 한국 측 문헌에서도 나타난다. 특히 일본에 외교사절로서 다녀온 조선통신사의 기록에 귀무덤에 대한 기사가 많이 등장하는데, 그것들에 의하면 그 무덤은 조선인들의 귀와 코가 함께 묻혀 있다는 것이 압도적으로 많다. 가령 경섬은 코라고 하였지만,[14] 이경직은 우리나라 사람의 귀와 코를 모아다가

----

12) 星野恒(1909) 「京都大佛殿ノ塚ハ鼻塚ニシテ耳塚ニアラザル考」 『史學叢說(2)』 富山房
13) 이재범, 앞의 논문, p.122
14) 경섬, 앞의 책, p.270

여기에 묻은 것이라고 하고 있으며[15], 강홍중[16]과 조명채[17] 그리고 원중거[18]도 이경직과 같은 견해를 피력했다. 이처럼 조선통신사의 기록을 통하여 보면 그곳에는 귀뿐만 아니라 코도 함께 묻혀 있었다.

실제로 에도시대 때 출판된 많은 책자에도 그렇게 설명되어 있다. 가령 1684년에 출간된 『토예니부(菟藝泥赴)』에는 귀무덤에는 귀와 코가 묻혀 있다고 했고, 그 이후 『석산행정(石山行程)』(1689년), 『산성명적순행지(山城名跡巡行志)』(1754년) 등에도 코와 귀로 되어 있다. 이처럼 코와 귀가 함께 묻혔을 것으로 보는 것이 타당할 것 같다.

그러나 그곳에는 코와 귀만 있을까? 반드시 그렇지만은 아닌 것 같다. 그 예로 임진과 정유의 왜란 때 직접 참전한 오코오치 히데모토(大河內秀元)가 쓴 『조선물어(朝鮮物語)』에 의하면 "일본의 군사 16만이 토벌에 나서 조선인의 목 18만 538개, 명나라 사람의 목 2만 9,014개, 합계 21만 4,752개를 교토 헤이안 성 동쪽의 대불전 부근의 무덤에 석탑을 세우고 묻었다."라는 기사가 있다. 이것이 사실이라면 귀무덤 속에는 귀와 코뿐만 아니라 머리가 묻혀 있다고 보아야 한다.

이러한 사실은 일본 측 문헌인 『호천기(戶川記)』에는 진주성 전투가 묘사되어 있는데, 그 때 일본군은 전사한 조선군의 머리를 잘라 소금에 절여 그들의 발진기지인 나고야로 보냈다고 한다. 일문학자 최관[19], 역사학자 이이화[20] 등에 의하면 진주성 전투에서 전사한 목사 서예원, 병사 최경회 등의 목은 교토로 가져가 전시되어 처리되었다고 한다. 그

---

15) 이경직(1989) 「부상록」 『국역 해행총재(3)』 민족문화추진회, p.78
16) 강홍중(1989) 「동사록」 『국역 해행총재(3)』 민족문화추진회, pp.253 – 254
17) 조명채(1989) 「봉사일본시문견록 곤 문견총록」 『해행총재(10)』 민족문화추진회, p.249
18) 원중거(2006) 『화국지』 <이혜순 감수, 박재금 역> 소명출판, p.109
19) 최관, 앞의 책, p.177
20) 이이화(2000) 『한국사 이야기 (11) 조선과 일본의 7년전쟁』 한길사, p.194

리고 1814년에 발행된 『조선기(朝鮮記)』에서도 그와 같은 기사가 발견되는데, 그것에 의하면 "대장으로 알려진 10개의 사람 머리를 잘라 소금에 절여 일본에 보내어 태합(太閤: 히데요시)에게 보였다. 히데요시는 이를 모두 교토로 보내게 했다."고 한다. 여기에서 보듯이 조선측의 주요한 인물의 머리는 히데요시로 하여금 직접 보게 하였던 것이다.

한편 임진왜란에는 코를 자르다가 정유재란 때에는 귀를 잘랐다는 것도 사실이 아니다. 임진란 때에도 귀를 자른 흔적이 곳곳에 나타나는 것이다. 그 예로 『청정행장(淸正行狀)』에 의하면 임란 때(문록 2년)에 나베시마 나오시게(鍋島直茂)가 원산에서 군사 3천여기로 조선 측의 1,300여 목을 베고, 그 모든 시신의 귀를 잘라 일본에 보냈다고 했고, 또 그들은 정유재란 때(1593년 2월)에도 김제 등지에서 3천3백 69명의 목을 자르고 그들의 코를 잘라 일본에 보냈다고 했다.21) 이처럼 임진란 때는 코, 정유재란 때는 귀라는 등식이 반드시 지켜지는 것은 아니었다. 그러한 경향이 강하다는 것이며, 그 중 중요한 인물은 머리가 잘려 히데요시에게 보내졌다고 보는 것이 정확할 것이다. 그러므로 교토의 귀무덤에는 코와 귀 그리고 머리도 함께 묻혀 있는 것으로 보는 것이 타당할 것 같다.

그럼에도 불구하고 무엇 때문에 이 무덤이 귀무덤이라는 이름을 가지게 되었을까? 여기에 대해서 이재범은 일본의 유학자인 하야시 라잔(林羅山)이 본디 이 무덤은 코만 매장하였는데, 조선통신사들의 숙소가 이곳과 가까운 곳이었기 때문에 그들에게 혐오감을 덜 주기 위해서 코보다 귀가 나을 것 같아 이총으로 바꾸어 불렀다고 해석했다.22)

이러한 설명에는 그다지 설득력이 있는 것 같지 않다. 왜냐하면 하야

21) 琴秉洞(1978) 『耳塚』 二月社, pp.34-35
22) 이재범, 앞의 논문, p.122

시 라잔은 그러한 내용을 언급한 적도 없을 뿐만 아니라 코를 귀로 바꾸어도 보는 이로 하여금 혐오감을 주는 것은 마찬가지이며, 더군다나 귀무덤이라는 호칭을 처음으로 사용한 것도 하야시 라잔이 아니기 때문이다.

지금까지 보고된 바에 의하면 귀무덤이라는 호칭은 1617년 제2회 조선통신사들이 교토로 갔을 때의 모습을 그린 「낙중낙외도(洛中洛外圖)」(池田本)에 귀무덤이 그려져 있고, 그 이름이 귀무덤이라고 분명히 명시되어 있다. 이를 두고 나카오 히로시(仲尾宏)는 1642년 하야시 라잔이 쓴 『풍신수길보(豊臣秀吉譜)』보다 상당히 앞선 시기에 이미 귀무덤이라는 호칭이 사용되고 있었다고 지적하고 있는 것이다.[23)]

그림이 아닌 문헌으로 본다면 귀무덤이라는 호칭은 하야시 라잔의 『풍신수길보』가 최초인 것만은 사실이다. 그것에 의하면 히데요시의 부하들이 코와 귀를 잘라 히데요시에게 보내고, 이를 히데요시가 대불전(방광사) 옆에다 묻었는데, 이를 귀무덤이라 한다고 설명하고 있다. 그러한 설명의 영향이 컸는지, 그 이후에 출판되는 대부분의 교토 안내서에는 귀무덤이라고 했다. 1711년 발행된 『산성명적지(山城名跡志)』에서는 코무덤이라 하였지만, 『옹주부지(雍洲府志)』를 비롯한 나머지 대부분의 것에는 귀무덤이라고 이름을 붙이고 있는 것이다. 특히 『옹주부지』는 구로가와 도유(黒川道祐)의 저서로 교토 안내서에 절대적인 영향을 미치고 있었다. 이처럼 에도시대부터 명치초기까지 출판된 교토 안내서의 대부분에 귀무덤이라는 이름으로 정착하여 이제는 그 속에 묻힌 내용물과 관계없이 귀무덤이 일반적인 호칭으로 정착했다. 이처럼 귀무덤의 호칭은 「낙중낙외도」가 그 원류이며, 이를 하야시 라잔

23) 仲尾宏(2000) 『朝鮮通信使と壬辰倭亂』 明石書店, pp.230－231

과 구로가와가 계승하여 에도시대의 교토 안내책자에 영향을 끼쳐 이름이 유행하게 된 것이었다.

그렇다면 무엇 때문에 일본군들은 코와 귀를 베어 갔을까? 여기에 대해 힌트를 얻을 수 있는 기록을 임진왜란으로 말미암아 일본에서 포로생활을 하고 귀국한 강항(姜沆)이 적은 『간양록(看羊錄)』에서 찾을 수 있다. 그것에 의하면 「히데요시가 모든 장수에게 명하기를 "사람의 귀는 둘이지만 코는 하나이니, 마땅히 조선 사람의 코를 베어 머리를 대신하는 것이 좋겠다. 한 사람이 한 되씩으로 하되 소금에 절여서 나에게 보내라. 코의 수효가 채워진 연후에야 생포로 인정하겠다."하였다」24)고 기술하고 있다. 이처럼 전승의 증거로 목을 잘라서 보내는 것보다 코를 잘라 보내는 것이 부피로나 무게로나 훨씬 효과적이라는 발상에서 나온 것이었다.

이러한 아이디어는 누가 낸 것일까? 1705년에 간행된 『조선군기대전(朝鮮軍記大全)』에 의하면 "이 때 조선의 진에 있었던 여러 장수들은 적들을 참획한 바 그 수가 너무 많아 이들의 목을 일본으로 보내는 것이 어려웠는데 어떤 자가 생각을 내어 검시관에게는 적의 머리를 모아 보내어 검사를 맡은 후에 코와 귀를 잘라 그 수를 표시하고 일본에 보냈더니 히데요시가 좋아하여, 이에 여러 장수들도 이를 따라 커다란 통에다 넣어서 배에 실어 일본에 보냈다"25)고 설명했다.

이러한 설명은 널리 알려져 실제로 1971년경의 안내문에는 위와 같은 내용을 그대로 옮겨 놓은 듯한 글이 다음과 같이 적혀 있었다 한다.

----

24) 강항(1989)「간양록」『국역 해행총재(2)』민족문화추진회, p.175
25) 琴秉洞, 앞의 책, pp.35-36에서 재인용

도요토미 히데요시가 일으킨 문록, 경장의 역(1592, 1597년) 때에 어
느 무장이 쓰러뜨린 적의 수를 보고하는데 목을 가지고 가는 것은 무겁
기 때문에 그 대신 귀나 코를 베어 히데요시에게 보고한 바, 히데요시는
크게 기뻐했기 때문에 무장들은 모두 이를 배워 귀나 코를 베어 그 수를
보고했다. 그 귀와 코를 묻어 공양한 것이 이 귀무덤이다.26)

이상의 설명들은 머리 대신 코를 자르는 생각은 히데요시가 한 것이
아니라 조선으로 출병해 있는 한 무장의 아이디어인 것처럼 설명되어
있다. 그 자의 이름은 시마즈 마타시치로(島津又七郞)로 시마즈군에 소
속되었다고 전해진다. 그러나 일본의 전사에서는 그렇게 보지 않는다.
그 예로 구 참모본부가 펴낸『朝鮮의 役』에는 그것에 대하여 다음과
같이 서술하고 있다.

경장 2년(1597) 6월 초순에 야나가와 시게노부(柳川調信)가 귀국했
다. 히데요시는 시게노부에게 "조선이 아직도 굴복되지 않는 것은 전라,
충청의 2도가 버티고 있기 때문이다. 그러므로 앞서 발령한 방침에 따
라 우키다 히데이에(宇喜多秀家)를 좌군의 장수로, 고니시 유키나가(小
西行長)를 그 선봉으로 하여 전라도를 향해 벼를 베어 식량으로 삼고,
여러 성을 공략하여 충청도로 들어가라고 명령하고, 또 수급을 올리지
말고 그 코를 베어 소금에 절여 보내라고 명하였다. 시게노부는 그 달
14일에 부산으로 돌아가 이를 여러 장수들에게 알렸다.27)

이처럼 여기에서는 히데요시가 그러한 명령을 내렸다고 해석하고

----

26) 琴秉洞, 앞의 책, p.13에서 재인용
27) 琴秉洞, 앞의 책, p.41

있는 것이다. 금병동도 여러 일본 측 문헌들을 조사하여 그 명령은 히데요시 본인의 것이었다고 했다.[28] 실제로 그러한 아이디어를 히데요시 자신이 했을 수도 있고, 혹은 누군가가 그것을 히데요시에게 제공했을 수도 있다. 아무튼 그러한 명령을 내린 사람은 강항의 해석처럼 히데요시이었음은 틀림없다.

그러나 이 방법에는 한 가지 폐단이 있었다. 코이기 때문에 그것이 병사의 것인지, 전쟁과 관계없는 양민의 것인지 구분이 가지 않는다는 점이다. 이를 모를 리 없는 일본군들은 자신들의 전과를 올리기 위해 군민 그리고 남녀노소 가리지 않고 마구잡이식으로 코를 베는 일을 벌였음은 두말할 나위가 없었다.

정유재란 때에는 조선군과 명나라의 연합군 그리고 조선의 의병들의 반격이 거세게 일어나 일본군은 점차 궁지로 몰려가는 처지이었다. 이를 타개하려는 시도이었는지 오코오치의 『조선물어』에 의하면 "남녀노소, 승속 가릴 것 없이 모두 베어 머리를 잘라 일본으로 보내라." 는 명령을 내리고 있다. 그리하여 일본군은 노인과 부녀자를 습격하여 코를 베어 일본으로 보내는 허위 보고마저 자행하기를 서슴치 않았다. 더욱 충격적인 증언은 『본산풍전수안정부자전공각서(本山豊前守安政父子戰功覺書)』의 기록이다. 이것에 의하면 남녀는 물론 갓 태어난 어린아이까지 남기지 않고 죽이고, 코를 잘라 소금에 절여 가토 기요마사가 있는 울산까지 보냈다고 기록하고 있는 것이다.[29]

이처럼 잔혹한 행위를 서슴치 않고 한 반면, 이수광(李睟光: 1563－1628)의 『지봉유설(芝峯類說)』(1615년경)에 "이 때 우리나라 사람 중에 코 없이 살던 사람이 또한 많았다"[30]는 내용처럼 죽이지 않고 코만 베

28) 琴秉洞, 앞의 책, p.41
29) 琴秉洞, 앞의 책, p.59

어가는 사건도 비일비재했다.

그 때 제 2군단장이었던 가토 기요마사는 자신의 휘하 장병들에게는 의무적으로 1인당 코 3개를 베어오도록 하여 상당한 전과를 올렸다 한 다.31) 이에 자극을 받은 다른 장수들도 질세라 서로 경쟁을 벌이며 전 투에서 쓰러진 조선인들의 코를 마구 베어갔음은 두말할 나위가 없다. 『대일본고문서(大日本古文書)』(1925년)에 수록된 『길천가문서(吉川家 文書)』에 의하면 깃가와(吉川) 집안만 하더라도 1597년 9월 1일부터 10 월 9일까지 40일도 안되는 기간에 3만 천명의 코를 베었다고 한다.32)

이처럼 일본군에 의해 살해당하고 또 코와 귀를 잘린 사람의 숫자는 이루 말할 수 없이 많았을 것이다. 마산에 사는 향토사학자 조중화씨 는 그 때 일본군들이 베어간 코의 숫자는 약 100만 개로 추정했다.33) 한편 재일교포 역사학자 이진희씨는 그 많은 코 중에 교토의 코무덤 에 묻혀있는 조선인들의 코의 수는 약 5만 개로 추정하기도 했으며,34) 정재정은 적어도 10만여 명의 조선인이 귀와 코가 잘려나갔을 것으로 추정했다.35)

이렇게 무참하게 양민을 학살하여 잘라온 조선인들의 코는 소금, 식 초, 석회 등으로 방부처리가 되어 일본에 있는 히데요시에게 보내어 졌 다. 당시 일본군의 각 진영에는 히데요시로부터 직접 임명된 코의 수집 전담관이 파견되어 있었다. 그들이 전투에 참가한 병사들이 모아온 코 를 모아 검사한 다음 하나의 나무상자에 천개씩 넣어 본국으로 보내었

....

30) 이수광(1982)『지봉유설(상)』을유문화사, p.534
31) 貫井正之(1992)『秀吉が勝てなかった朝鮮武將』同時代社
32) 琴秉洞, 앞의 책, p.54
33) 조중화,「코무덤의 분노」
34) 이진희(1982)『한국과 일본문화』을유문화사
35) 정재정, 앞의 책, p.132

던 것이다. 이와 같이 보내어진 코의 숫자를 보고 히데요시는 장수들의 전과를 평가하였던 것이다. 호리 교안(堀杏庵)이 쓴 『조선정벌기(朝鮮征伐記)』에 의하면 "조선에서 자른 귀와 코를 수레에 싣고 오사카, 후시미, 라쿠츄(교토)를 지나 여러 사람들에게 보였다."[36)]고 했다. 이처럼 그들의 전리품으로 가져간 조선인의 귀와 코가 히데요시의 승리와 무위가 얼마나 위대한가를 각인시키는데 활용되었던 것이다.

그런데 앞에서 든 오코오치의 『조선물어』는 매우 중요한 또 하나의 기사를 우리에게 알려준다. 그것은 다름 아닌 귀무덤의 영혼들이 조선인만 있는 것이 아니라는 사실이다. 그 속에는 명나라 사람들도 들어있었던 것이다. 임진과 정유재란 때 우리뿐만 아니라 명나라도 참전했다. 그러므로 당연히 일본 측과 맞서 싸운 군사들은 조선군뿐만 아니라 명나라 군사들도 있었다. 일본군이 머리를 자르고, 또 코와 귀를 베었다면 조선군의 것만을 골라서 베었을 리 없다. 당연히 그 속에는 명나라 군사들도 포함되어 있었다고 보아야 할 것이다. 그럼에도 불구하고 지금까지 한일양국 모두 이를 간과해왔을 뿐이다.

이러한 증거는 곳곳에서 찾을 수 있다. 가령 『청정행장(淸正行狀)』에 의하면 1597년 2월 나베시바 카츠시게(鍋島勝茂)가 전구와 김제에서 조명연합군과 큰 전투를 벌였는데, 이때 그들은 조선군과 명군 3,369명을 살해하고, 그들의 코를 베어 일본으로 보냈다고 했다.[37)] 그리고 1598년 시마즈군(島津軍)은 사천에서 조명연합군과 싸우게 되는데 그 때도 조명연합군 측에서 전사자 38,717명이 나왔다고 일본 측의 문헌인 『정한록(征韓錄)』에 기록되어있으며, 『도진의홍공기(島津義弘公記)』와 『조선왜구사(朝鮮倭寇史)』에 의하면 이러한 시신에서 도려낸

36) 琴秉洞, 앞의 책, p.109
37) 琴秉洞, 앞의 책, p.35에서 재인용

코와 귀들을 10개의 큰 통에다 채워 넣어 일본으로 보냈다고 되어있는 것이다.38)

이러한 증거는 이 무덤이 처음으로 건립되었을 때 법요식을 주관했던 사이쇼 쇼타이의 기록을 통해서도 확인이 된다. 그는 그의 저서인 『일용집(日用集)』에 귀무덤을 "전투에서 죽은 대명(大明), 조선인들의 영혼들을 위해서 만든 무덤이라고 했고, 또 그의 다른 저서인 『녹원일록』에는 귀무덤을 「대명조선투사군영소축지총(大明朝鮮鬪死群靈所築之塚)」이라 표현하기도 했다. 즉, 이 무덤에 묻혀 있는 코와 귀 그리고 머리의 주인은 조선국에서 일본 측에 의해 살해당한 조선인과 명나라 사람이라는 것이다. 1799년에 나카이 치쿠잔(中井竹山)이 쓴 『일사(逸史)』에서도 "한명(韓明)의 귀를 잘라 모으고는 교토 방광사 앞에다 묻고 경관(京觀)을 했다."는 기록이 보인다. 즉, 귀무덤에는 조선인과 중국 명나라 사람들의 귀가 묻혀 있다는 것이다. 이처럼 이 무덤에는 조선과 함께 명나라 군사들의 코와 귀도 함께 묻혀 있는 것이다.

그것을 수적으로 따지자면 물론 중국인보다 조선인들의 것이 압도적으로 많을 것이다. 오코오치는 그 숫자마저 정확하게 기록하고 있다. 즉, 조선인은 185,738명이며, 명나라 사람은 2,914명으로 모두 합하여 214,752명이라는 것이다.39) 지금까지 우리와 일본은 그것을 한국에 너무 집착한 나머지 당연시되어야 할 중국인의 희생자들을 잊어버리고 있었던 것이다. 따라서 교토의 귀무덤을 한국인으로 국한시켜 해석하고 행동하는 것은 옳지 않다고 할 수 있다.

---

38) 琴秉洞, 앞의 책, p.56에서 재인용
39) 大河內秀元 『朝鮮物語(卷之下)』 琴秉洞, 앞의 책, p.106에서 재인용

4. 조성의 목적과 활용

히데요시는 귀무덤을 무엇 때문에 만들었으며, 그들의 후예들은 이를 어떻게 이용하였을까? 이를 알려주는 단서로서는 법요식을 집전했던 사이쇼 쇼타이의 기록인 『의연준후일기(義演准后日記)』을 보면 다음과 같이 서술되어있다.

상대의 나라를 원수라는 생각을 하지 않고 오히려 자민심(慈愍心)을 깊이하여, 곧 오산(五山)의 청중(清衆)에게 명하여 수륙의 묘공(妙供)을 설치하고, 원친평등(怨親平等)의 공양을 충실하기 위하여 그들을 위해서 분묘를 만들고, 이를 이름하기를 코무덤(鼻塚)이라 했다.[40]

여기에서 보면 귀무덤의 조성을 적병에 대한 자민심의 발로라고 설명하고 있다. 과연 그럴까? 이를 의심케하는 부분의 기록을 쇼타이가 그의 다른 저서인 『일용집』에 다음과 같은 내용을 적고 있는 것이다.

나는 목식상인을 만나서 모양을 들었다. 즉, 금일 대명, 조선의 투사의 군령을 위해서 만드는 무덤은 너무나 작다. 종횡으로 확장하고, 그 후에 시식을 해야 한다고 말했다. 태합(히데요시)이 금일 교토로 왔다. 나는 또 태합을 기다리고 만났다. 나를 보더니 묻기를 시식의 의를 아뢰기를 태합의 의도는 먼저 시식을 읽고, 무덤을 광대하게 해야 할 것이라고 했다.[41]

여기에서 보듯이 히데요시는 무덤을 조성하고, 시식(법요식)을 거행

---

40) 琴秉洞, 앞의 책, p.97
41) 琴秉洞, 앞의 책, p.98

〈그림 4〉 교토의 귀무덤

하지만, 앞에서도 언급하였듯이 현재 무덤이 작으니 내년에는 이를 크게 만들 것을 명하고 있는 것이다. 『범순일기(梵舜日記)』에 의하면 법요식은 1597년 9월 28일에 열렸으며, 날씨는 쾌청하였다고 한다. 그리고 400여 명의 승려들이 모여 향을 피우고 경을 읽고, 돈을 뿌리며 시식을 행하였다고 했다. 이 정도로 성대하게 치렀으니 이를 구경하는 사람들까지 모두 합하면 그 날 이 행사로 인산인해를 이루었을 것임은 짐작하고도 남음이 있다.

쇼타이는 귀무덤의 조성이 히데요시의 자민심으로 이루어진 것이라고 하지만, 이를 지금의 규모로는 작아서 종횡으로 크게 확장하라는 지시는 이를 단순히 자민심의 징표로 삼으려는 것이 아니라는 사실을 알 수 있다. 즉, 위장된 자민심으로 자신의 전공을 만천하에 드러내기 위함이었던 것이다.

이러한 흔적은 문헌에서도 잘 나타나 있다. 그 대표적인 예로서 일본

측 문헌인『태합기(太閤記)』에 의하면 일본인들이 조선인들의 코를 묻고 커다란 무덤으로 만든 이유는「그 코를 그 안에 묻고, 후세에 남기어 그 이름을 다른 나라에까지 떨치었다.」라고 기술하고 있는 것이다.[42] 그리고 기요가와 하치로(清河八郎)도 그의 저서『서유초(西遊草)』를 통하여 히데요시의 조선침략은 어떤 명분도 없는 그야말로 아무런 도움이 되지 않는 전쟁이었다고 비판하면서도 그가 만든 귀무덤에 대해서는 일본의 무위를 빛낸 사적이라고 칭송하고 있다.[43]

그러한 내용이 앞에서도 본『조선군기대전』에도 보인다. 즉, "히데요시공이 곧 여러 관리들에게 명하기를 이 코와 귀를 모아서는 교토시외(洛外)의 동산(東山) 대불전 부근에 묻고, 이를 귀무덤이라 칭하고, 후세에 이르기까지 우리나라의 영관을 이루게 하라고 했다. 지금 귀무덤이라고 전해지는 것이 바로 이러한 인연 때문이다."고 하고 있는 것이다. 그리고 앞에서 본『조선물어』에서도 귀무덤의 조성을 화한양조말대(和漢兩朝末代)의 명예를 나타내기 위함이라고 했다.[44] 그뿐만 아니다. 앞에서 본 호리의『조선정벌기』에서도 귀무덤은 "일본말대(日本末代)까지의 혁혁한 위광이며, 어린아이들도 히데요시의 덕을 노래했다"고 기록했다.[45]

이렇게 받아들이는 인식은 1895년 교토의 관광안내서인『경화요지(京華要誌)』에서도 그대로 나타난다. 그것에 의하면 귀무덤에 대한 설명과 함께 이를 바라보면 사람으로 하여금 히데요시의 웅무(雄武)를 연상케 한다고 서술하고 있는 것이다.

---

42) 琴秉洞, 앞의 책, p.107
43) 琴秉洞, 앞의 책, pp.108-109
44) 琴秉洞, 앞의 책, p.106
45) 琴秉洞, 앞의 책, p.109

이처럼 귀무덤은 국내인들에게 자신의 무력을 보여주기 위해서 만들어진 것이었다. 더군다나 귀무덤은 히데요시가 세운 절과 그가 죽어서 신으로 모셔지고 있는 풍국신사(豊國神社) 앞에 있다. 다시 말하여 그곳에 귀무덤이 조성된 것은 그것이 다름 아닌 히데요시의 전리품이었기 때문이었다.

히데요시가 죽고 나서도 귀무덤은 없어지지 않았다. 히데요시의 뒤를 이어 일본의 지배자가 된 도쿠가와 이에야스의 후예들에게 있어서도 이 귀무덤은 정치적으로 활용할 만한 가치를 가지고 있었다. 기나긴 전쟁이 끝나고 조선과의 국교정상화가 되고, 통신사 외교가 시작되자, 일본 측은 은근히 귀무덤을 조선통신사들에게 보여주기 시작했다. 그러한 것에서 일본 측은 대불전(방광사)에서 접대하는 것을 상례화하려고 하였던 것이다. 그 결과 초기에 일본으로 갔던 조선통신사들은 귀무덤을 보았다.

여기에 대해 일본 측 문헌들은 마치 기다렸다는 듯이 이들의 행동에 대해 과장하여 표현하기 시작했다. 1750년 기무라 리우에몬(木村理右衛門)이 쓴 『조선물어(朝鮮物語)』에 의하면 "조선인들이 일본에 올 때마다 이 무덤에 가서 일본의 무위를 무서워했다고 들었다."고 했고, 『조선태평기(朝鮮太平記)』에도 "히데요시공이 귀무덤을 만들어 무위를 후세에까지 남겼으며, 조선인들이 오늘날 일본에 올 때마다 이 무덤에 찾아가며, 일본의 병위(兵威)에 대해 두려움을 느낀다고 들었다."고 주관적인 표현을 서슴치 않고 하고 있는 것이다. 그리고 『태합기(太閤記)』에는 "태합이 명령을 하달하여 교토 동쪽 대불전의 앞에다 커다란 웅덩이를 파고, 귀와 코를 그 속에 묻고, 후세에 남겨 그 용맹을 다른 나라에까지 빛나게 했다."고 기록하고 있다. 이처럼 도쿠가와 정권은 귀무덤을 일본의 무위가 막강하였다는 것을 국내는 물론 국외적으로도 알릴 수 있는 좋은 선전물로서 활용하고 있는 것이다.

그러나 반대의견도 만만찮았다. 그 대표적인 예가 아메노모리 호슈(雨森芳州: 1668-1755)이었다. 그는 통신사외교에 있어서 빼놓을 수 없는 인물로서 당시 일본을 대표하는 외교관이자 지성인이었다. 그가 쓴 『교린제성(交隣提醒)』에 의하면 조선통신사들이 교토를 지나갈 때 일본 측이 의도적으로 귀무덤이 있는 방광사에서 접대하는 것에 대해 다음과 같이 비판하고 있는 것이다.

조선인에게 귀무덤을 보여준다는 것은 히데요시의 조선출병이 완전히 명분 없는 전쟁이며, 양국의 무수한 백성의 목숨을 빼앗아 간 포악한 행위에 지나지 않는다. 그것을 오늘날 다시 되풀이하며 뽐내려고 하는 것은 너무나 어처구니 없는 일본인의 무학과 무교양을 들추어내는 것이다.

이와 같이 조선인의 귀무덤은 임진왜란 이후 외교사절단으로서 일본으로 갔던 우리나라의 사신들에게 일본인들은 그들의 무력을 시위하는 정치적인 의도에서 일부러 보게하였던 것이다.

1799년에 발행된 아키자토 리토(秋里離島)가 펴낸 『도림천명소도회(都林泉名所圖繪)』에는 네덜란드인이 귀무덤을 보고 있는 그림이 실려져 있고, 그것에 대해 "도요토미 히데요시가 서쪽지역을 정벌하고 그 계책이 완료되고 개선하였다. 과거에 경관하기 위해 이를 세웠는데, 태평스러운 날에 화란인이 입공하여 와서 보고, (귀무덤은) 그들의 간담을 서늘하게 했다는 설명이 있다.[46] 즉, 히데요시가 서쪽 정벌에서 개

---

46) <豊氏西征, 計策完凱旋, 曾此築京觀, 和蘭人貢太平日, 猶使遠人肝膽寒>. 仲尾宏, 앞의 책, pp.94-95에서 재인용

선한 후 귀무덤을 만들어 사람들에게 보도록 하였는데, 이를 본 네덜란
드인들도 간담이 서늘했다는 것이다. 이처럼 귀무덤은 조선인뿐만 아
니라 서양인에게도 일본의 무위를 선전하는 재료로 활용되고 있었음을
알 수 있다.

　시대가 흘러 근대에 접어들어서도 일본 측은 귀무덤을 정치적으로
이용했다. 1898년 도요토미가 죽은 지 300년이 되는 해에 "풍공(豊公)
300年祭"라 하여 대대적인 행사를 벌이는 것이다. 이 무렵 일본은 청일
전쟁 이후 조선에서 점차 다른 열강들을 제치고 유리한 고지를 점령해
가고 있었다. 그러므로 일본은 귀무덤을 개수하면서 일본 국민들에게
조선 침략에 대한 의미를 재인식시킬 필요가 있었던 것이다.47)

　그들은 기념비도 세웠다. 이 비는 높이 약 3미터, 폭 1,2미터, 두께
40센티 정도 되는데, 이 때 제자(題字)는 육군대장 아키히도 신노(彰仁
親王: 1846-1903)가 쓰고, 찬문(撰文)은 묘법원(妙法院)의 승려 무라다
쟈쿠쥰(村田寂順: 1838-1905)이 썼다. 그것에 의하면 그들이 귀무덤을
새롭게 조성한 배경이 어떠한 것인지 분명하게 드러나 있다. 즉, 히데
요시가 귀무덤을 만든 것은 적의 시신을 경관하지 않은 초왕보다 덕이
있는 행위이며, 승려로 하여금 공양케 한 것은 적십자사 정신과도 통하
는 자인, 박애, 예의의 상징이라고 까지 칭송하면서, 조선은 일본과 보
거상의(輔車相依)와 순치상보(脣齒相保)48)의 관계로 만국에 솔선하여
일본은 조선의 독립을 돕고, 우의를 달성하여야 한다고 주장했다. 이처

---

47) 이재범, 앞의 논문, p.126
48) 「보거상의」는 떨어질 수 없는 밀접한 관계에 있기 때문에 서로 돕고 의지
　　하여야 한다는 것을 말하며, 「순치상보」는 입술과 이빨과 같이 상호 보
　　완하는 관계에 있다는 것을 말한다. 이같은 표현은 당시 일본이 조선과
　　운명을 같이 해야 한다는 미명 아래 조선이 청의 속국에 있는 것으로부터
　　독립시켜 일본과 병합시키려는 의도가 숨겨져 있다고 볼 수 있다.

럼 히데요시의 귀무덤은 적에 대한 자비심으로부터 나온 것이기 때문에 한일양국의 우의를 다지는 상징물로 해석하면서 동양평화를 운운하면서 조선과 하나가 되려는 야심을 그대로 드러내고 있는 것이다.

그리고 그 비문에 의하면 귀무덤을 새롭게 조성할 때 히데요시의 부하 및 임진과 정유의 왜란 때 조선을 침략했던 영주들의 자손들이 대거 참여했고, 대대적으로 모금운동을 벌이는 한편 교토시로 부터도 기부금을 받아서 1월 3일에 공사를 시작하여 같은 해 3월 20일에 준공하였다고 했다. 특히 이를 추진했던 풍국회(豊國會)의 회장은 당시 귀족원의 부의장이었던 후작 구로다 나가나리(黑田長成)이었고, 교토부도 전면적으로 지원을 한 국가적 일대의 행사이었다고 전해진다.[49] 구로다는 조선을 침략했던 구로다 나가마사의 후예로 알려져 있다.

이에 연예계도 합세하여 일본 전통 연극인 가부키에는 히데요시를 주인공으로 하는 이야기들을 무대에 올리기도 했다. 이재범에 의하면 이 극에 참여하는 주연배우들은 공연하기 전과 후에 풍국신사와 귀무덤을 참배하기도 했다고 한다.[50] 그뿐만 아니라 그들은 거금을 희사하여 귀무덤의 석책에 자신의 이름을 새겨넣기도 했다.

이와 같이 교토의 귀무덤은 정치적인 의미가 매우 컸다. 다시 말하여 그것은 대내적으로는 자신들의 자신감을 찾을 수 있는 전쟁의 전리품으로 사용했고, 대외적으로는 조선통신사들의 경우에서 보듯이 은근히 무력시위를 하는 도구로 사용했다. 그리고 근대에 접어들어서는 자신들의 국민들에게 해외침략사상을 고취시키는 유물로 이용하였던 것이다. 따라서 귀무덤의 발생 원인을 결코 박애정신에 입각한 인도적인 처사라고 볼 수 없는 것이다. 그것은 인도주의를 가장한 무력침략의 전리

---

49) 琴秉洞, 앞의 책, pp.112-113
50) 이재범, 앞의 논문, p.126

품이었으며, 언제든지 시대의 상황에 맞추어 정치적으로 이용될 소지
가 있는 역사의 유물이었던 것이다.

5. 마무리

이상에서 보았듯이 교토에 있는 귀무덤은 도요토미 히데요시가 만
들고, 그의 아들에 의해 확장되었으며, 쇼타이에 의해 시아귀회법요식
이 집전되었다. 그것이 그 자리에 있는 것은 히데요시가 세운 절과 신
사의 앞이기 때문이다. 즉, 히데요시의 전리품으로 세워진 것이었다.
그리고 이 무덤의 이름은 귀무덤이지만, 실재로는 귀와 더불어 코와 머
리도 함께 들어있었으며, 그 속에는 조선인의 것만 있는 것이 아니라
다수의 명나라 군사들의 것도 들어있다. 그리고 일본은 도요토미의 사
후에도 이를 없애지 않고 이를 보존하면서 여러 면에서 정치적으로 활
용한 예가 많았다. 가령 대내적으로는 일본국위를 드러내어 국민적 통
합을 이루는 계기로 만드는 데 활용되었고, 대외적으로는 외국인(조선
통신사와 서양인)들에게 의도적으로 이를 보게 함으로써 그들의 무력
을 과시하였다. 그야말로 귀무덤은 우리에게는 뼈아픈 교훈을 전하는
유적이지만 일본인들에게는 다양하게 이용할 가치가 높은 역사적인 유
물이었다.

이러한 귀무덤이 오늘날에는 한일관계에서 어두운 과거를 털어버리
고 밝은 미래로 나아가는데 활용되고 있다. 그 대표적인 예가 지난 부
산의 자비사 박삼중 스님이 이 무덤에 묻혀있는 영혼들을 고국으로 환
국시키는 운동이었다. 이를 성사시킨 박삼중 스님은 1990년 4월 22일
경남 사천 조명군총의 묘역에 그 영혼을 모시는 행사를 대대적으로 벌

인 적이 있다. 이 행사에 한일양국의 인사들이 대거 참석하였지만 중국 측 인사는 아무도 참석하지 않았다. 이는 오늘날 한국과 일본 측에서는 이 무덤의 영혼은 조선인이라는 인식이 너무나 강한 나머지 중국인도 함께 묻혀져 있다는 것을 간과함에서 생겨난 결과이었다. 이처럼 귀무 덤은 오늘날 또다시 새롭게 변신하여 우리에게 다가오고 있는 것이다.

참고 문헌

강항(1989)「간양록」『국역 해행총재(2)』민족문화추진회

강홍중(1989)「동사록」『국역 해행총재(3)』민족문화추진회

경섬(1989)「해사록」『국역 해행총재(2)』민족문화추진회

노성환(1997)『일본 속의 한국』울산대 출판부

신기수(1991)「통신사의 길에 비친 한일교류」

원중거(2006)『화국지』<이혜순 감수, 박재금 역> 소명출판

이경직(1989)「부상록」『국역 해행총재 (3)』민족문화추진회

이이화(2000)『한국사 이야기 (11) 조선과 일본의 7년전쟁』한길사

이진희(1982)『한국과 일본문화』을유문화사

이재범(1998)「왜 조선인의 코를 잘라 갔는가」『한국과 일본 왜곡과 콤플렉
　　　　스의 역사(2)』자작나무

정재정(2007)『교토에서 본 한일통사』효형출판

조명채(1989)「봉사일본시문견록 곤 문견총록」『해행총재(10)』민족문화추
　　　　진회

최관(2003)『일본과 임진왜란』고려대출판부

琴秉洞(1978)『耳塚』二月社

仲尾宏(2000)『朝鮮通信使と壬辰倭亂』明石書店

中村彰彦(1988)「德川體制の確立と家康の謀略 －周到居士, 最後の大仕事－」
　　　　『歷史群像シリーズ(7)』學習研究社

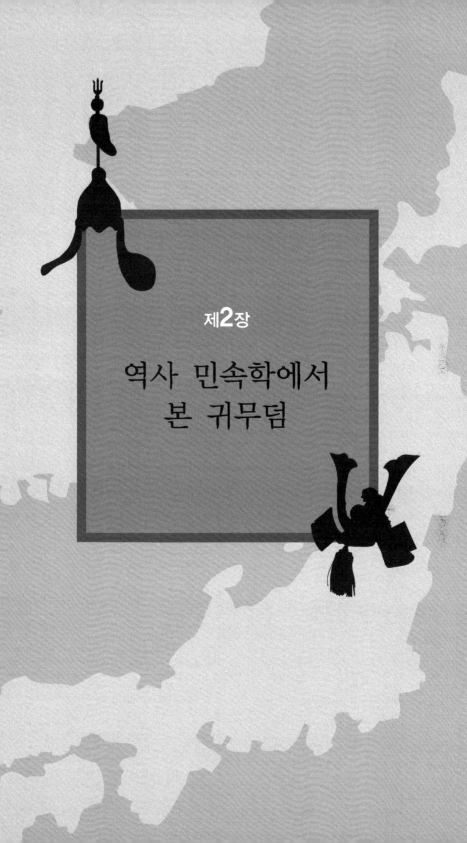

제**2**장

역사 민속학에서
본 귀무덤

일본에 남은 **임진왜란**

제2장

역사 민속학에서 본 귀무덤

1. 머리말

　임진왜란과 정유왜란 때 왜군이 저질렀던 잔인한 행위 중 하나는 조선인들의 머리와 코 그리고 귀를 잘라서 소금이나 석회에 절여서 통에 넣은 다음 일본으로 보내는 일이었다. 얼마나 많이 잘랐는지, 나베시마군(鍋島軍)과 킷가와군(吉川軍)이 1597년(慶長2) 8월 21일부터 10월 9일까지만 잘랐던 코의 수가 무릇 29,251개나 된다고 한다.[1] 이것이 과장이 아님은 우리 측의 기록 유성룡의 『징비록(懲毖錄)』[2], 이수광의 『지봉유설(芝峯類説)』[3], 김시양(1581-1643)의 『자해필담(紫海筆談)』[4] 등에서도 왜군들이 귀를 자르는 기사를 찾아 볼 수 있는데, 그 중 『자해필담』에 의하면 "적이 호남을 경유하여 길을 몰아 진격하는데, 그들이 지나가는 곳은 잔인하기가 임진년 때보다 심하여, 사람을 만나면 죽이고 그 코를 베었으며, 마을을 만나면 불질러서 숲과 나무를 남기지 않았다."[5]고 했다.

....

1) 藤木久志(2005) 『天下統一と朝鮮侵略』 講談社, p.443
2) <적들이 3도를 유린하고, 지나는 곳마다 집들을 불태우고, 백성들을 살육하고 무릇 우리나라 사람들이 잡히면 모조리 그 코를 잘라서 무위를 과시했다.>
3) <당시에 코 없이 겨우 목숨만 부지하던 사람이 많았다>
4) 김익수 역(2001) 『화담 김시양 문집』 화담 김시양 문집 발간추진회, p.72

〈그림 5〉　　　　〈그림 6〉
야나기다 구니오　　미나카타 구마쿠스

이처럼 왜군은 우리나라 사람들을 살육하는 것도 모자라 신체에서 코나 귀를 잘라 갔다. 그렇게 일본으로 건너간 조선인들의 코와 귀, 그리고 머리가 모아져 교토의 귀무덤이 되었다는 사실은 이미 널리 알려져 있다.

그럼에도 불구하고 일본민속학의 시조라 할 수 있는 야나기다 구니오(柳田國男)는 기존의 해석과는 달리 교토의 귀무덤은 조선인 귀나 코가 아니며, 제의에 사용하기 위해 동물의 코나 귀를 잘랐던 이야기가 세월이 흐름에 따라 부풀려지고 그것이 어느덧 히데요시와 결부되어 조선인의 귀무덤이라는 지명이 생긴 것으로 해석한 적이 있다.6) 그는 귀무덤을 히데요시의 명에 따라 왜군이 조선에서 자행한 결과로 인해 생겨난 것으로 보지 않았다. 즉, 그것은 역사적 사실이 아니라 전설로서 보았던 것이다.

그러한 해석에 대해 같은 세대의 민속학자이자 박물학자, 생물학자이기도 한 미나카타 구마쿠스(南方熊楠:1867－1941)는『정한위략(征韓偉略)』,『길천문서(吉川文書)』,『원친기(元親記)』,『일용집(日用集)』 등 여러 가지 문헌에 적힌 내용을 전거로 교토의 귀무덤은 참으로 한인들의 코와 귀를 묻은 것이라는 것을 확신한다고 했다.7) 그리고 히데요시

5) 김익수 역, 앞의 책, p.72
6) 柳田國男(1963)「耳塚の由來に就いて」『定本 柳田國男全集(12)』筑摩書房, pp.508－510
7) 飯倉照平編(1994)『柳田國男. 南方熊楠 往復書翰集(下)』平凡社, pp.340－345

라는 인물은 자신의 조카인 히데쯔구의 가족들을 죽이고는 그것을 묻
어 축생묘라는 무덤을 만든 사람이므로 적을 죽이거나 또는 죽이는 대
신 그 귀나 코를 가지고 오게 하는 것 정도는 주저하지 않을 사람이라
고 하면서, 귀무덤은 역사적인 사실이라고 비판을 가했던 것이다.[8]

  오늘날의 시점에서 본다면 매우 기초단계에 있는 논쟁이었지만, 야
나기다는 역사학적인 입장보다 구승문예를 중시하는 민속학적인 입장
에서 보려고 했고, 미나카타는 민속학적인 입장보다 역사학적인 입장
에서 보려고 한 것에서 빚어진 결과이었다. 이러한 점을 감안한다면 오
늘날 귀무덤의 연구는 민속학적인 접근보다는 주로 역사학적인 방법에
의해 이루어지고 있다. 그 결과 교토의 귀무덤은 히데요시에 의해 만들
어졌고 전승기념물로서 또는 무력과시용으로서 이용되었으며, 그 속에
는 조선인뿐만 아니라 명나라 군사들의 것도 들어 있으며, 코와 귀뿐만
아니라 머리도 들어 있으며 근세에는 무력과시용으로 사용되어지다가
근대에 접어들어서는 조선을 병합시키기 위해서도 이를 정치적으로 이
용한 사실 등이 밝혀져 있다.

  이러한 역사학적인 방법으로 인해 교토의 귀무덤에 대해서 어느 정
도 그 실체가 파악된 것은 사실이지만 여전히 귀무덤에 대해서 풀리지
않은 의문점들이 남아 있다. 가령 귀무덤은 교토에만 있는 것일까 하는
것이고, 또 일본인들은 이를 버리지 않고, 무엇 때문에 무덤까지 만들어
자신들이 죽인 영혼들을 공양을 하는 것이며, 그리고 이를 외국인들은
어떻게 바라보았을까 하는 것이다. 같은 일련의 의문점들에 대해서 기
존의 연구들은 그다지 관심을 기울이지 않았다. 그리고 이러한 문제들
을 해결하기 위해서는 역사학뿐만 아니라 영혼을 다루는 민속학적인 시

---

8) 南方熊楠(1973) 『南方熊楠全集(9)』 平凡社, pp.338-347

점도 함께 고려되어야 한다. 본 장에서 하는 역사 민속학적인 관점에서 이상에서 제시된 문제에 대한 해답을 찾고자 하는 데 그 목적을 두었다.

2. 귀무덤은 교토에만 있을까?

조선인들의 코와 귀의 무덤은 교토에만 있는 것이 아니었다. 교토 이외에도 적어도 세 군데나 더 있었다. 후쿠오카현 카시이(香椎)에도 귀무덤이 있었고, 오카야마현의 비젠시(備前市)에도 코무덤이 있으며, 또 같은 현의 쯔야마시(津山市)에도 귀무덤이 있다. 그리고 과거에 가고시마(鹿兒島) 성 부근에도 그러한 무덤이 있었다. 이처럼 조선인들의 신체 일부가 일본의 무덤 속에 잠들어 있는 예는 교토이외에도 얼마든지 찾을 수 있다.

후쿠오카의 귀무덤에 대해서는 일찍이 야나기다 구니오가 비교적 상세히 서술한 바가 있다. 그 내용을 소개하면 다음과 같다.

> 치쿠젠(筑前) 가스야군(糟屋郡) 카시이무라(香椎村) 아자(大字) 하마오(濱男)의 해변에 한 개의 귀무덤이 있다. 신공황후가 삼한정벌에서 돌아와서 만든 것이라고 알려져 있다....그러나 이 무덤은 오늘날 "갑옷무덤(胄塚)"이라고 불리는 무덤과 나란히 서 있으며, 그다지 크지 않은 무덤으로 지역민들은 옛날부터 실제로 귀가 묻힌 것으로 생각하고 있지 않은 것 같다. 연보연간(延宝年間 : 1673~1680)에 이를 파헤쳐 보았더니 넓이 3간, 높이 1간정도의 석실로 4척의 큰 칼이 그 속에 있었다 한다.[9]

---
9) 柳田國男, 앞의 책, p.508

여기에서 보듯이 후쿠오카에 있는 귀무덤은 신라를 정벌하고 돌아온 신공황후가 만들었다고 되어 있다. 그것이 사실이라면 그 귀는 신라인들의 것이다. 그러나 신공황후는 이미 잘 알려진 바와 같이 실재한 일이 없는 전설상의 인물이다. 그러므로 그 무덤을 실제로 신라인의 귀무덤이라고 할 수는 없다. 더군다나 지역민들도 그렇게 믿지 않고 있었다. 재일 사학자 금병동이 1977년에 그곳을 답사하였을 때도 지역민들은 그 무덤을 몽고군과 관련시켜 설명하고 있었다 한다. 실제로 그곳에서 출토된 유물도 「나무묘법연화경」이라는 문구와 함께 몽고군이 일본에 침략하였을 때 희생된 사람들을 공양하기 위한 패(札)들이 출토되었다.[10] 그러므로 이 무덤은 원래 몽고침입 때 희생된 일본 측의 무명용사비이거나 아니면 일본으로 쳐들어간 몽고 및 고려병사들의 시신이 묻혔을 가능성도 있다.

그것도 원래는 귀무덤이 아니었다. 비석에는 머리무덤(首塚)이라고 새겨져 있기 때문이다. 다시 말하여 머리를 모아 묻었던 무덤이 어느덧 세월이 흘러 신공황후의 전리품으로 신라인의 귀무덤으로 변해 있는 것이다. 그러나 비록 그것이 역사적 사실이 아니라고 하지만 적군의 귀를 잘라서 무덤을 만든다는 사고마저 부정할 수 없다. 이러한 사고에서 귀무덤과 코무덤이 발생하고 있기 때문이다.

이에 비해 오카야마현(岡山縣) 비젠시(備前市) 가카도(香登)의 구마야마(熊山)에 있는 것은 분명히 교토의 귀무덤과 같은 임진과 정유의 왜란 때 희생되었던 조선인들의 코무덤이었다. 이 무덤은 구마야마(熊山)의 상고원(尙古園)이라는 공원의 동쪽에 위치해 있다. 상고원이란 전쟁에 나가서 전사한 사람들의 기념탑이 즐비하게 세워져 있는 곳으

---

10) 琴秉洞(1978)『耳塚』二月社, pp.181－184

로 보아 일종의 충혼공원과 같은 곳이었다. 이러한 곳에 조선인의 코무덤이 있다는 것은 그들의 전리품으로서 만들어졌을 가능성이 높다. 그무덤은 현재 사방으로 돌로 둘러쳐진 곳에 조그마하게 봉분이 있고, 그뒤에 아주 작은 사당이 세워져 있다. 지역민들은 이 무덤을 이총(耳塚)또는 백인비총(百人鼻塚), 「천인비총(千人鼻塚)」이라고 했고, 그 사당을「천비영사(千鼻靈社)」라 했다. 일설에 따르면 그곳에 묻힌 조선인의 귀또는 코가 백명 분 혹은 6만명 분의 것이 묻혀있다고 전해진다.[11]

〈그림 7〉 가카도의 코무덤

지역민에 따르면 임진왜란 때 조선으로 쳐들어왔던 왜장 우키다 히데이에(宇喜多秀家 : 1573－1655)의 가신이었던 로쿠스케(六介)에 의해 세워졌다고 한다. 현재도 그의 후손이 살고 있는데, 그의 직계 후손인 기이 조이치(紀伊條一)에 의하면 로쿠스케는 이 지역 출신으로 나가부네 기이모리(長船紀伊守)의 기수(旗手)로서 조선침략전쟁에 참가했다. 귀국 후에 소금에 절여진 상태에서 일본으로 보내진 조선과 명나라 병사들의 코를 모아서 "비록 적병이지만 나라를 위해 목숨을 바친 자들"이라 하며 정중하게 다루어 무덤을만들어 모셨다고 한다. 그가 죽고 나서도 로쿠스케 후손들은 조상제사를 지낼 때 이들의 영혼들에 대한 제사도 함께 지내고 있다 한다.

현재 코무덤은 옛날과 달리 깨끗하게 정비되어 있다. 입구에는 비총적(鼻塚跡)이라는 비석이 세워져 있고, 코무덤은 나즈막한 봉분의 형태를 취하고 있고, 그 뒤에 앞에서 말한 사당이 있다. 기이씨의 증언에

11) 西川宏(1982)『岡山と朝鮮』日本文敎出版株式會社, p.85

의하면 코무덤 아래가 절벽인데, 이것이 자꾸 무너져내려 사재를 털어 토목공사를 하고, 원래의 위치에서 뒤로 옮겨진 상태라 한다. 사당은 두칸으로 되어 있는데, 왼쪽의 것에는 조선인의 영혼을, 오른쪽의 것에 는 로쿠스케의 영혼을 모셨는데, 현재는 조선인의 영혼들이 귀국[12]하 였기 때문에 그 자리에는 정비사업 때 기부한 사람들의 명부가 들어있 다고 했다.

한편 쯔야마시의 귀무덤은 이치노미야(一之宮)이라는 주택지 한가운 데 위치하고 있으며, 일반적으로 미미지조(耳地藏)라는 이름으로 불리 고 있다. 그곳에 세워진 안내문에는 향토사가인 마츠오카(松岡三樹彦) 씨가 쓴 문장이 다음과 같이 기록되어있다.

> 오오죠야(大庄屋)였던 나카시마 마고에몬(中島孫左衛門)은 조선출병 때 조선인을 죽이고 귀를 잘라 전공의 증거로 삼았다. 군령에 의했다고 는 하더라도 정말로 슬픈 일이라 귀국 후 여기에 무덤을 만들어 미미지 조(耳地藏)라 하고 그들의 넋을 위로했다.

여기에서 보듯이 이곳의 귀무덤은 조선인의 것이었다. 이 지역의 호 족이었던 나카시마가 왜란 때 출병하여 사람을 죽이고 귀를 잘라온 것 을 여기에 묻은 것이었다. 지역에서는 나카시마가 영주인 우키다를 따 라 전쟁에 참전했으며, 그 후 고향으로 돌아와 무기를 버리고 영농사업

---

12) 조선인의 코무덤이 이곳에 있다는 사실이 알려지자 부산 자비사의 박삼중 스님이 코무덤 영혼의 환국운동을 벌였다. 그 결과 1992년 11월 24일 교토 의 귀무덤에 이어 이곳의 영혼들도 귀국시키기 위한 「비총영혼환국봉송 한일합동위령 대법요(鼻塚靈魂還國奉送韓日合同慰靈大法要)」가 개최되었 고, 그로부터 이틀 후인 11월 26일에 그 영혼들은 전라북도 부안시 교외의 호벌티 전적지에서 「임진왜란 비총 환국영령추모대회(壬辰倭亂鼻塚還國 英靈追慕大會)」가 열리고 그곳에 묻혔다.

에 몰두하였으며, 농촌발전과 복리증진에 힘써 지역번영에 초석을 놓은 훌륭한 인물로 되어있다. 그러나 귀무덤의 예에서 보듯이 조선에 있어서 그는 많은 사람들을 살상하여 귀를 잘라가는 잔인한 인물 중의 한사람이었다.

가고시마의 것도 임진과 정유의 왜란 때 희생된 조선인들의 무덤이었다. 시마즈가(島津家)의 임진과 정유왜란의 기록물인『도진가고려군비록(島津家高麗軍秘録)』에 의하면 사천(泗川)에서 3만 8천여 수급(首級)을 거두어 그 코를 잘라 10개의 큰 나무통에다 넣어서 일본으로 보낸 후에 시마즈 요시히로(島津義弘)는 부하인 이치키 마고자에몬(市來孫左衛門)에게 명하여 성문 앞 구릉 위에 4방으로 15간정도 큰 구덩이를 파고, 수급을 모두 묻고는 흙을 덮고 큰 무덤을 만든 것으로 되어있다. 그런데 이것이 20일정도 지나자 목이 부패하고 구더기가 생겨나며, 무덤이 무너졌기 때문에 다시 4방으로 20간정도 땅을 파고 이를 묻고는 소나무를 그 위에 심어서 표시를 남겼다. 그리고는 "이와 같이 매번 전쟁 때마다 적의 시신을 거두어 장례를 치르고, 무덤을 만들어 공양하는 것은 시마즈진중(島津陣中)의 항례(恒例)이다. 이 때도 대자사(大慈寺), 추원사(萩原寺)의 시마즈의 진승(陣僧)들이 소토바(卒土婆)를 세우고 이를 집행했다."고 기록하고 있다.[13] 그들은 그것도 모자라 조선에 침략한 이곳의 영주인 시마즈 요시히로와 다타쯔네(忠恒) 부자가 1599년 고야산(高野山)의 오쿠노인(奧の院)에 자신들의 묘역을 만들었는데, 그 묘역 내에 사천성에서 전사한 왜군과 조선인(중국인)들을 위해「고려진적미방공양탑(高麗陳敵味方供養塔)」을 세우기도 했다.[14] 이

---

13) 琴秉洞, 앞의 책, p.102
14) 이 탑에 명시된 비문의 내용에 의하면 시마즈 요시히로가 1597년(경장 2)
   년 8월 15일 남원, 같은 해 10월 사천 전투에서 전사한 피아군 즉, 왜군과

〈그림 8〉 고야산의 고려진적미방공양탑

처럼 조선인의 코와 귀무덤은 교토 이외에 후쿠오카, 오카야마, 가고시
마 등지에도 있었던 것이다.

3. 왜 무덤까지 만들어 공양하는 것일까?

그런데 이들은 무엇 때문에 자신들이 죽인 조선인들의 시신에서 베
어온 코와 귀들을 다시 모아 봉분을 만들어 공양하는 것일까? 그들이
조선인들의 코와 귀를 잘라 간 것은 전과를 표시하기 위한 것이었다.
그에 따라 전공이 매겨지고, 상이 내려지는 것이기 때문에 그들에게는
필요한 조치이었다. 그리고 이를 확인하는 직책의 사람도 별도로 있었
다. 그렇다면 이를 확인하고 버려도 되었을 것 같은데, 무엇 때문에 이
를 한 곳에 모아 무덤을 만들고 제사까지 지내는 행위 자체를 이해하기
도 힘들거니와 다른 나라에서는 좀처럼 찾을 수 없는 진귀한 예이다.

여기에 대해 이마무라 토모(今村鞆)와 같은 과거의 학자는 1576년(선
조 9) 일본의 해적이 경상도 해안에 출몰하자 변장이 이를 무찌르고
목대신 귀를 잘라 서울로 보낸 예를 들어 일본군이 적군의 귀를 자르는
행위는 조선에서 배운 것이라고 해석을 한 적이 있다.[15] 오늘날에는
이같이 어이없는 해석에 동조하는 연구자는 없지만 지금까지 연구자들
은 대개 다음과 같은 두 가지의 관점에서의 해석을 가했다. 하나는 히
데요시의 자비심의 발로이며, 또 다른 하나는 무력의 과시라는 것이다.

전자의 입장을 취하는 자들이 일본에는 제법 많다. 가령 히데요시에

명군, 조선군 모두 불도를 들어가고자 세우는 것이라고 적혀 있다. 또 그
비문에는 그 때 전사한 일본군만 하더라도 4만여 명이나 된다고 했다.
15) 今村鞆(1995) 『歷史民俗 朝鮮漫談』<復刻板> 國書刊行會, p.295

의해 귀무덤이 만들어졌을 때 법요식을 주관한 상국사(相國寺)의 승려 사이쇼 쇼타이(西笑承兌)는 그의 저서『일용집(日用集)』에서 "히데요시가 원수라고 생각하지 않고, 오히려 자민심(慈愍心)을 깊게 하여, 즉시 오산(五山)의 청중들에게 명하여 수륙의 묘공을 설치하고, 이로써 원친평등의 공양을 충실히 하기 위하여 분묘를 만들고, 이를 이름하여 비총이라 했다.(相國不怨讎思, 却深慈愍心, 仍命五山淸衆, 設水陸妙供, 以充怨親平等供養)"이라고 했다.16) 즉, 귀무덤은 히데요시의 자비롭고 인자한 마음에서 만들어진 것이라고 해석하고 있는 것이다.

이러한 사고는 근대에 접어들어서도 계속되었다. 그 예로 동경제국대학의 교수이었던 호시노(星野恒)가 귀무덤은 히데요시의 자구심(慈救心)에서 나온 것이라 해석하였던 것이다.17) 그리고 1922년 교토에서 발간되는 한 신문에 귀무덤을 철폐하자는 여론에 반대하는 의견을 개진하는 기사가 실려져 있는데, 이것에 의하면 "귀를 베는 일은 잔인한 행위일지도 모르지만 그 목적이 공양에 있는 것이므로 그것은 훌륭한 국민성의 발로이다…(생략)…고래의 예에 따라 방광사가 이를 관리하고, 매일 아침 공양을 올리고 있기 때문에 특별히 문제가 될 리가 없다고 생각한다."18)는 내용이 들어있다. 이 부분을 읽으면 마치 일본인들이 귀무덤을 만든 것은 인도주의적인 입장에서 나온 것처럼 생각하는 의견들이 있었음을 알 수가 있다. 역사학자 이재범에 의하면 일본의 수필가인 오카베 이쯔코(岡部伊都子)도 귀무덤과 그 공양비는 일본인의 박애와 히데요시의 인자함을 나타내는 것이라는 글을 썼다고 지적하고 있다.19)

----

16) 飯倉照平編, 앞의 책, p.341에서 재인용
17) 仲尾 宏(2000)『朝鮮通信使と壬辰倭亂』明石書店, p.87
18) 京都日出新聞, 1922年 7月 6日字

물론 이들이 생각하는 것처럼 그러한 요소가 전혀 없었다고 말할 수 없다. 왜냐하면 쇼타이의 저서인 『녹원일록(鹿苑日錄)』과 비젠시의 천비영사(千鼻靈寺)에 있는 코무덤에 관한 설명문에서 그와 같은 내용을 발견할 수 있기 때문이다.

『녹원일록』에 의하면「히데요시는 이를 원수의 것이라 생각하지 않고 오히려 연민의 마음을 깊이 하여, 원친평등(怨親平等)의 공양을 하고 그들을 위하여 무덤을 만들었다」고 기술하고 있으며, 또 천비영사의 경우는「"비록 적병이라 할지라도 순국한 사람들이니, 코무덤을 만들어 그 명복을 빌어야 한다"하며 조선전쟁에 참가했던 로쿠스케(六介)라는 자가 세운 것」이라고 설명하고 있기 때문이다.[20]

이러한 설명문을 순수하게 받아들이면 당연히 일본에 있는 귀무덤은 일본인들의 인도적인 차원에서 생겨난 것이라고 설명할 수 있을 것이다. 그러나 이상의 설명처럼 코무덤을 만든 일본인들이 과연 코가 베인 조선인들에게 연민의 정을 느껴 그 명복을 빌기 위해 만들었을까? 그러한 설명에는 왠지 석연치 않은 부분이 남아있다. 왜냐하면 언제는 사람의 목숨을 마치 파리의 목숨처럼 가볍게 여기면서 살인경쟁을 벌였던 그들이 자신들이 죽인 영혼에 대해 연민의 정을 느끼며 무덤을 만들고 공양을 한다는 것은 아무리 생각해보아도 납득이 가지 않는 모순으로 보여지기 때문이다.

이러한 점들을 극복하기 위하여 나온 해석이 후자의 무력 과시설이다. 이것은 다르게 표현하면 히데요시의 전과물이라는 해석과도 통한다. 역사학자 이재범[21]과 정재정[22], 김문길[23] 그리고 필자[24]도 이러한

....

19) 이재범(1998)「왜 조선인의 코를 잘라 갔는가」『한국과 일본 왜곡과 콤플렉스의 역사(2)』 자작나무, p.128
20) 김문길(1995)『임진왜란은 문화전쟁이다』 혜원, p.65

입장에서 해석을 가한 적이 있다.

이러한 설명에는 상당히 설득력을 지닌다. 왜냐하면 귀무덤의 위치가 히데요시의 묘지와 그를 신으로 모시는 풍국신사(豊國神社) 그리고 그의 원찰인 방광사(方廣寺＝大佛寺)가 나란히 있는 지역의 맞은편에 있는 것이다. 지금은 귀무덤과 풍국신사의 사이에 큰 길이 생겨 나뉘어져 있지만, 귀무덤이 만들어지는 시기를 생각하면 그것은 한 구역 안에 있는 것과 마찬가지이다. 이러한 상황들을 감안한다면 귀무덤은 조선과의 전쟁에서 얻어진 전리품으로 밖에 이해가 되지 않는다.

이러한 해석은 일본에서도 일찍부터 있었다. 그 예로 17세기 초반에 성립되었을 것으로 추정되는 『태합기(太閤記)』에 의하면 일본인들이 조선인들의 코를 묻고 커다란 무덤으로 만든 것에 대해 「후세에 남기어 그 이름을 다른 나라에까지 떨치었다.」라고 기술되어 있고,[25] 또 기요가와 하치로(淸河八郞:1830－1863)도 그의 저서 『서유초(西遊草)』를 통하여 히데요시의 조선침략에 대해서는 어떤 명분도 도움도 되지 않는 전쟁이라고 통렬하게 비판하면서도 그가 만든 귀무덤에 대해서는 일본의 무위를 빛낸 사적이라고 칭송하고 있는 것이다.[26] 그리고 1895년에 나온 교토의 관광안내서인 『경화요지(京華要誌)』에서도 귀무덤은 보는 사람으로 하여금 히데요시의 웅무(雄武)를 연상케 한다고 서술되어 있는 것이다.[27] 이같이 교토의 귀무덤을 일본에서도 무위력 과시용

····························

21) 이재범, 앞의 글, pp.119－129

22) 정재정(2007) 『교토에서 본 한일통사』 효형출판, pp.129－134

23) 김문길, 앞의 책, p.104

24) 노성환(1997) 「일본의 조선인 귀무덤」 『일본 속의 한국』 울산대 출판부, pp.23－42

25) 琴秉洞, 앞의 책, p.107

26) 仲尾宏, 앞의 책, p.93

27) 仲尾宏, 앞의 책, p.104

으로 보는 견해들이 많았다. 이에 대해 나카오 히로시(仲尾宏)는 원친 평등을 앞세운 자신들의 자민심을 과시하려는 욕망에서 나온 것이라 해석했다.[28] 다시 말하여 인도주의를 가장한 무력침략의 전리품이라는 것이다.

4. 이인살해와 원령신앙

그러나 귀무덤의 조성을 인도주의를 가장한 일본의 무위를 과시하는 것으로만 해석할 수 없는 부분이 있다. 왜냐하면 역사적으로 볼 때 그러한 풍습은 있었으며, 또 그렇게 하는 이유를 일본의 민속에서도 얼마든지 찾을 수 있기 때문이다. 그에 대해서 좀 더 구체적으로 살펴보기로 하자.

적군을 죽이고 그 수를 헤아리고 그들의 무덤을 만들어 공양하는 것은 히데요시가 처음이 아니다. 수많은 전쟁을 치르면서 사회를 형성해 온 일본에서는 적군의 머리를 자르는 숫자가 전공의 기준이 되어 전쟁이 일어날 때마다 많은 머리들이 신체에서 잘려져 나갔다. 앞에서도 언급하였듯이 이러한 머리를 헤아리는 검시관도 있었다. 그러므로 자신이 자른 목은 검시관 앞에 가져갔다. 먼 곳에서 가져 갈 때는 된장이나 소금에 절여서 가지고 갔다. 그리고 검사가 끝나면 그 시신과 머리들은 한곳에 모아져 땅에 묻어졌고, 그 위에는 고분처럼 봉분을 만들고는 일반적으로 그것을 쯔카(塚)라는 이름을 붙였다. 그 중에서도 거물급의 목은 별도로 다루어져 일단 전승물로 효수시킨 다음 땅에 묻고, 그 위에 묘석이 세워지는 것이 보통이다. 일본 전역에 목무덤(首塚)이라는 무덤이 있는 것은 바로 이러한 이유에서이다.

그리고 실제로 적의 귀무덤을 만들어 공양하는 예도 있었다. 헤이안 시대(平安時代)의 중기 前九年의 役(1056-64年)의 일이었다. 미나모토 노 요리요시(源賴義), 요시이에(義家) 부자는 국사(國司)의 명령에 따르지 않는 아베노요리토키(阿倍賴時)를 토벌하기 위해 무쯔(陸奥國)로 출정했다. 무릇 9년가량 긴 토벌전쟁이었다. 이렇게 끈질긴 전투 끝에 아베노요리토키의 패배로 끝을 맺었다. 이 때 승리를 거둔 요리요시는 사력을 다해 싸운 적에게 경의를 표했다. 그리하여 개선하여 돌아갈 때 그는 전사한 적군의 영혼들을 위로하기 위해 시신으로부터 귀를 잘라 햇빛에 말려 가죽 바구니에 담아 돌아가서는 六條坊門의 北西洞院 서쪽에 귀를 묻고 사당을 세우고 그 안에는 보통 사람 키높이의 아미타불을 만들어 안치했다. 그리하여 교토 사람들은 이 건물을 이납당(耳納堂)이라고 불렀다고 한다. 그러나 이 건물은 오우닌(応仁)의 난(亂) 혹은 전국시대 때 소실되어 사라진 것으로 알려져 있다.

또 적의 시신을 거두어 공양하는 사례도 있었다. 그 예는 몽고군이 두차례나 걸쳐 일본으로 침략하였을 때 일어났다. 전쟁이 끝나자 1282년(弘安5) 도키무네(時宗)는 가마쿠라(鎌倉)에 원각사(円覚寺)를 세우고 수몰한 10만의 몽고군사들을 위해 1천개의 지장존(地藏尊)을 만들어 봉납했다. 그 때 개산의 승려인 조원(祖元)은 그의 어록에 「前歳及往古此軍及他軍戰死与溺水、万象無歸魂」라는 말을 남겼다. 즉, 「前歳」는 1차 침입인 文永의 役을 말하며, 「往古」란 2차 침입인 弘安의 役을 말한다. 그리고 「此軍」은 일본, 「他軍」은 몽고군을 의미하는 것으로 결국 적과 아군의 합동위령제이었던 것이다.

그리고 유성룡의 『징비록(懲毖錄)』에도 그러한 풍습이 보인다. 즉, 웅령전투에서 일본측과 치열한 전투를 벌이다가 조선 측의 무장 정담

(鄭湛), 변응정(辺応井) 등을 비롯한 많은 조선군사들이 전사했다. 이 때 일본군은 물러가다가 전사한 우리 군사들의 시신을 거두어 길 옆에 묻고, 큰 무덤을 몇 개 만들고는 「조선국의 충성스런 심간과 의로운 담기를 조상하노라(弔朝鮮忠肝義胆)」라고 쓴 표찰을 남겼다고 기록하고는 이는 아마도 우리군사들이 힘써 싸운 것을 가상히 여긴 것이라 추정했던 것이다.[29]

이처럼 적의 무덤을 만드는 역사는 히데요시 이전에도 이후에도 줄곧 있어왔던 것이다. 그러므로 히데요시의 귀무덤 조성은 일단 역사적 전통에 따른 것이라고 보여진다. 특히 히데요시가 살았던 시대에는 무사들 사이에서 적병의 목을 33명을 베면 그들을 위해 무덤을 만들고 제사공양하며 명복을 비는 것이 예의였다. 그 예로 야마와키 겐다유(山脇源太夫)는 적군 98명을 죽이고 3번이나 공양을 했다고 전해진다. 이렇게 공양하게 되면 주군으로부터 은상이 내려졌다. 아마도 오카야마 비젠시와 쯔야마시에 있는 「천비영사」와 미미지조는 이러한 과정에서 생겨났을 가능성이 높다. 다시 말하여 그것을 세운 로쿠스케와 나카시마는 조선에서 살육을 많이 했을 가능성이 있으며, 그에 따라 사자를 위한 무덤을 만들어 공양할 자격이 주어지고 주군인 와키자카로부터 포상이 내려졌을 것으로 추측하고도 남음이 있다. 결코 그가 지역민들이 설명하는 것처럼 적군의 죽음을 애도하고 명복을 비는 박애주의에서 나온 것이 아닐 가능성이 높은 것이다.[30]

· ·

29) 柳成龍(1970) 『懲毖錄』<이민수역> 을유문화사, p.126
30) 실제로 이곳을 조사했던 김문길에 의하면 로쿠스케는 조선인들의 코를 많이 베었으며, 자신이 벤 코를 고향에 가져가 무덤을 만들고 명복을 빌었다고 했다. 김문길, 앞의 책, p.54 참조.

〈그림 9〉 쯔야마의 미미지조(귀지장)

이처럼 코무덤의 조성을 역사적인 무사의 전통으로도 설명을 할 수 있지만, 관점을 달리하여 면면히 이어져 오는 그들의 민속신앙도 무시할 수 없다. 일본에는 매우 독특한 민간신앙이 있다. 그것은 다름 아닌 자신들이 마음대로 죽여 놓고 그 죽은 자를 위하여 무덤이나 사당 등을 짓고서 제사를 지내면 그 죄가 모면된다는 민속신앙이다. 이를 두고 문화인류학자 고마쯔 가즈히코(小松和彦)는 이인살해(異人殺害)의 민속이라고 정의한 바가 있다. 그는 일본 전역에 분포되어있는 민간설화에 그것이 잘 나타나 있으며, 실제로 이를 바탕으로 자신들이 죽인 자를 위하여 사당을 짓거나 제사지내는 예를 찾기도 했다.[31]

여기에서 「이인」이란 민속사회에 있어서 정주민이 아닌 비정주민을 가리키는 말이다. 가령 방물장수, 소금장수, 사당패 등 한 곳에 정착하여 삶을 영위해 나가는 것이 아니라 이곳저곳으로 떠돌아다니며 물건과 재주를 팔며 생활해 나가는 자를 말한다. 이렇게 본다면 나그네들도 엄격히 말한다면 이인에 속하는 자들이다. 이러한 자들을 살해하는 이야기가 「이인살해의 설화」인 것이다. 일본에는 곳곳에 이러한 이야기

----

31) 小松和彦(1985)『異人論』靑土社, pp.33－49

뿐만 아니라 민속까지 전해지는 곳이 많다. 그 대표적인 사례로 오바마시(小浜市)의 야시로(矢代)에 전해지는 테키네마츠리(手杵祭)를 들어보기로 하자. 이 제의는 매년 4월초 야시로의 관음당(觀音堂)에서 벌어지는데, 그 유래에 대해 소개하면 다음과 같다.

　　옛날 나라시대(奈良時代)에 야시로 포구에 1척의 가라부네(唐船)가 표착했다. 그 안에는 왕녀와 8명의 하녀가 타고 있었다. 그들은 바다에서 오랫동안 표류한 탓인지 몸도 마음도 피로에 지쳤고, 또 식량도 떨어져 굶주려 있었으며, 말도 통하지 않아 어찌할 줄 몰라 하고 있었다. 그런데 배 안에는 금은보화가 가득 들어있었다. 포구사람들은 이 재물에 눈이 어두워 절구로 그들을 죽이고 재물을 탈취해 버렸다. 그 후 포구에는 역병이 나돌고 재해가 끊이지 않았다. 이에 마을 사람들은 이것이 왕녀의 일행들이 내리는 벌이라고 생각하여 그들의 원혼을 달래기 위해 제의를 지낸 것이 테키네마츠리라 한다.[32]

　여기에서 보듯이 테키네마츠리는 옛날 이곳에 가라부네가 표류한 사건에서 시작됨을 알 수 있다. 가라부네의 '가라'는 가락국을 가리키는 말이다. 그러므로 가라부네는 가야의 배를 의미한다. 따라서 가야인들이 탄 배가 이곳에 표류했다. 이 배에는 히메라 불리는 지체 높은 신분의 여성이 있었고, 그녀를 시중드는 하녀 8명이 타고 있었다. 그리고 그 배에는 귀중한 보물이 가득 들어 있었다. 불행히도 이곳 마을 사람들은 그만 재물에 눈이 어두워져 절구로 가야인들을 모두 죽이고 재물을 탈취해 버렸다. 그런데 그 후 살해당한 가야인의 원혼들이 끊임없이 마을에 재앙을 내려 그것을 막고, 원혼들을 달래기 위해 생겨난

---

32) 段熙麟(1986)『渡來人の遺跡を歩く<山陰. 北陸編>』六興出版, p.178

제의가 바로 테키네마츠리라 하는 것이다. 테키네라는 말은 손절구라는 뜻이다. 마을사람들의 말을 빌리면 이 행사는 헤이안(平安) 시대부터 지금까지 행하여진다고 한다. 그것이 사실이라면 그야말로 그들의 뼈아픈 참회의 역사가 오늘날까지 끈질기게 되풀이되고 있는 셈이다.

오늘날 행사는 대략 다음과 같이 치러진다. 이 행사의 총괄은 오네기(大禰宜)라는 제관의 우두머리가 하며, 주된 행사는 다음과 같다. 첫날인 4월 2일 오후에 제관 네기(禰宜)들이 배를 타고 야시로사키까지 가서 변재천(辯才天)이 모셔져있는 사당에 참배한다. 이 장소가 살해당한 가야 선원들의 시신이 매장된 곳이라고 전해지는 곳이다. 그리고 그 날 저녁 무렵 각 집의 호주들이 관음당 옆에 있는 변재천 사당에 참배하고, 제의에 대한 간단한 준비회합을 한다.

그 다음날인 4월 3일이 본격적인 행사가 진행되는데, 그 중에서 가장 중요한 행사는 가장행렬이다. 행렬은 가모신사(加茂神社)에서 출발하여 관음당까지 가면서, 신사와 관음당 건물 앞에서 퍼포먼스를 벌이는 것이다. 관음당은 전설상으로는 가야의 배를 뜯어서 건립되었다고 하며, 또 관음당에 모셔지는 관음상은 17년에 1번 공개되며, 가야의 공주가 가지고 있었던 불상이었다고 전해진다.

행렬은 코네기(小禰宜)가 맨 앞에 서서 선도를 하고 그 뒤를 테키네보후리(手杵棒振)－카부라야－사스마타－가야배－네리코－북치는 자－사릿대를 든 자의 순으로 따라간다. 테키네보후리와 가부라야, 그리고 사스마타는 3역이라고 불리기도 하는데, 머리에 풀고사리 잎으로 덮고, 얼굴에는 숯으로 검게 칠하고는 절구와 같은 몽둥이를 가지고 있다. 가부라야와 사스마타도 각각 나무로 만든 활과 화살과 같은 제구를 가지고 있는데, 이들이 가라부네의 선원들을 살해하는 야시로 마을사람들을 대변하고 있다고 전해지고 있다.

가야 배는 6명의 청년이 그 역할을 하고 있는데, 그들은 가야 배라는 모형의 배를 드는 역할이다. 이 배에는 자안관세음보살(子安觀世音菩薩)이라고 적힌 봉납기가 몇 개나 세워져 있다. 이 배는 가야의 공주가 탄 배를 나타내는 것이다. 그리고 네리코는 8명의 여자아이로 구성되어 있는데, 이들은 소매긴 기모노를 입고, 얼굴은 화장을 했으며, 머리 위에는 포대가 올려져 있다. 이 포대는 가야 배에 있었던 금은보화를 나타낸다. 북치는 자는 3명으로 구성되어 있는데, 2명은 북을 짊어지고 1명은 북을 치는데, 이들도 풀고사리 잎으로 머리를 덮었고, 얼굴에 숯을 검게 칠했다. 이 행렬에 유일하게 등장하는 악기이다. 그리고 사릿대를 든 자는 4명의 소년으로 구성되어 있다. 이들은 사릿대를 들고 가라부네가 도착하였을 때의 상황을 말하는 노래를 부른다.[33]

이들은 가는 도중 테키네보후리, 가부라야, 사스마타의 3역이 가모신사와 관음당 앞에서 퍼포먼스를 벌이는데, 그 퍼포먼스는 가야배의 선원들을 죽이는 시늉을 하는 것이다. 얼굴을 검게 칠하고, 풀고사리 잎으로 머리를 가리는 것은 자신들이 저지른 탐욕적인 행위를 부끄러워하며, 조금이라도 숨기기 위한 것인지도 모른다. 이런 끔찍한 행사를 야시로 사람들은 매년 치르면서 자신들의 잔혹한 행위에 대해 참회하며 용서를 빌고 있는 것이다. 이로 말미암아 이곳에 표류한 가야국의 여인은 죽어서 신이 되었던 것이다.

이처럼 여기에서 이인은 가락국 사람들이며, 이곳에서 일어난 이인 살해는 지역민들이 그곳에 오게 된 사람들이 가지고 있는 금품이 탐이 나서 그만 무참하게 죽이고 물건을 갈취하여 자기의 것으로 하는 데서 생겨났다. 그러나 그들에게 행운만 주어진게 아니었다. 그들에게 억울

---

33) 橘弘文(2007)「祭りの參詣者による伝承と記録─福井縣小浜市矢代の手杵祭から─」『大阪觀光大學紀要(7)』 大阪觀光大學, p.28

하게 죽음을 당한 원혼들의 저주가 그들에게 내려 괴롭히는 것이다. 이러한 재앙에서 벗어나기 위하여 그들은 죽은 자를 위하여 사당을 짓고 죽은 자를 신으로 모시는 것이다. 오바마의 관음당과 테키네마츠리는 그러한 것에서 생겨난 것이었다.

이것이 비록 설화의 형태를 취하고 있다 할지라도 일본 전국에 걸쳐 골고루 발견된다는 사실은 이인을 실제로 살해하고 죽은 자를 위하여 제사를 지내줌으로써 재앙에서 벗어나고자 하는 사고의 논리가 일본의 민속사회에 자리 잡고 있는 것이라고 볼 수 있다. 앞에서 본 오바마의 경우도 테키네마츠리라는 종교적인 의례를 치러냄으로써 마을에 내린 재앙은 해소할 수 있다는 민속적 논리가 깔려져 있는 것이다.

이러한 민속사회의 논리는 일본인들이 극도로 잔인해질 수 있는 가능성도 전혀 없지는 않다. 왜냐하면 아무리 무자비하게 죽인 자라 할지라도 일단 그를 신으로 모셔주기만 하면 그 원한과 저주는 없어지는 것으로 신앙될 수 있기 때문이다.

임진과 정유의 왜란 때 도요토미 히데요시가 우리의 군사 및 백성들의 목숨을 빼앗고 그 증거물로서 잘라간 귀와 코를 땅 속에 묻어서 봉분을 만들고 많은 승려들을 동원하여 법요식을 열어 영혼을 위로하는 행위야말로 마을사람들이 이인을 살해하고 그를 위해 무덤 혹은 사당을 짓고 제사를 지내는 「이인살해」 신앙과 같다는 것을 알 수 있다.

다시 말하자면 마을의 차원을 확대하여 일본이라는 전체를 하나의 마을단위로 본다면 그 옆에 위치하여 살고 있는 조선인은 분명히 그들의 관념에서 이인이다. 히데요시와 히데요리가 조선인의 코와 귀를 한 곳에 모아 땅 속에 묻어 조그마한 봉분을 만들고 제사를 지냈던 것은 단순히 전통에 따른 무력과시용의 전과물을 나타내기 위함만이 아니었다. 그것과 함께 이인살해라는 민속의 논리가 작용했던 것이다.

이를 역으로 말하면 일본인들은 자신들이 죽인 원령을 두려워하는 신앙은 매우 강하다는 것을 의미한다. 그로 말미암아 생겨난 전설도 이루 말할 수 없이 많다. 특히 신체에서 잘린 목에 관련하여 전설이 많은데, 고대의 중앙호족이었던 소가 이루카(蘇我入鹿: ? −645), 헤이안 시대 말기의 무장인 타이라노 마사카도(平將門: ? −940), 전국시대의 무장이었던 다케다 카츠요리(武田勝賴:1546−1582) 등의 목에 관한 이야기들을 그 대표적인 예로 들 수가 있을 것이다.

이루카는 그의 목이 잘렸을 때 "목이 날아가 돌기둥을 물고 퍼덕이기를 40번이나 했다."고 하고, 마사카도도 『씨향기(氏鄕記)』에 의하면 그의 목이 잘려 교토로 옮겨져 옥문에 걸어두었더니 3달 동안 색도 변하지 않고 눈도 감지 않고, 항상 잇빨을 물고 '잘려나간 나의 육신은 어디에 있느냐?'하며 밤마다 소리 내며 울어서, 이를 듣는 사람들은 무서워 어찌할 줄 모르게 하더니 갑자기 하늘로 날아가더니 자신의 고향으로 돌아갔다고 전해진다. 또 고슈(甲州)의 다케다 카츠요리는 목이 잘려 오다 노부나가(織田信長) 앞에 옮겨졌을 때 눈을 크게 뜨고 호쾌하게 한번 웃고서 눈을 감았다고 전해진다. 그리고 시즈오카현(靜岡縣) 누마쯔시(沼津市)의 센본마츠바라(千本松原)에는 목 없는 무사들이 말을 타고 나타난다는 괴담이 있다.[34]

이러한 괴담이 많이 형성되어 전승되는 것도 자신의 신체가 잘려나간 원혼들이라는 인식이 일본전통사회에는 있었다는 것을 의미한다. 이러한 원령들이 저주와 재앙을 일으키지 않고 무사히 지내기 위해서는 그들을 위한 무덤을 만들고 명복을 비는 수 밖에 없었다. 그럼으로써 자신들의 정신적 안정과 위로를 얻으려고 했던 것이다. 그렇게 하지

---

34) 遠藤秀男(1973)『日本の首塚』雄山閣出版, pp.16−18

않았을 때 그들은 정신적 불안과 부담은 엄청나게 컸음을 위의 전설과 제의에 잘 나타나 있다. 교토의 귀무덤도 바로 이러한 이인살해의 소산이기도 했던 것이다.

5. 귀무덤을 본 외국인들의 반응

한편 교토의 귀무덤은 이러한 배경과는 관계없이 조성 당시부터 손꼽히는 관광명소가 되었다. 그리하여 에도시대 때부터 명치초기까지 교토의 명소를 안내하는 책자에는 어김없이 등장했고, 1920년경에는 그림엽서에도 등장하여 판매되기까지 했다. 이처럼 귀무덤의 명성이 자자했지만, 그에 따라 비판의 소리도 없지 않았다. 하야시 라잔(林羅山: 1583－1657)은 그의 저서라고 전해지는『풍내기(豊內記)』에서 히데요시를 무도한 사람이며, 조선은 인의(仁義)를 행하는 나라라 하며, 그가 만든 귀무덤은 극악무도한 행위의 상징물이라고 비판하고 있는 것이다.35) 그리고 마쯔우라 세잔(松浦靜山)도 그의 저서『갑자야화(甲子夜話)』에서 히데요시의 조선침략에 대해 긍정적으로 평가는 하고 있지만, 상대의 귀를 잘라 무덤을 만드는 행위는 잔인한 짓이라고 솔직한 감상을 서술했다.36) 이처럼 일본 측 인사들 가운데서도 이를 비판적인 시야에서 바라보는 사람도 있었던 것이다.

이러한 귀무덤은 한국과 일본과 아무런 관련이 없는 외국인들이 보아도 충격적인 유물이었다. 1920년경에 서울에 와 있던 미국 무관 윌리엄 크로티아의 부인인 메리 크로티아가 조선 및 일본, 중국 등지를 여

---

35) 仲尾宏, 앞의 책, p.87
36) 仲尾宏, 앞의 책, p.92

행한 적이 있다. 그녀가 일본 교토에 들러 귀무덤을 보고나서 큰 충격을 받고서 1920년 11월 21일에 당시 조선총독인 사이토 미노루(齋藤實)에게 "일본은 종주국으로 간주되는 것을 바라고 있다. 그렇다면 귀무덤은 적의 불길에 기름을 붓는 것밖에 되지 않는 아무런 도움이 되지 않는다. 과거의 전쟁으로 마음의 상처를 주는 기념물을 제거하는 것은 현명한 일이라 생각된다."하며 귀무덤을 철거해 줄 것을 요구하는 편지를 낸 적이 있다.[37]

이에 사이토도 동의하며 교토부 지사와 교섭하여 허락을 받겠다고 했다. 그리고 실제로 당시 교토의 관계자들과 협의를 하였다. 당시 와카바야시 미나리(若林實成) 지사도 이에 동조하여, 시중에 팔고 있는 귀무덤의 그림엽서를 판매 금지시켰고, 또 관광안내원들에게도 특별히 입단속을 하게 했다. 그러면서 귀무덤에 대한 철거와 이전에 대해서는 물의를 일으킬 소지가 있기 때문에 앞으로 충분히 논의해 나가겠다고 약속했다.[38]

그 후에도 외국인들에게 귀무덤은 자주 지적되었다. 1922년 2월에는 교토에 사는 미국인 H E 토오손이 조선총독 사이토에게 크로티아 부인과 거의 같은 의견으로 정부의 책임하에 귀무덤의 철거를 촉구했다. 그는 1921년 1월 20일자의 미국 볼티모아의 한 신문에 교토의 귀무덤에 대한 기사를 실렸는데, 그것에 의하면 귀무덤은 잔학성을 감추는 기억이며, 희생자들은 고향으로 돌려보내야 한다는 내용이라고 하면서 조선총독 사이토에게 적절한 조치를 취해줄 것을 요구하였던 것이다.[39]

이처럼 귀무덤은 외국인이 보아도 충격적인 역사적인 유물이었다.

· ·

37) 仲尾宏, 앞의 책, p.107
38) 仲尾宏, 앞의 책, pp.107－109
39) 仲尾宏, 앞의 책, p.110

〈그림 10〉 귀무덤을 견학하는 네덜란드인

하물며 이를 한국인들이 본다면 어떠한 심정이었을까?

일찍이 귀무덤을 본 한국인들이 있었다. 임란과 정유왜란 때 일본군에 포로가 되어 일본으로 간 조선인들이었다. 이를 보는 그들의 심정은 착잡했을 것이다. 그 때 당시의 상황이 강항(姜沆)의『간양록(看羊錄)』에 잘 나타나 있다. 이것에 의하면 교토에 강제로 연행되어온 조선인들이 조선인의 귀무덤이 있다는 사실을 알고 십시일반 쌀을 모아 제사를 지내려고 했던 모양이다. 그 때 제문을 부탁받은 강항이 다음과 같은 내용의 제문을 지어 올렸다.

　「코와 귀는 서쪽에 묻혀 언덕을 이루었고,
　　긴 뱀은 동쪽에 감추어 있도다.
　　제파(帝把)[40]에 소금을 재이니,

---

40) 요(遼)의 임금 야율덕광(耶律德光)이 죽으니, 그 나라 사람이 그의 배를 짜

포어(鮑魚)가 향기롭지 못하도다.」[41]

여기서 보듯이 그는 조선인의 코와 귀는 서쪽 언덕에 묻혔지만, 정작 그것을 만든 히데요시는 뱀으로 동쪽 언덕에 묻혔다고 하면서, 그의 시신은 조선인의 코와 귀처럼 소금에 절여졌듯이 그 자신도 인과응보를 받은 것처럼 소금에 절여져 묻혀 섞은 냄새를 풍기고 있다고 신랄하게 비판한 것이었다.

이러한 심정은 비단 그만의 일이 아니었을 것이다. 그 후 일본과의 외교가 성립되고 외교사절단으로 통신사가 파견되었을 때도, 그러한 감정이 기록을 통해 잘 나타나 있다. 그들은 하나같이 「사무치는 통분을 금할 수 없었다」는 감정의 표현을 남기고 있는 것이다. 즉, 그 예로서 이경직은 그의 저서 『부상록』에서 귀무덤을 본 소감을 「뼈에 사무치는 통분을 금할 수 없었다.」고 표현했으며,[42] 또 1624년 조선통신사의 일원으로 이곳을 들렀던 당시 부사(副使) 강홍중(姜弘重)도 그 이듬해 1625년 1월 17일에 이 귀무덤을 보고 「아픈 마음을 이겨내지 못하겠더라」라고 자신의 감정을 나타냈다.[43] 그리고 일본 측의 기록인 『낙양명소집(洛陽名所集)』의 4권에도 이 무덤을 보는 고려인들은 눈물을 흘리지 아니한 사람은 없었다고 적고 있다. 여기서 고려인이란 두 말할 나위 없이 조선인을 말한다.

그 이후 1719년 홍치중(洪致中)을 정사(正使)로 하는 조선통신사가 이곳을 들렀을 때는 그 이전과는 달리 귀무덤이 발로 푹 덮여져 있어서

개고 소금을 두어 말로써 그 배를 채워 썩지 않게 한 후에 수레에 싣고 북으로 가니, 晉나라 사람들이 이것을 제파라 했다는 고사에서 나온 말이다.
41) 강항(1989) 「간양록」『국역 해행총재(2)』 민족문화추진회, p.230
42) 이경직(1989) 「부상록」『국역 해행총재(3)』 민족문화추진회, p.78
43) 강홍중(1989) 「동사록」『국역 해행총재(3)』 민족문화추진회, p.254

길에서는 볼 수 없었다 한다. 그 발의 크기는 횡폭이 30여칸(54미터)을 둘러싼 발이었으며, 그것을 만드는데 든 비용은 모두 은 3관이나 되었다고 도쿠가와막부(德川幕府)의 외교문서『통항일람(通航一覽)』은 상세히 기술하고 있다.[44]

이 때 일본인들이 귀무덤에다 주렴을 만들어 덮어두고 조선통신사로 하여금 보지 못하게 하였던 것은「히데요시의 만행을 비판하는 근거를 없애려는 배려」에서 나온 것이었다.[45] 즉, 이 때는 일본의 지식인들에게 있어서 귀무덤이 결코 외국 사람들에게 자랑할 만한 것이 못된다는 자각이 있었던 것이다.

1748년의 사행으로 간 조명채는 "이것을 보니 사람으로 하여금 분통이 터지게 한다."고 하였고,[46] 또 1643년의 사행으로 간 남옥은 그의 저서『일관기』에서 "귀무덤은 또한 가히 수치를 품고 지나갈 수밖에 없는 곳이다.[47]"고 했다. 이처럼 일본 측이 보지 못하게 하여도 통신사 일부 사행원들은 보았던 것 같다.

그러한 것이 일본측 기록에서도 확인할 수 있는데, 그 예가 바로 킨기(近畿)지역의 관광안내책자인 구로가와 도유(黑川道祐)의 저서『석산행정(石山行程)』에서 발견할 수 있다. 이것에 의하면 "지금도 한인들이 입공할 때 삼사 이하의 사행원들은 이곳을 보며, 종자(從者)들 가운데 왜란 때 전사한 자손이 있으면 말에서 내려 이 무덤을 보고 절하고 지

---

44) 辛基秀(2002)『朝鮮通信使の旅日記』PHP研究所, p.133
45) 辛基秀(2002)『新版 朝鮮通信使往來の旅日記 －江戸時代260年の平和と友好』明石書店, p.76
46) 조명채(1989)「봉사일본시문견록 곤 문견총록」『해행총재(10)』민족문화추진회, p.249
47) 남옥(2006)『日觀記 －붓끝으로 부사산 바람을 가르다』<이혜순 감역, 김보경 역> 소명출판, pp.372－373

나간다."고 기록하고 있는 것이다.[48] 다시 말하여 통신사 일행 중 고관에 속하는 삼사들은 보지 않고 있으나 그 이하 사람의 대부분은 보았으며 특히 그들 일행 가운데 왜란 때 전사자가 있으면 반드시 들러서 절을 하고 지나갔다는 것이다. 이처럼 오랫동안 조선통신사 일행들은 귀무덤을 보았으며, 또 예를 올렸던 것이다. 이처럼 귀무덤은 일본 측 기록에서도 조선인들에게는 뼈아픈 유적지로 기록되고 있었다.

이러한 마음은 시대를 달리하여 조국을 일본에게 병합된 식민지 조선인들도 마찬가지이었다. 나카오 히로시씨에 의하면 일제시대 때 이를 본 조선인들이 마음 아파하면서 교토일출신문(京都日出新聞)에 기고한 글을 자세히 소개한 바 있다.[49] 그것에 의하면 이수당(李隋堂:이것도 가명인 것 같다)이라는 조선인이 1939년 3월 16일자 신문에 조선의 교토구경꾼(朝鮮のお上りさん)이라는 익명으로 "풍국신사 앞에 있는 조선인의 귀를 묻었다는 귀무덤이 교토의 명소 중 하나로 손꼽히고 있다. 지금 조선에서는 총독 이하 내선일체를 위해 필사적으로 노력을 계속하고 있다. 이제 귀무덤은 잊어도 될 명소가 아닌가?"[50]하며 귀무덤은 내선일체에 전혀 도움이 되지 않는다고 하며 그것이 있는 것에 대해 불만을 토로했다.

이에 고니시 유키미즈(小西雪水)라는 이름의 일본 측 인사가 이 글을 읽고 귀무덤을 아름다운 일본의 무사도 정신의 표현이며, 내선융화뿐만 아니라 국민 총융화에 있어서 중요한 역사적 유물이라고 했다. 이에 대해 울분을 느낀 이수당은 같은 해 3월 30일자에도 이를 반박하는 글을 같은 신문에 기고했다. 그는 거기서 "선조의 시신에서 코를 베어 가

---

48) 柳田國男, 앞의 책, p.507에서 재인용
49) 仲尾 宏, 앞의 책, pp.111-113
50) 京都日出新聞, 1939年 3月 16日字

지고 간 행위는 수급을 올리는 것으로 그 훈공으로 삼은 일본무사의 옛 관습을 알 리 없는 사람들에게 어떤 인상을 줄 것인가?"하고는 "그 것을 통하여 유례를 찾아 볼 수 없는 무사도 정신을 칭송되고 있음에도 불구하고 가지고 간 코의 숫자가 코무덤이 되고, 귀무덤이 되는 것은 차치하고서라도 이것이 교토의 명소 중 하나로서 많은 사람들의 구경 꺼리가 되고 있는 것은 우리들에게는 참을 수 없는 기분이 든다. 나는 이 문제를 결코 형식상의 문제라고 생각하지 않는다. 오히려 나는 제군 들의 감정에 호소하고자 하는 것이다."고 자신의 감정을 토로했다.[51]

이처럼 귀무덤은 근대 한국인들에게 있어서도 불쾌감을 주는 역사 적인 유물이었다. 그렇지만 오늘날에도 교토에도 여전히 귀무덤은 남 아있다. 임진과 정유왜란이 끝난지 400년이 지난 오늘날 여태껏 돌아 오지 못하는 귀무덤의 영혼들을 지난 90년대 부산 자비사 주지 박삼 중 스님이 고국으로 환국시키는 운동을 활발히 전개한 적이 있다. 이 를 없애지는 못하여도 그 속에 묻혀있는 영혼들만이라도 귀국시키고 자 했던 스님의 간절한 마음이 많은 사람들을 감동시켰음은 두말할 나위가 없다.

6. 마무리

이상에서 살펴보았듯이 조선인의 코와 귀무덤은 교토에만 있는 것 이 아니었다. 후쿠오카의 카시이, 오카야마의 비젠시, 쯔야마시에도 있 으며, 카고시마에도 과거에는 있었던 것으로 알려져 있다. 그 중 카시 이의 것을 제외하면 모두 임진과 정유왜란과 관련이 있는 것이었다.

---

51) 京都日出新聞, 1939年 3月 30日字

이와같이 일본인들이 조선인의 코와 귀를 확인하고, 이를 버리지 않고 한곳에 모아 무덤을 만들어 공양하는 것에 대해 종전에는 위장된 박애정신의 발로, 또는 전과를 나타내기 위한 전리품으로서의 해석을 하였지만, 반드시 그렇지만은 않았다. 그것에는 적군의 시신을 거두어 공양하는 중세의 무사문화가 있었으며, 또 자신이 살해한 영혼들을 자신이 모셔줌으로써 그 죄과에서 벗어나려는 원령신앙과 이인살해의 민속논리가 내재되어있음을 알 수 있었다.

한편 귀무덤은 이를 보는 외국인들에게도 충격적인 역사유물이었다. 1920년경 미국인 메리 크로티아와 토오손이 이를 보고, 충격을 받아 당시 조선총독이었던 사이토에게 철거해 줄 것을 요구한 것으로 보아도 알 수 있다. 귀무덤이 외국인들에게 있어서도 이 세상에 있어서는 안될 유물이었으니, 하물며 당사자인 한국인들에게 있어서는 두말할 나위가 없었을 것이다. 그러한 마음이 조선통신사의 기록과 당시 교토의 일간지에도 잘 나타나 있다. 오늘날에도 여전히 건재하고 있는 귀무덤은 한국인은 물론 이를 보는 외국인들에게도 가슴을 아프게 하는 역사적 유물임은 지금도 변함이 없다. 이러한 아픔을 잊기 위해서라도 하루빨리 없어져야 하는 것이 바로 이 귀무덤이다. 그것이야말로 한일관계를 개선하는 새로운 지평이 될 것이기 때문이다.

참고 문헌

김문길(1995)『임진왜란은 문화전쟁이다』혜원

김익수역(2001)『화담 김시양 문집』화담 김시양 문집 발간추진회

노성환(1997)「일본의 조선인 귀무덤」『일본 속의 한국』울산대 출판부

이재범(1998)「왜 조선인의 코를 잘라 갔는가」『한국과 일본 왜곡과 콤플렉
　　　스의 역사(2)』자작나무

정재정(2007)『교토에서 본 한일통사』효형출판

飯倉照平編(1994)『柳田國男. 南方熊楠 往復書翰集(下)』平凡社

今村鞆(1995)『歷史民俗 朝鮮漫談』<復刻板> 國書刊行會

遠藤秀男(1973)『日本の首塚』雄山閣出版

小松和彦(1985)『異人論』靑土社

琴秉洞(1978)『耳塚』二月社

辛基秀(2002)『朝鮮通信使の旅日記』, PHP硏究所

＿＿＿(2002)『新版 朝鮮通信往來の旅日記 －江戶時代260年の平和と友好』
　　　明石書店

橘弘文(2007)「祭りの参詣者による伝承と記録一福井縣小浜市矢代の手杵祭から一」
　　　『大阪觀光大學紀要(7)』大阪觀光大學

段熙麟(1986)『渡來人の遺跡を步く<山陰.北陸編>』六興出版

仲尾 宏(2000)『朝鮮通信使と壬辰倭亂』明石書店

西川宏(1982)『岡山と朝鮮』日本文敎出版株式會社

藤木久志(2005)『天下統一と朝鮮侵略』講談社

南方熊楠(1973)『南方熊楠全集(9)』平凡社

柳田國男(1963)「耳塚の由來に就いて」『定本 柳田國男全集(12)』筑摩書房

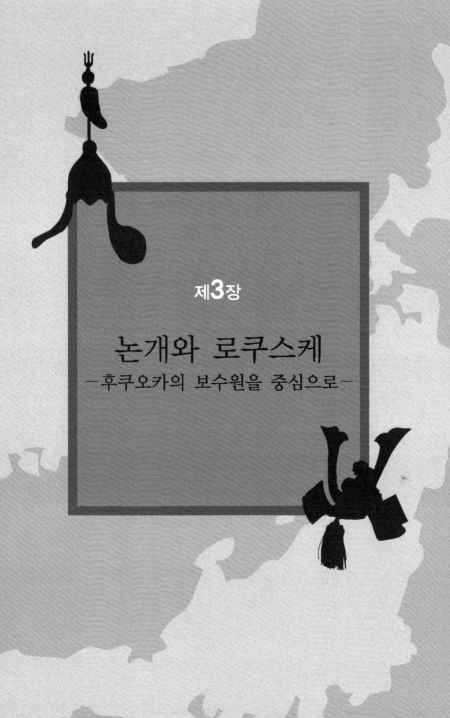

제**3**장

논개와 로쿠스케

─후쿠오카의 보수원을 중심으로─

일본에 남은 **임진왜란**

제3장

논개와 로쿠스케
─후쿠오카의 보수원을 중심으로─

1. 머리말

〈그림 11〉 일본의 논개 묘

일본 규슈 북부에 위치한 히코산(英彦山) 중턱 후쿠오카현(福岡縣) 타가와군(田川郡) 소에다쵸(添田町)에는 보수원(寶壽院)이라는 조그마한 사찰이 있다. 지금은 찾는 사람이 없어 거의 폐사가 되다시피 되어있다. 이 절은 일본의 불교 진언종(眞言宗)에 속해 있었다. 그런데 이곳에는 특이하게도 한국과 관련이 깊은 기념물이 많다. 입구에 비석이 크게 두 개가 서있는데, 하나는 「의암주논개묘비영구보존회」라는 것이고, 또 하나는 「유서사비(由緖史碑)」라는 것이다. 비문의 내용은 전자의 경우 영구보존회의 멤버들의 명단이 적혀져 있고, 후자의 것에는 일한군관민 합동위령비, 게야무라로쿠스케의 묘, 논개의 묘를 세우게 된 경위를 설명하고 있다. 정문에서 안으로 들어가면 오른쪽에 관음보살상이 세워져 있고, 그 옆에는 등원묘심니비(藤原妙心尼碑)

가 있으며, 그곳을 지나 안쪽으로 들어가면 계곡이 흐르고, 계곡의 오른쪽에 본당이 있고, 계곡 건너편에는 임진왜란일한군관민합동위령비(壬辰倭亂日韓軍官民合同慰靈碑)를 중심으로 왼쪽에는 주논개(朱論介)의 묘, 오른쪽에는 게야무라 로쿠스케(毛谷村六助)의 묘가 나란히 건립되어 있다. 그 밖에 지장보살상과 '연꽃을 보고 자정을 알고, 무덤을 보고 심덕을 깨닫는다'는 글귀가 새겨진 비문이 로쿠스케의 묘비 옆에 세워져 있다.

〈그림 12〉 기다 마고베이의 묘비

사찰의 본당에는 「기다마고베이의 영(木田孫兵衛之靈)」이라고 적힌 위패와 「오소노의 묘(御園之墓)」, 「오키쿠의 묘(御菊之墓)」라는 글자가 적힌 돌과 「이명길의 영(李命吉之靈)」[1]이란 한국인 위패를 비롯한 몇 개의 일본인들의 위패가 모셔져 있었으며, 정면에는 한국에서 가져온 연등이 걸려 있었을 뿐만 아니라, 또 왼쪽 벽에는 한국인이 그린듯한 동양화가 걸려져 있었다.

입구에 세워진 「유서사」에 의하면 이 절은 1976년 4월에 건립되었다고 적혀 있었다. 도대체 누가 무엇 때문에 사람이 살지도 않는 산 속에 보수원이라는 절을 짓고, 또 진주에 있어야 할 논개의 무덤이 왜 여기에 있는 것이며, 또 법당에 모셔져 있는 위패의 주인공인 게야무라 로쿠스케를 비롯한 오소노와 오키쿠는 도대체 누구란 말인가? 그리고 무엇 때문에 임진왜란 때 죽은 한일의 영혼을 위로하는 합동위령비가 여

---

1) 이명길은 전 진주문화원장을 한 사람으로 밝혀졌다. 아마도 이곳을 세운 자와 개인적인 친분이 있는 것 같다.

기에 있어야 하며, 또 건립된 지 불과 35여 년 밖에 지나지 않은 비교적 새로운 절임에 불구하고 이렇게 버려져 있는 이유는 무엇일까? 그야말로 의문은 꼬리에 꼬리를 물고 계속 생겨나지 않을 수 없다. 그러한 가운데 특히 논개의 무덤이 무엇 때문에 여기에 있는지 좀처럼 이해하기 어렵다.

여기에 대해 1994년 10월 23일 아사히 신문(석간)에 의하면 우에쯔카 히로유(上塚博勇)라는 사람이 세웠다고 보도했으며,[2] 또 이것이 96년 5월에 다바다 히로코(田畑博子)에 의해 일본의 학계에 잠깐 소개되기도 했다.[3] 그리고 한국에서는 같은 해 국문학자 김무조가 이러한 사실을 알고 우에쯔카는 신구주 관재주식회사(新九州 菅財株式會社) 사장으로 1972년에 논개의 무덤이 있는 토지를 구입하여 1976년에 논개의 묘를 세웠다고 했다.[4]

그렇다면 그가 무엇 때문에 이같이 산 속 인적이 드문 곳에 논개의 무덤을 만들었단 말인가? 여기에 대해 소설가 정동주는 우에쯔카는 왜장 게야무라 로쿠스케를 흠모하는 인물인데, 그의 원한을 풀어주기 위해 그와 논개를 부부로 만들어주자는 발상에서 추진한 일이라고 보았던 것이다.[5]

이러한 것이 사실이라면 민속학적인 입장에서도 관심을 가지지 않

----

2) 朝日新聞, 1994年 10月 23日 夕刊「博多灣物語 第5部 對岸から」
3) 田畑博子(1996)「彦山權現誓助劍論－毛谷村六助と論介」『國文學解釋と鑑賞(61－5)』至文堂, p.172
4) 김무조(1996)「통과의례를 통하여 본 논개의 생애」『논개사적연구』경성대 향토문화연구소, p.40
5) 그를 직접 만나 조사한 것은 3차례 있었다. 제일 처음은 2003년 1월에 두 차례가 있었는데, 한 차례는 보수원에서 또 한 차례는 그의 자택에서 이루어졌다. 그 후 2009년 1월 6일에 다시 보수원에서 그를 만나 그 후 사정의 얘기를 들을 수가 있었다.

을 수 없다. 왜냐하면 일본에는 우리의 민속에서 보듯이 사후결혼이라
는 것이 그다지 흔하지 않을 뿐 아니라 우에쯔카씨가 살고 있는 규슈에
서는 그러한 사례가 거의 전무하기 때문이다. 더군다나 일반적인 일본
인은 사후결혼이라는 민속에 대해 잘 이해하지 못한다. 그럼에도 불구
하고 건축사인 우에쯔카씨는 무엇 때문에 이러한 행위를 한 것일까?

이러한 의문들을 풀기 위해 사찰건립자 우에쯔카씨를 찾지 않을 수
없었다. 소에다쬬(添田町)의 관계자들의 도움을 받아 의외로 그 사람을
찾는 데는 그다지 어렵지 않았다. 그는 현재 타가와시(田川市)에 살고
있었다. 타가와시는 오늘날에는 그다지 크지 않지만 옛날에는 광산지
역으로 많은 사람들이 북적거리며 살았던 제법 큰 도시였다. 그리고 이
곳은 우리나라의 많은 사람들이 강제노동으로 끌려와 이곳에 일을 했
던 애환이 깃든 지역이기도 했다. 그는 어쩐 일인지 한국인을 만나
지 않으려고 했다. 우여곡절 끝에 그를 겨우 만날 수가 있었다. 그는
일급 건축사로서 건축사무소와 공무점, 부동산 회사를 함께 경영하고
있었다. 여기에서 보듯이 그는 건축관계와 부동산업에 종사하는 사람
이었다.[6]

그를 통하여 많은 사실들을 알게 되었다. 그에 의해 이루어진 보수원
의 건립은 한마디로 한일민간외교에 있어서 화해와 갈등의 역사이었
다. 도대체 이 절을 두고 한일 간에 어떠한 사건이 벌여졌던 것일까?
여기에 대한 해답을 현장조사를 통하여 알아보고, 역사학과 민속학적
인 관점에서 그것이 가지는 의미에 대해서 해석을 하고자 한다. 그렇게
접근함으로써 논개의 무덤이 왜 일본에 만들어졌으며, 그로 인해 한국

----

6) 그를 처음 만난 것은 2003년 1월이었는데, 하루는 보수원에서 하루는 그의
   자택에서 두 차례에 걸쳐 조사가 이루어졌다. 그 후 2009년 1월 6일 보수
   원에서 다시 만나서 그 후 사정의 얘기를 들을 수가 있었다.

과 일본에서 어떠한 일이 벌어졌는지 자연스럽게 그 해답을 찾을 수 있을 것으로 생각된다.

2. 보수원의 건립동기

논개의 무덤과 보수원을 세운 우에쯔카씨는 의외로 진주에서는 일찍부터 잘 알려진 인물이었다. 그는 1974년부터 그 일을 추진하기 위해 진주를 수차례 방문하였고, 드디어 1976년에 논개의 무덤을 자신의 토지에 만들었고, 그로 인해 진주시에서는 그의 공적을 기려 1977년에 감사패와 함께 진주시 화목을 기증했다. 즉, 한국의 열녀 논개의 묘비를 일본인에 의해 세워진 것에 대해 감사의 표시이었을 것이다.

그러한 그는 소설가 정비석에 의해서도 소개되기도 했다. 정비석은 그의 소설 <논개>를 쓰면서 마지막 부분에 그에 대해서도 잠시 소개한 적이 있다. 그것에 의하면 논개가 껴안고 죽은 왜장은 게야무라 로쿠스케이며 그는 일본에서 뛰어난 검객으로 유명했던 인물임에도 불구하고 적국 미녀의 손에 죽어서 무덤이 없다는 것을 안타깝게 생각한 규슈 오이타현(大分縣)의 유지들이 1974년에 건축사인 우에쯔카 히로유를 파견하여 진주의 흙을 가져다가 히코산(英彦山) 기슭에다 무덤을 만들었다고 서술하고 있는 것이다.[7]

이처럼 소설가 정비석은 그가 세운 것은 논개의 무덤이 아니라 로쿠스케의 무덤이라고 보았다. 그러나 앞에서도 언급하였듯이 실제의 현

····································

7) 정비석(1989)『미인별곡 5권 <논개편>』고려원, p.343. 오이타현이라고 기록한 것은 그의 개인적인 착오에서 비롯된 것 같다. 실제로 우에쯔카씨는 오이타현이 아니라 후쿠오카현 타가와시에 거주하는 인물이며, 그의 보수원도 후쿠오카현에 위치해 있다.

장에서는 로쿠스케의 무덤과 함께 논개의 무덤이 서 있었다. 그는 분명 로쿠스케의 무덤뿐 아니라 논개의 무덤도 만들었던 것이었다.

그는 삶에 있어서도 기이한 행적만큼 독특한 이력서를 가지고 있었다. 아버지를 일찍 여의고 홀어머니 밑에서 자랐는데, 그의 어머니 직업이 여러 명의 색시를 거느리고 사업을 벌이는 퇴폐업소의 업주였다. 그리하여 일찍부터 몸을 파는 젊은 여성들과 함께 억척스럽게 살아가는 어머니의 모습을 매일 보며 살아가야 했다. 그의 말을 빌리면 몸을 파는 여성들의 과로로 육체적인 고통은 물론 정신적으로 괴로워하며, 또 결핵병 등으로 야위어 가며 그의 어머니와 피를 토하며 싸우다가 쓰러져 목숨이 끊어지는 여성들도 보았다고 했다. 그러나 그는 어머니 덕분으로 아무런 어려움 없이 고등교육을 받을 수 있는 기회를 가졌고 마침내 건축설계사가 되어 지역사회에서 오랫동안 건축 관계의 일을 해왔던 사람이었다.

그가 논개와 로쿠스케에 열심히 매달리는 것은 그 자신이 로쿠스케의 직계손이라는 시각이 우리나라 일부로 부터 있었다.[8] 그러나 그것은 사실과는 다르다. 왠지 로쿠스케는 그의 후손을 남기지 않았다. 만일 그의 후손이 살아있다면 그의 성씨는 우에쯔카가 아닌 기다(木田 혹은 貴田, 喜田) 또는 게야무라(毛谷村)이어야 한다.[9] 왜냐하면 로쿠스케는 무사가 된 다음부터는 기다 무네하루(貴田統治) 또는 기다 마고베이

----

8) 진주신문. 1999년 5월 10일자
9) 실제로 이러한 성씨가 일본에 있다. 로쿠스케에 관심을 가진 기다(貴田) 또는 게야무라(毛谷村)라는 성씨를 가진 사람이 로쿠스케의 고향인 게야무라에 찾아와 이것저것 물어보고 간 적이 있다고 마을사람들이 이야기를 들려주었다. 로쿠스케(貴田孫兵衛, 貴田統治)가 죽은 후 그의 아우인 玄蕃이 그의 직책을 이어받아 加藤家의 가신이 되었다고 전해진다. 만일 그의 후손이 있다면 직계가 아니라 아우인 玄蕃의 자손일 가능성이 높다.

(貴田孫兵衛)로 불리어진 것으로 되어있기 때문이다.

　직계 후손도 아닌 그가 로쿠스케와 논개에 매달리게 되는 이유에 대해서 그는 다음과 같이 설명했다. 즉, 그가 어느 날 채무관계로 인하여 오늘날 보수원이 있는 일대의 땅이 자기의 소유가 되었는데, 그곳은 인가도 없는 산간 오지이었지만, 그 땅을 놀리지 않고 개간을 하기 시작했으며, 또 그곳에 절을 짓고 그의 어머니 밑에서 불쌍하게 살아갔던 젊은 여성들의 영혼을 위로하기 위해서 관음보살상을 세웠다. 그는 여기에서 그치지 않았다. 개간 도중에 두 개의 비석을 발견하였는데, 하나는 오소노라는 여성의 묘비이고, 또 다른 하나는 오키쿠라는 여성의 비석이었다.[10]

　그들의 신분을 확인해본 결과 그들은 부친의 복수를 하기 위해 약혼자인 로쿠스케에게 도움을 청하러 가는 길에 이곳에서 오키쿠가 원수에게 살해당했으며, 그 후 오소노는 로쿠스케의 협력을 얻어 고쿠라성(小倉城)에서 부친과 자신의 여동생 오키쿠의 원수를 갚았다는 사실을 알게 되었다 한다. 이러한 이야기가 일약 유명해져 가부키(歌舞伎)의 무대에 자주 올려져 전국적으로 알려지게 된다.[11]

　실제로 로쿠스케는 무장으로서도 일본에서 유명하다. 그는 사다케 칸베이(佐竹勘兵衛)의 아들로서 무사가 된 뒤에는 그의 성씨는 기다(木田, 喜田, 貴田)로, 이름은 무네하루(統治), 또는 마고베이(孫兵衛)로 칭하였다. 그는 가토 기요마사(加藤清正)의 16 장수 중의 한사람이었다. 『청정대시략기(清正代侍略記)』에 의하면 900여 석의 봉록이 부여된 무

----

10) 이 점도 참으로 이해가 가지 않았다. 그는 분명히 이름이 새겨진 두개의 비석이라고 했는데, 실제로 본당에 모셔져 있는 비석을 보면 이름이 새겨진 것이 아니라 누가 그것도 최근에 검은색 페인트로 이름을 적은 것으로 되어있기 때문이다.
11) 그를 주인공으로 하는 가부키는 「彦山權現誓助劍」이다.

사이었으며, 『청정행장(淸正行狀)』의 「고려국출진무자분비정(高麗國出陣武者分備定)」에는 임란 때 조선에 출병하여 조총부대 40여 명을 인솔한 것으로 기록되어 있다. 특히 그는 괴력과 준족으로 이름을 날렸다. 그의 발이 얼마나 빨랐는지 서울이 함락되자 그 소식을 일본진영 나고야(名護屋)에 전달하는 역할을 맡아 힘껏 달려 불과 2주일 만에 그 소식을 일본에 전한 것으로 유명하다.[12) 그리하여 그가 조선에서 전사한 후 그의 시신이 나고야에 묻혔으며, 그 자리에는 그의 성씨를 딴 기다신사(喜田神社)가 세워지고, 그를 신으로 모시고 있는데, 오늘날에도 그는 지역민들에 의해 발병을 낫게 해 주고 발을 튼튼하게 해 주는 신으로 모셔지고 있다. 이러한 인물들이 자신이 소유한 토지일대와 관련이 있다고 생각한 그는 그들의 영혼들을 모시는 제당을 짓기로 하고 건설하였다는 것이 바로 보수원이라는 것이다.

그런데 어느 날 그는 한 한국인으로부터 로쿠스케에 대한 죽음의 이야기를 듣게 된다. 그것은 임진왜란 때 진주성이 함락되고 승전의 파티에서 기생으로 가장한 논개가 껴안고 죽었다는 것이었다. 그 후 그는 상상의 나래를 폈다. 그리하여 소설에 가까운 로쿠스케의 죽음 장면을 연상했다. 그러한 사정은 그가 직접 쓴 게야무라 로쿠스케의 묘비건립 취의서(墓碑建立趣意書)를 보아도 잘 알 수가 있다.[13)

그것에 의하면 로쿠스케는 일본군이 진주성을 함락한 후 전승축하연의 자리에서 서로 논공행상을 따지는 추악한 대립적인 분위기 속에

---

12) 이것도 사실로 보기 힘든다. 당시 일본군에서는 문서를 전달하는 업무를 전담하는 독립된 부대가 있었다. 그리고 그들은 문서전달을 릴레이식으로 하였기 때문에 어느 개인이 단독으로 처음부터 끝까지 전달한다는 것은 있을 수 없는 일이다. 그러므로 이러한 이야기는 전승 속에서 존재하는 것으로 보아야 할 것이다.

13) 上塚博久 「毛谷村六助의 墓碑建立趣意書」 <개인출판>

서 조금 전까지만 하더라도 생사를 돌보지 않고 격렬하게 싸우다가 전사한 부하들을 생각하니 참을 수 없는 분노와 슬픔이 솟구쳐 자리를 박차고 일어나 혼자서 남강의 바위에 서 있었다. 석양에 비친 남강은 피로 발갛게 물들어 있었고, 시신과 깃발, 그리고 군마와 무기들이 어지러이 널려져 있는 남강의 일대는 그야말로 생지옥과 같았다. 그것을 보고 전쟁이란 인간이 행하여야 할 업이란 말인가? 인과란 허무하다는 생각에 로쿠스케는 두 눈을 감고 마음을 고요하게 가라앉히고 합장하여 전사한 양군의 장병들의 명복을 빌고 있었다. 바로 그 때 뒤에서 축하연 자리에서 벗어난 기생 논개가 열 손가락에 깍지를 끼고 전신의 힘을 다해 로쿠스케의 몸을 껴안고 강으로 떨어졌다는 것이다.[14] 물론 이 이야기는 우리의 문헌인『어우야담(於于野談)』,『의암기(義岩記)』,『임진록(壬辰錄)』,『의기전(義妓傳)』 등에 기록된 내용과는 전혀 다른 자기만의 세계에서 만들어진 것이었다.

이렇게 생각한 그는 더욱 로쿠스케에 대한 연민의 정이 깊어가기만 했다. 그러한 심정은 그가 쓴「나와 도라지」라는 수필에서 잘 나타나 있다. 그는 수일간 시립도서관을 드나들면서 임진왜란에 대한 역사서를 숙독했다. 그 후 이상한 꿈을 꾸었다 한다. 흐트러진 머리카락과 흰 옷을 입은 한 남자가 강의 바위에 등을 대고 서 있었다. "당신은 누구십니까?"하고 묻자, 그 남자는 괴로운 듯이 "나는 케야무라 로쿠스케이다."고 대답했다. 그리고 수일 후에는 또 다른 꿈을 꾸었다. 이번에는 큰 대문을 지난 그의 눈앞에 커다란 건물이 있고, 그 건물의 안에는 치마저고리를 입은 여성이 3명이 있는데, 그 중에서 한명이 자신에게 계단을 올라오라고 하며 웃는 얼굴로 손짓하는 꿈을 꾸었다는 것이다.

....
14) 上塚博久 앞의 묘비건립 취의서

이러한 꿈을 연속적으로 꾼 그는 1973년 진주를 찾았고, 곧장 남강으로 가 보고 깜짝 놀랐다. 왜냐하면 꿈에서 보았던 큰문은 촉심문(矗心門)이었고, 큰 건물은 바로 촉석루(矗石樓)이었기 때문이었다.[15] 이처럼 믿기도 어려운 경험을 그는 했다고 했다.

또 진주에서 몇 명의 한국인들을 만난다. 그 중 호국사의 주지 현산 스님으로부터 여러 가지 이야기를 듣게 된다. 현산 스님은 로쿠스케의 영혼을 모시고 가지고 가는 것도 중요하지만 그것보다 먼저 논개의 영혼을 위로해야 한다고 충고했다. 즉, 논개가 로쿠스케의 몸을 껴안고 죽었듯이 논개의 원한이 로쿠스케의 영혼을 풀어주지 않는다면 아무리 노력한다 하더라도 로쿠스케의 영혼은 진주 남강을 떠날 수 없다는 것이 현산 스님의 설명이었다. 그러한 말에 설득 당한 그는 드디어 로쿠스케를 대신하여 논개에게 사과하고 또 논개의 영혼을 모시고 명복을 빌고 싶다는 원을 세운다. 그렇게 함으로써 로쿠스케가 성불할 수 있다면 그의 가족인 오소노와 오키쿠가 얼마나 기뻐할까 하는 생각마저 하게 된다. 그리하여 논개의 영혼을 로쿠스케와 함께 일본에 모시고 가려고 노력했다. 그런 그에게 또 현산스님은 그들과 함께 진주전투에서 죽은 한일양국의 군관민의 영혼을 위로하는 합동위령비도 세우는 것이 좋다는 충고를 했다.[16]

그 말을 듣고 그는 그 일을 완성하기 전에는 두발과 수염을 자르지 않겠다고 결심하고 일을 착수했다. 이를 위해 그는 많은 사재를 털었다. 주논개의 무덤을 만들기 위해 묘석을 논개의 고향으로 알려진 전라북도 장수(長水)에서 구했고, 그 비석에 새겨 질 「주논개묘(朱論介墓)」

<hr />

15) 芦馬豊雲編(1991) 『鄕土田川 「史錄」 毛谷忖六助 「貴田孫兵衛」 傳』 吟詠道 無相風雲流總本部, p.226
16) 上塚博勇(1981.12.28) 「나와 도라지」 참조

라는 글자는 당시 후쿠오카 대한민국 총영사였던 박임수(朴任洙)씨에게 부탁하여 글을 써서 받았고, 또 1976년 2월에는 진주 남강 의암(義嚴) 근처에서 작은 돌을 주워 호국사에서 위령제를 지낸 다음 그 돌을 일본으로 가지고 와서 논개의 묘 밑에 묻었다. 그 때 그는 진주 남강에 국화를 뿌리고 1천 마리의 종이학을 띄우고 논개와 로쿠스케의 넋 건지기 의식을 치렀다 한다.[17] 그리고 진주의 화가로부터 논개의 영정[18]을 그려서 가져가 보수원의 안에다 로쿠스케의 위패, 그의 아내 오소노, 그의 처제인 오키쿠의 묘와 함께 걸어놓고 모셨다. 또 로쿠스케와 논개의 무덤 옆에다 「일한군관민합동위령비」도 세웠다. 경내에는 한국의 나라꽃 무궁화와 전북의 꽃인 백일홍 그리고 진주에서 진주시화인 석류를 얻어서 심기도 했다. 정비석에 의하면 1975년에 규슈의 유지들이 논개 사당에 참배하며 논개를 한국의 잔다르크라고 높이 칭송하면서 그 해 5월 게야무라 제사 시에 논개 연구가인 김상조 교수를 초청했다는 것도 바로 이 시기였는지도 모른다.[19]

이러한 제사는 진주성이 함락되던 그 날을 맞추어 매년 음력 6월 29일 합동위령제 및 논개와 로쿠스케의 진혼제(鎭魂祭)로서 거행되었다. 여기에 진주와 장수지역의 인사들도 참석을 했고, 후쿠오카의 한국영사관 관계자들도 참석을 했다. 진혼제는 한국어가 먼저이고 그 다음이 일본어로 진행되었고, 또 한국의 애국가가 먼저 나오고, 그 다음이 일본 국가를 흘러나오게 했으며, 제사상에도 한국의 떡을 올렸으며, 그

---

17) 김규원(1998.12.17) 「일본을 떠도는 논개의 혼령」 『한겨레21』 p.56
18) 논개 영정을 그린 사람은 훗날 최태문 화백으로 밝혀졌다. 그에 의하면 우에쯔카씨가 1974년 자신의 일본개인 초대전에 크게 도움을 준 사람이라, 개인적인 차원에서 논개영정을 가지고 싶다는 부탁을 차마 거절 할 수 없었다고 고백한 적이 있다.(진주신문. 1998년 8월 3일자)
19) 정비석, 앞의 책, p.343

주위에는 태극기와 일장기가 함께 물결치듯이 걸려 있었다 한다.[20] 그 일로 말미암아 당시 진주시장은 그에게 감사장까지 수여하기도 했다. 그 때만 하더라도 그의 노력의 결과는 한일양국의 화해와 평화에 이바지하는 국제친선의 행사이기만 했다.

3. 화가 난 한국인

이러한 그의 일련의 행위로 말미암아 국내외적으로 반향도 컸다. 일본에서는 논개에 대해서 왜곡되는 현상이 일어났다. 즉, 논개는 전쟁중에 게야무라를 만났고 전쟁이 끝난 뒤에 게야무라를 따라 일본에 건너와 함께 해로하다가 죽었다는 사실과 정반대되는 이야기까지 생겨나기도 했고,[21] 심지어 논개는 일본여성이며 약혼자 게야무라를 따라 조선전쟁에 왔다가 함께 죽었다느니, 게야무라의 현지처였다느니 하는 이야기조차 생겨났다.[22] 또 논개는 이곳을 찾는 일본인들에게 부부관계를 좋게 만들고 아기를 점지해 주는 신으로 까지 받아들여지고 있는 것으로 알려졌다.[23] 그것을 증명이라도 하듯이 "부부사이가 좋아지더군요." "논개님에게 부탁하여 아들 둘 낳았죠."라고 보수원에서 논개를 참배한 일본여인들이 코멘트하는 모습이 MBC －TV프로그램을 통해 방영되기도 했으며,[24] 또 재일교포 신기수씨도 논개의 초상화가 로쿠스케 옆에 놓여 "부부원만" "자손번창"을 염원하는 비석으로써 인기가

20) 진주신문. 1997년 3월 17일자
21) 김규원, 앞의 책, p.56
22) 정동주(1997.5)「반외세투쟁의 표상 논개」『WIN(241)』 p.247
23) 박노규(1999)「논개와 왜장의 영혼결혼(또는 사기결혼)」『월간 조선(8)』 p.255
24) 정순태(1997.5)「논개」『WIN(241)』 p.266

높다며 이러한 사실들을 확인시켜주고 있다.25) 이처럼 논개는 일본으로 건너가 신이 되어 그들의 취향과 해석에 따라 본래의 취지와는 전혀 다른 방향으로 변질되어가고 있었던 것이다.26)

　이러한 오해는 한국에도 있었다. 어느 일본 신문에 우에쯔카씨를 소개하는 글 가운데 "보수원이 있는 토지에는 고래로부터 가묘 두 개가 있는데, 이는 임진과 정유의 왜란 때 진주에서 전사한 무장의 아내이며, 그녀의 여동생의 무덤이라는 것을 알고 우에쯔카씨가 그 주변에 꽃을 심고 정화사업을 했다"는 기사를 김무조는 잘못 이해하여 무장의 아내는 논개라 생각하고, 논개에는 여동생이 없다는 것을 지적하면서 우에쯔카는 있지도 않은 사실마저 만든다고 분노한 예가 바로 그것이다.27) 그리고 정동주도 이같은 우에쯔카의 행위에 대해 우리 민족사의 정체성과 순결성을 훼손하는 행위로 비판을 가했다.28)

　논개의 무덤이 일본에 만들어진 것에 대해 몹시 화가 난 한국인들은 또 있었다. 특히 해주 최씨(海州崔氏) 광주 전남 화순군 종회의 사람들에게 있어서는 더욱 그러했다. 그들은 로쿠스케와 함께 죽은 논개는 진주성 전투에서 전사한 최경회 장군의 후손으로 민순지(閔順之)의 『임진록(壬辰錄)』 등의 기록을 들어 논개가 1574년 전북 장수에서 태어나 1590년 어릴 적 인연으로 최경회의 부실이 된 주논개 부인이라고 확인했다. 1593년 경상우도 병마절도사인 최경회 장군이 제2차 진주성 싸움에서 패배한 뒤 자결하자 최장군과 함께 이 싸움에 참가했던 주논개 부인은 슬픔과 의분을 참지 못하고 왜적들의 승전 잔치에 기생으로 가

25) 진주신문, 1998년 4월 13일자
26) 정순태, 앞의 글, p.266
27) 김무조, 앞의 논문, p.86
28) 정동주, 앞의 논문, p.11

장해 숨어든 뒤에 술에 취한 적장 게야무라 로쿠스케를 껴안고 진주 남강에 뛰어 들었다는 것이다. 따라서 그들에게 있어서 논개는 자신들의 조상과 결혼한 집안사람이었다. 다시 말하자면 논개는 최씨 문중에서 나라를 위해 충절을, 남편을 위해서는 지조를 지킨 자랑스런 할머니로 받들어지는 인물이었던 것이다. 그러므로 그들은 남편과 조국의 원수를 처단한 논개의 영정과 무덤이 바로 그 적장과 함께 모셔진 일은 어떤 이유로도 이해될 수 없는 일이었다. 그것은 논개 부인과 최경회 장군만이 아니라 우리 민족의 역사 자체를 모욕하고 능멸하는 일이라[29] 하여 하루 빨리 일본 속의 논개 무덤을 철폐해야 한다고 주장하며 청와대, 외교통상부, 진주시, 국민고충처리위원회, 문화관광부, 여성부, 감사원, 행정자치부, 국무총리실 등에 줄기차게 탄원서를 제출했고, 그에 머물지 않고 서울에서 "정부는 일본에 팔려간 논개 부인을 찾아와라"는 현수막을 걸고 가두집회를 열었고, 또 1998년 8월 10일에는 일본에 직접 방문하여 보수원 출입구를 봉쇄하는 봉인지를 붙였다. 그 봉인지에는 의암부인의 영정반환을 비롯해 의암부인의 합동위령제 폐지, 의암부인의 묘와 묘비 반환, 의암부인의 영혼을 진주에 반환할 것을 요구하는 내용이 적혀 있었다.[30] 이처럼 그들은 논개가 일본에서 모셔지는 것에 대해 거칠게 항의를 했던 것이다.

논개의 고장인 진주인들도 가만히 있지 않았다. 진주지역의 언론은 이를 대대적으로 보도했다. 또 어느 방송사는 지난 1996년 "논개는 왜 일본에 갔는가."라는 제목으로 8.15특집 다큐멘터리를 제작하여 보도하기도 했다. 그리고 진주문화원의 일본 탐방단이 보수원을 다녀와서 다음과 같은 입장을 표명하고 나섰다. "1970년 일본인이 게야무라 로

....

29) 김규원, 앞의 책, p.57
30) 진주신문, 1998년 8월 24일자

쿠스케의 사적을 찾아 진주성에 들렀다가 논개가 순국한 사실을 전해 듣고 남강에서 혼령을 건져가서 보주원(보수원의 잘못표기)이란 절을 세우고 게야무라 로쿠스케와 논개의 묘를 나란히 만들어 위령제를 지낸다. 이런 유래 속의 주논개 묘가 이제는 논개와 게야무라 로쿠스케 간에 영혼결혼식 운운하는 기상천외의 일본인이란 자의 언질은 몰골이 송연케 한다."고 하며, 또 "묘라는 개념은 시신이나 유골을 매장한 것을 말한다. 그런데 논개 무덤이 이대로 몇 백 년이 흘러가 그 때의 사람들이 진짜의 논개 묘라고 인정할지도 모른다고 생각하니 넋을 잃을 지경이다."고 말하면서 "장래의 역사를 고려할 때 당장 철폐되어야 한다."고 주장했다.[31) 또 정동주는 "논개의 의로운 죽음이 조정으로부터 공인 받는데 147년이 걸렸고, 그가 기생이 아니라 의병장의 아내였다는 것을 확인하는데 400여 년이 걸렸다. 적장 게야무라와 함께 있는 그의 영정과 영혼이 한국 땅에 되돌아와 그가 편안히 잠드는 데는 또 얼마나 긴 세월이 필요할지 모르겠다."고 한탄했다.[32) 진주신문의 편집부장이라는 직을 갖고 있었던 윤성효는 언론잡지를 통하여 '논개를 욕되게 하지 말라'라는 제목으로 일본 속의 논개사당은 마땅히 철수되어야 한다고 강력하게 주장을 펴기도 했다.[33)

이러한 사실들이 언론사에도 알려지게 되고, 한국일보, 한겨레, 진주신문, 진주문화방송, 드디어 국영방송 KBS가 수요기획에 본격적으로 이를 다루게 됨에 따라 전국적으로 알려지게 되었다. 그에 힘입어 행정관서에서도 분주하게 움직였다. 2000년 8월 김상두 장수군수가 히코산(英彦山)을 방문하여 우에쯔카씨와 합의하여 비석은 원불교 후쿠오카

31) 강병주(1997)「일본에 논개의 묘가 있다니」『진주문화(22)』진주문화원
32) 김규원, 앞의 책, p.57
33) 윤성효(1999)「논개를 욕되게 하지 말라」『인물과 사상(5)』인물과 사상사

교당에, 영정은 후쿠오카 총영사관에서 회수하여 처리하기로 합의했고, 또 후쿠오카 총영사관측에서는 합동위령제에 관계자를 참석하지 못하도록 조치를 취했다. 매년 참석했던 진주와 장수사람들도 참석하지 않았으며, 그에 대해 일체 말을 꺼내지 못하고 있다. 그 결과 한일양국 군관민의 합동위령제는 중지되었고, 논개의 영정은 한국 측에 반환되었으며, 진주시장으로 받은 감사패도 보수원에서 자신의 집으로 옮겨졌다. 이러한 일로 말미암아 그곳을 찾는 사람들도 급격히 줄어들어 드디어 그곳은 현재 덤불 속에 묻힌 폐사로 변하고 그 속에 논개의 묘가 로쿠스케의 묘 옆에서 한일양국의 「군관민합동위령비」와 함께 버려지고 있었던 것이다.

4. 역사학에서 본 논개와 로쿠스케

4.1. 촉석루의 전승연

이러한 일련의 사건을 역사학적인 관점에서 바라보면 그야말로 그것은 역사와 전승의 혼돈의 결과이었다. 그에 대한 사례를 몇 가지 들 수 있는데, 그 중에서 제일 먼저 지적될 수 있는 것은 진주성이 함락된 후 실제로 촉석루에서 일본군의 전승연이 있었느냐 하는 문제이다. 이것이 전제가 되지 않으면 논개의 이야기는 생겨날 수가 없다. 그러므로 이것은 매우 중요한 사항이 아닐 수 없다.

여기에 대해 회의적인 시각을 가지고 보는 의견이 적지 않다. 예를 들면 국문학자 김수업은 촉석루에 왜군들이 잔치를 벌인 적도 없었고,

또 논개가 죽으면서 춤추고 노래한 적도 없으며, 그것은 모두 후세사람들의 상상력에 만들어진 것이라 했다.[34] 그 이유로 그는 열흘 동안 벌였던 진주성 전투로 말미암아 죽은 왜적의 수는 헤아릴 수 없었고, 성둘레의 푸나무들은 모두 왜적의 시신으로 뒤덮여 있었으며, 살아남은 왜적들은 간신히 전열을 가다듬어 이틀 뒤에 두 패로 나누어 호남으로 진격했으나 남쪽 패는 하동에서, 북쪽 패는 산청에서 기진맥진하여 부산 쪽으로 쫓겨 날 수밖에 없었던 상황에서 촉석루에서 큰 잔치를 벌였다는 것은 있을 수 없는 역사의 진실이라고 단언했던 것이다.[35] 다시 말하여 그럴 겨를이 없었다는 것이 그의 지론이다.

〈그림 13〉 진주성 전투 그림

실제로 촉석루는 선조 26년(1593) 6월 29일, 임란 제2차 진주성 전투에서 진주성이 함락되고, 7만 민관군이 순절하는 와중에 소실된 것을, 광해군 10년(1618) 병사 남이흥(南以興)이 중건한 것으로 알려져 있다. 그와 관련된 기록을『선조실록』에서 찾으면 성이 왜군에 의해 함락되

34) 김수업(2001)『논개』지식산업사, pp.36 - 37
35) 김수업, 앞의 책, pp.36 - 37

자 김천일, 최경회, 고종후 등이 촉석루에 불을 지르고 그 속에서 타죽
으려고 하였으나 사정이 여의치 못하자 강에 몸을 던져 자결한 것으로
되어있다.36) 촉석루가 전쟁 중에 불에 타 소실되었다면 아마도 이 때일
것이다. 그리고『선조실록』에 의하면 성이 함락된 직후 일본군은 진주
성을 떠나 단성(丹城), 산음(山陰), 구례(求禮), 광양(光陽), 남원(南原),
순천(順天) 등지로 흩어져 들어가서 마을을 노략질한 것으로 되어있
다.37) 이러한 사실을 바탕으로 추정한다면 진주성이 함락되던 그 날
촉석루는 불에 타 소실되었으며, 따라서 김수업의 주장처럼 그 위에서
일본군이 전승연을 베풀었다는 것은 불가능한 일이며, 더군다나 그 전
승연이 한창 무르익을 즘 아리따운 논개가 나타나 적장을 유인하여 그
를 껴안고 죽었다는 이야기는 더더욱 있을 수 없다. 그럼에도 불구하고
우에쯔카씨를 포함한 많은 사람들은 전주성이 함락된 후 촉석루에서
전승연이 벌어졌고, 이에 논개가 등장한다고 믿고 있는 것이다. 그 때
문에 논개는 일본으로 건너가게 된 것이다.

4.2. 논개가 죽인 적장

그리고 실제로 논개와 함께 죽은 적장이 누구인지 정확하지 않다.
일본의 가네코 히사카즈(金子尙一)는 논개의 이야기를 듣고,『대일본지
지대계(大日本地誌大系)』의「풍전지(豊前志)」에 "로쿠스케...(중략)... 조
선으로 건너가 군공을 세웠으나 끝내 그곳에서 전사했다."는 설명이
있는 것으로 보아 어쩌면 논개와 같이 죽은 왜장은 게야무라 로쿠스케
일지 모른다는 식으로 조심스런 추정을 했고,38) 그 뒤를 이어 다바다

---

36) 선조 26년 6월 1일(갑신) 기사
37) 선조 26년 7월 16일(무진) 기사

히로코는 논개와 죽은 왜장의 이름이 게야무라 로쿠스케라는 이름이 한국의 문헌 어디에도 발견되지 않는다고 하며 현재로서는 누구라고 단정을 내릴 수 없다고 했다.[39]

이에 비해 지금까지 한국에서는 그에 대해 로쿠스케는 논개와 죽었다고 보는 설과 실제로 논개와 죽은 왜장은 알 수 없다는 설로 의견이 두 갈래로 나누어져 있다. 전자의 대표적인 예로는 강대민과 최관 그리고 김경란의 연구를 들 수 있을 것이다. 강대민은 소설가 박종화와 정비석의 의견을 받아들여 논개가 껴안고 죽은 장수는 게야무라 로쿠스케일 가능성이 높다

〈그림 14〉 적장을 끌고 남강에 뛰어드는 논개

고 하였으며,[40] 일문학자 최관은 1592년 10월 기요마사가 오랑카이에서 철수하여 함경도 안변에 있을 때 휘하의 부대에 보낸 서신에 로쿠스케의 이름인 기다 마고베이(貴田孫兵衛)라는 이름이 보이는 것으로 미루어 로쿠스케는 오랑카이 전투에서 전사했다는 설을 일축하면서 그는 그 이후에도 살아 있었으며, 기요마사군이 참전한 1593년 6월말에 있었던 진주성전투에서 사망하였을 것으로 추정했다.[41] 이러한 추정은

....

38) 金子尙一(1994) 「ノンケ悲話における毛谷村六助」『國文學解釋と鑑賞(59－1)』至文堂, pp.182－183
39) 田畑博子, 앞의 논문, pp.172－173
40) 강대민(1996)「논개의 생애와 역사적 의미」『논개사적연구』경성대 향토문화연구소, p.40
41) 최관(1997)「일본근세문학에 있어서 임진왜란과 毛谷村六助」『일본어문학(3)』일본어문학회, pp.275－277

김경란에게도 다루어졌다. 그녀는 일본영법(日本泳法)의 한 유파인 신전류(神傳流)의 발상을 설명하는 문장[42])에 기다 마고베이는 조선에서 전사한 것으로 되어있는 것으로 미루어 진주의 논개와 함께 죽었을 가능성이 높다고 했다.[43]) 그러나 명확한 단서가 없기 때문에 그들의 의견은 단지 추론일 뿐 확정지어 질 단계는 아니다.

이에 비해 정작 진주에 사는 연구자들의 의견은 달랐다. 가령 김수업은 그것에 대해 다음과 같이 자세히 서술하고 있다.

사실 계사년에 의암에서 논개가 죽인 왜장이 누구였는지 우리에게 알려진 바는 없었다. 그래서 우리 한문 기록에서는 400년에 걸쳐 왜장(倭將), 적장(敵將), 적장(賊將), 왜추(倭酋), 적수(賊首), 아니면 왜(倭) 또는 적(賊)이라고만 적었다. 그가 누구였는지 신원을 밝힐 수 없다는 사실에 충실했던 것이다. 그런데 백성들이 입으로 전해온 이야기나 노래에서는 꽤 일찍부터 왜장의 이름을 내세우고 있어서 한문 기록과는 사뭇 달랐다. 임진왜란 뒤로부터 흘러오던 이야기들을 쓸어 모아 19세기에 와서 엮은 소설 『임진록』같은 데서는 논개가 죽인 왜장을 청정(淸正) 또는 평수길(平秀吉) 또는 석종노(石宗老)라고 했다. 그리고 1913년 즈음에 지은 것으로 보이는 사공수(司空燧)의 가사 「한양가」에는 성종노(成從奴, 石宗老)와 하나복(賀羅北, 河羅北, 漢我服) 등 이라고 노래했

---

42) 이 내용을 소개하면 다음과 같다. 「전국시대의 말기, 貴田孫兵衛統治, 加藤主馬光商, 畑次郎兵衛十成의 3師는「文錄의 役」의 출진 때 豊臣秀吉의 命에 의해 肥前 名護屋에 있어서 해상의 안전과 전승을 기원하는 水神守護의 身條蓆式을 행하였으나, 이것이 神傳流의 창시라고 하며, 貴田이 1世 宗師로 되어있으며, 그는 조선에 있어서 전사한 다음 加藤이 2세를 계승했다고 전해진다.」. 이상의 내용은 김경란의 논문에서 재인용한 것이다.
43) 金京欄(2004)「大功艶書合考 －貴田孫兵衛(毛谷村六助)と朝鮮の女性をめぐって－」『일본어문학(26)』 일본어문학회, p.172

다...(중략)...그리고 광복 뒤에 와서 받아 적은 백성들의 노래에서는 거의 한결같이 논개가 청정의 목을 안고 남강 물에 떨어졌다고 했다...(중략)...1960년대에 들어오자 사람들이 다시 그 왜장의 이름에 눈을 모았다. 우선 배호길은 「진주 촉석루와 주논개」에서 그 왜장을 우리의 『임진록』과 「한양가」에서와 같이 석종노라 주장하고, 그를 가등청정 부대의 부대장이었다고 했다. 그러자 우리나라의 정부기록인 『토향지(土鄕誌)』라든가 『문화유적총람(文化遺蹟總覽)』 같은데서 이것을 그대로 받아 들였다. 한편 박종화는 「논개와 계월향」이라는 소설에서 그 왜장을 가등청정의 부하로 진주성 공격의 선봉장이었던 게야무라 로쿠스케(毛谷村六助)라 했다. 이로부터 최용진, 전병순, 정비석, 정동주 같은 문인들은 물론이고, 진단학회의 『한국사』, 이홍직의 『국사대사전』, 진주시의 『진주시사』 같은 역사책들까지 그것을 받아들여 정설로 자리 잡게 만들었다.44)

이처럼 김수업은 논개와 함께 죽은 왜장의 신분은 누구였는지 확실하지 않다고 했다. 왜장의 이름도 왜장, 적장(敵將, 賊將), 왜추(倭酋), 적수(賊首), 아니면 왜(倭) 또는 적(賊)이라고 하는 것 이외에 구체적인 이름을 거론하고 있는 것을 보더라도 청정(淸正), 평수길(平秀吉), 석종노(石宗老), 성종노(成從奴), 하라복(賀羅北, 河羅北, 漢我服) 등으로 다양하게 나타난다. 그뿐만 아니다. 1960년 장수 주촌 마을 입구에 세워진 「의암주논개랑생장지사전불망비(義巖朱論介娘生長地事蹟不忘碑)」에는 그 상대가 다치바나 무네시게(立花宗茂)로 되어있다. 그리고 『호남절의록』에는 논개가 죽인 적장은 한 명이 아니라 두 명이라고 까지 하고 있다.

....
44) 김수업, 앞의 책, pp.108 – 110

　아무튼 여기에서 보이는 인물 가운데 석종노, 성종노, 하라복 등의 이름은 정체를 알 수 없는 것들이지만, 그 밖의 것은 그렇지 않다. 가령 청정은 가토 기요사마를, 평수길은 도요토미 히데요시를 말하는 것임은 금방 알 수 있다. 그러나 기요마사와 히데요시는 익히 잘 알려진 바와 같이 그들은 조선이 아닌 일본에서 죽은 인물이다. 그리고 장수의 비석에 새겨진 다치바나도 임란 때 조선에 출병한 것은 사실이지만, 조선에서 전사한 것이 아니라 고향으로 돌아가 야나가와(柳川)의 성주로서 1642년에 사망한 인물이다. 다시 말하여 그들은 논개와 함께 죽은 인물들이 아니었음에도 불구하고 한국의 전승에서는 그들의 이름이 거론되었던 것이다. 그러나 굳이 그 중에서 조선에서 논개와 같이 죽었을 가능성이 가장 높은 인물을 고르라면 로쿠스케일 것이다. 왜냐하면 그에 관한 전승에서 그가 조선에서 죽었다는 기록이 자주 눈에 띄기 때문이다.

　그렇다고 해서 진주에서 죽었다는 증거 또한 확실하지 않다. 일본 측 사료에서도 그의 죽음의 장소에 대해서는 매우 애매모호하게 표현되어있거나 다양한 지역이 등장하기 때문이다. 앞에서 언급한 일본영법의 신전류 발상

〈그림 15〉 기다신사

을 설명하는 문장에서는 로쿠스케가 조선에서 전사했다고만 할 뿐 장소에 대해서는 밝히고 있지 않지만, 그 밖의 것에서는 장소에 대해 구체적으로 언급하고 있는 것들이 많다. 가령 다케우치 카쿠사이(武內確齋)의 『회본태합기(繪本太閤記)』에 의하면 그는 가토 기요마사(加藤清正)가 지휘하던 부대가 서울을 거쳐 함경도에 진출하고, 또 더 나아가

두만강을 건너 만주로 진출하였을 때 여진족과 싸우게 되는데, 그 때 여진족이 던진 칼에 좌측 어깨에 맞아 전사하였다고 했다. 또 그의 고향 향토사인 『하모군사(下毛郡史)』에서는 "조선출진 중 오랑카이에서 전사했다."고 간략하게 서술하고 있으며,[45] 또 나고야(名護屋) 지역의 향토사 교육 자료로 이용하고 있는 『명호옥독본(名護屋讀本)』에는 로쿠스케는 1598년 1월 울산성 전투에서 39세로 전사하여 그의 목을 일본으로 가지고 돌아와 무기하라(麥原)에 묻고 그곳에 기다신사(喜田神社)를 세워 신으로 모셨다고 설명하고 있다. 그리고 게야무라에서 전해지는 「모곡촌육조약연기(毛谷村六助略緣起)」에서는 로쿠스케가 26살이 되던 1593년 6월 임진왜란에 참전하고 공을 세운 후 고향으로 돌아와 62세 1631년까지 살다가 사망했다고 적고 있다.

이와 같이 논개와 함께 죽었을 가능성이 높은 로쿠스케마저도 일본측 기록에는 진주 남강을 비롯해 중국 동북지방, 오랑카이, 울산 및 자신의 향리 등 여러 가지 설이 제기되고 있는 것이다. 특히 국문학자 박기용에 의하면 모곡(毛谷)이라는 이름은 1934년 「매일신보」에 처음 등장하며, 그 이후에는 줄곧 게야무라 로쿠스케 혹은 모곡촌육조(毛谷村六助)란 이름이 나타난다고 지적하며, 그 출처는 모두 모호하다고 해석했던 것이다.[46] 그럼에도 불구하고 우에쯔카씨는 진주에서 그를 논개에 의해 살해당한 것으로 생각하고 있는 것이다.

---

45) 下毛郡教育會(1972) 『下毛郡史』 p.810
46) 박기용(2004) 「논개설화의 서사 전개 양상과 의미」 『우리말글(32)』 우리말글학회, p.23

4.3. 논개의 정체

한편 논개라는 인물의 실체도 분명치 않다. 그 증거를 든다면 첫째로, 그녀의 이름이 너무나 다양하게 나타난다는 점이다. 즉, 주논개(朱論介), 노운개(盧雲介), 노은개(魯隱介) 등으로 표현되듯이 그녀의 이름도 실제로는 분명치 않다. 심지어 논개는 조선식 이름이 아니며, 일본식 이름이라는 설까지 제기되었다. 예를 들면 일본역사문화 연구자인 김문길에 의하면 "개"는 일본 고어에서 크다, 뛰어나다, 특수하다의 의미를 가지고 있다. 그래서 이름도 성도 없을 때 사람의 몸의 특징을 붙여 키가 큰 사람은 육개(六介)라 하고, 몸이 뚱뚱하면 비개(肥介)라 하고, 눈이 큰 사람은 목개(目介)라 하고, 말솜씨가 좋으면 모개(牟介)

또는 논개(論介)라 하였다는 것이다. 그러므로 논개는 말솜씨가 좋다는 의미로 논개라는 이름이 붙여졌다는 것이다.[47]

그뿐만 아니다. 그녀의 고향도 분명치 않다. 그녀가 장수를 비롯하여 진주, 순창에서 태어났다고도 하며, 그 출신이 기생이었다고도 하며, 또 기생이 아니라 기생으로 변장한 양반규수라는 설까지 제기되고 있다. 이를 보다 세분화하여 보면 전자에는 진주의 기생이라는 설을 비롯하여 순창의 기생, 동복의 관기였다는 설까지 나와 있으며, 한편 후자에는

〈그림 16〉 진주성에 모셔진
논개 영정

47) 김문길(1995) 『임진왜란은 문화전쟁이다』 혜안, pp.71 - 72

양반가문의 신안 주씨 출신의 여성으로 최경회의 소실,[48] 또는 김천일의 아들 김상건[49] 또는 황진(黃進)[50]의 애인이었다는 설 등 다양하게 나와 있다. 더군다나 1722년(경종2) 나라에서는 논개의 자손을 찾아서 부역을 면제시키고, 이제까지 하지 못했던 나라의 특별한 은전을 보이도록 하라는 비변사의 통지문을 경상우병사가 관할하는 고을마다 보내어 논개의 자손을 찾았으나 찾지 못한 일이 있다. 이처럼 논개에 대한 실체는 분명하지 않다.

현재에는 그 중에서 최경회의 소실로 정설화 되어가고 있는 추세이나, 여기에도 문제가 없지 않다. 논개가 최경회의 천첩이라는 기록이 처음으로 등장하는 것은 1750년경 의정부 좌참찬 권적이 쓴 「시장」이다. 이것에 의하면 "그의 천첩도 공이 죽던 날 아리따운 옷에다 매무새를 꾸미고 남강 가운데 바위에서 적장을 꾀어 끌어안고 함께 떨어져 죽었다."고 적고 있는 것이다.[51] 그러다가 1800년경 호남선비들이 엮은 『호남절의록』에는 "기녀 논개는 장수사람인데, 공이 좋아했으므로 공을 따라 진주에 들어갔다. 진주성이 떨어지자 몸단장을 곱게 하고 적

- -

48) 여기에 대해서는 후술에서 자세히 기록해두었다.

49) 1947년 진주극장에서 여성악극단이 공연했던 논개에서는 당시 진주성 수비의 총책임자 김천일이 군 풍기가 어지럽다고 논개를 처형하려고 하였는데, 김천일의 아들 김상건과 진언하여 논개를 살려주어 두사람이 사랑하게 되었다는 줄거리로 되어있는데, 신빙성은 희박하다.

50) 논개가 황진의 애인이었다는 설은 장지연의 『일사유사』에 나온다. 그것에 의하면 "논개는 본디 장수현의 양갓집 딸이니 재주와 인물이 빼어났으나 어려서 부모를 여의자 집이 가난하여 의지할 데가 없어, 마침내 기녀의 명부에 이름을 올리는 데로 떨어졌다가 현감 황진이 사랑하는 바가 되었다."고 기록하고 있는 것이다. 그러나 황진은 1591년 7월부터 1592년 여름까지 잠시 동복현감을 지낸 적은 있으나 장수현감을 지낸 적이 없다. 그러므로 이는 사실이 아닐 가능성이 높다.

51) 김수업, 앞의 책, p.83에서 재인용

장 둘을 유인해 남강의 우뚝한 바위 위에서 춤을 추다가 양팔로 두 왜적을 끼고 강에 떨어져 죽었다."고 했다.[52] 이를 바탕으로 많은 사람들은 최경회가 장수현감으로 있을 때 논개를 만났다고 주장했다. 특히 정비석은 1586년 최경회가 1591년 당시 18세인 논개를 부실로 삼았다고 했고, 배호길은 1589년 최경회가 17살인 논개를 부실로 삼았다고 했다.[53]

그러나 그것은 사실이 아니다. 최경회가 언제 장수현감이었는지 정확한 기록은 없지만 장수현감으로 있다가 1579년 3월에 무장현감으로 옮긴 것은 확실하다. 이러한 사실을 비추어 볼 때 그가 장수현감 시절에 논개와 인연을 맺었다면 1593년에는 논개의 나이가 적어도 30대 중반에 들어서야 한다. 그렇지 않고 1593년에 꽃다운 나이인 18세로 순국하였다면 논개가 최경회를 만나 그의 소실이 되었을 때 그녀의 나이는 만 3세이어야 하는 모순이 발생한다.[54] 이처럼 논개가 최경회의 부실이었다는 이야기는 역사적 사실로 그대로 받아들이기 어려운 부분이 있다. 그럼에도 불구하고 일본인 우에쯔카씨와 해주 최씨 문중 사람들은 이를 역사적 사실로 받아들이고 행동으로 몸소 실천하였던 것이다. 이와같이 이들의 일련의 행동에는 역사학과 전승이 혼돈된 부분이 적지 않은 것이다.

52) 김수업, 앞의 책, pp.85 – 86에서 재인용
53) 김수업, 앞의 책, p.86에서 재인용
54) 김수업, 앞의 책, pp.86 – 89

5. 민속학에서 본 논개와 로쿠스케

논개의 무덤을 만든 우에쯔카씨의 행위를 민속학에서 보더라도 다음과 같은 몇 가지 특이한 한일양국민의 영혼관을 발견할 수 있다.

첫째는 그는 한번 죽은 영혼은 영원히 사라지지 않는다는 관념에 사로잡혀 있다는 사실이다. 이러한 영혼불멸관은 원한으로 죽은 영혼에게 있어서는 더더욱 사라지지 않고 그것을 풀어주어야 한다는 사고가 한일 양국인은 모두 가지고 있는지도 모른다. 그러므로 호국사의 주지 현산스님은 우에쯔카씨에게 논개의 원한을 풀어주기 위해 노력해 줄 것을 제의했고, 또 그것을 순순히 받아들여 천 마리 학을 남강에 띄우며 넋 건지기를 했다. 또 논개의 영정이 일본에 있는 것을 보고 분노한 한국인들이 사용한 "논개를 욕되게 하지마라.", "영혼결혼" "팔아먹은 논개의 영혼" "논개 영혼의 반환" 등의 낱말은 모두 사후 영혼의 존재를 인정하는 사고들임에 틀림없다. 그러한 영혼 불멸관으로 인하여 우에쯔카씨는 400년이나 넘은 영혼들을 꿈에서 보았다고 말하고 있는지도 모른다. 이러한 사고로 말미암아 영혼을 돌려달라는 기상천외한 국제분쟁이 일어났던 것이다.

둘째는 사후 영혼은 있으나, 그 영혼을 너무나 무기력한 존재로 보고 있다는 관점이다. 이는 일본 속의 논개 무덤 철폐를 주장하는 한국인들도 마찬가지이다. 그들의 논리에 의하면 논개의 영혼은 부르는대로 무기력하게 따라가는 존재로 보고 있다. 전남 광주 화순 해주최씨 종회 대표인 최홍진씨는 일본 속의 논개 무덤에 대해 "논개가 일본의 외로운 산중에서 온갖 잡신들에 의해 둘러싸여 못난 후손을 원망하며 고통받고 있다고 생각하니 가슴이 찢어질 것 같다."[55]라고 표현한 것도 논

....
55) 진주신문, 1998년 8월 24일자.

〈그림 17〉 진주성의 논개묘각

개를 스스로의 자신을 지키고, 또 자신의 의사를 강력하게 피력하는 존재로서 보고 있지 않은 것이다. 그들 표현처럼 논개는 한국에 있어서 위대한 호국선열이다. 그러한 영혼이 누가 부른다고 따라가고 부르지 않는다고 따라가지 않는 힘없는 존재란 말인가? 더군다나 상대는 불구천지의 원수로 생각했던 왜장이다. 그럼에도 불구하고 이들에게는 논개의 의지와는 관계없이 사후 영혼은 이 세상에 존재하는 것이며, 그것은 부르는 자에 의해 쉽게 옮겨지는 것으로 보고 있다는 점이다.

셋째는 일본민속에는 객사한 영혼에게 무덤을 만들어 주는 관습이 있다는 점이다. 이는 비정상적인 죽음의 방법으로 사망한 영혼을 불쌍하게 여기는 마음에서 일어났을 것이다. 일본에서는 객사한 영혼의 무덤을 만드는 데는 대략 두 가지 방법이 있다. 하나는 죽은 현장에 만드는 것이며, 또 하나는 영혼의 고향에 만든다는 것이다. 사실 로쿠스케의 무덤을 진주에 만드는 것은 한국인의 정서상 현실적으로 불가능에 가깝다. 그러면 그의 무덤은 당연히 그가 태어나고 자라난 곳 오이타현 야마구니쵸 게야무라에 세워져야 하는 것이 상석이다. 그럼에도 불구하고 우에쯔카씨는 이곳을 선택하지 않고 자신의 땅에다 로쿠스케의 무덤을 만듬으로써 일본에서도 그의 무덤이 두 곳으로 되는 기이한 현상이 빚어지고 말았다. 그러한 현상은 논개의 무덤에 있어서도 마찬가지이다. 그들의 민속의 논리에 따른다 하더라도 논개의 무덤은 당연히 진주 혹은 그녀의 출생지인 장수에 만들어지는 것이 옳다. 그것도 그녀의 남편인 최경회 장군과 함께라면 더욱 좋을 것이다. 실제로 논개의 무덤은 경남 함양군 방지리의 신안 주씨 집성촌에 최경회 장군의 묘소와 함께 나란히 놓여져 있다. 신안 주씨들이 논개와 같은 성씨의 사람들로 알려져 있기 때문이다. 그러한 민속논리와는 정반대로 아무런 연고도 없는 더군다나 그녀가 목숨을 걸만큼 그토록 증오했던 일본에다 만든다는 것은 이미 갈등의 소재를 안고 출발하는 것과 마찬가지였다.

일본의 민속 가운데 적과의 동침이 전혀 없는 것이 아니다. 적군과 아군을 가리지 않고 전장에서 죽은 시신을 거두어 한자리에 묻어두고 제사지내는 경우가 옛 기록과 현존의 민속에서 쉽게 찾을 수 있다. 이러한 경우 대략 두 가지 방법이 있는데, 하나는 승자가 자신들의 군사와 함께 패자 측의 군사들의 시신을 거두어 장례를 치루고 묘지를 만드는 경우이고, 또 다른 하나는 지역민들이 죽은 시신을 한 곳에 묻고 제사를 지내는 경우이다. 이러한 행위 속에는 정상적인 죽음을 맞이하지 못한 영혼들을 위로함으로써 그들이 일으키는 탈을 벗어나려는 민속의 논리가 숨겨져 있음은 두말할 나위가 없다. 그러나 이러한 경우는 전사한 곳 즉, 사망지에 세우는 것이 보통이다. 그렇지 않으면 앞에서 언급한 바와 같이 자신의 고향으로 돌아가야 한다. 이러한 점에 있어서 우에쯔카씨가 세운 보수원은 그야말로 이단의 민속적 행위임에 틀림없다.

넷째는 한국인의 입장에서 본다면 우에쯔카씨의 주논개와 로쿠스케의 묘지 만들기는 사후결혼으로 볼 가능성이 매우 높다는 사실이다. 특히 이 점은 한국에서는 죽은 영혼들끼리 결혼시키는 관습이 있기 때문에 그러한 시선은 더욱 강하다. 더군다나 보수원 경내에 주논개와 로쿠스케의 무덤은 부부처럼 나란히 있다. 그리고 법당 안에도 로쿠스케의 가족들 위패와 함께 논개의 영정이 걸려져 있었다. 이를 본 한국인이면 영혼결혼을 연상시키지 않을 사람은 거의 없을 것이다. 그리하여 한국인들은 호국선열의 상징인 논개를 욕되게 한다고 분노했던 것이다. 그리하여 논개의 문제를 끈질기게 취재 보도해온 윤성효는 논개를 게야무라의 애첩으로 만들어 놓았다고 평하였으며,56) 김수업 또한 그러한 관점으로 진주에서의 우에쯔카의 행동을 바라다보았다. 즉, 우에쯔카의 당초 계획은 400년 전에 죽은 게야무라와 논개를 부부로 만들어주자는 것이었으나, 그것이 얼마나 한국인들을 분노케 하는 것인가를 알아차리고 논개와 게야무라를 한 장소에 모셔놓고 기도와 축원을 받치겠다는 계획으로 바뀌었다고 해석하는 것이 바로 그것이었다.57)

  실제로 영혼결혼은 우리나라에만 있는 민속이 아니다. 멀게는 북아프리카, 가까이로는 중국, 대만, 아시아의 한족사회 등지에서 발견되는 비교적 널리 알려져 있는 민속이다. 그에 비하면 일본은 매우 특이한 문화권에 속한다. 왜냐하면 일본에서는 오키나와와 동북지역의 일부에 국한하여 그것이 보여 질 뿐 일본 본토에서는 극히 찾아보기 힘든 관습

....
56) 진주신문, 2003년 6월 8일자
57) 김수업, 앞의 책, p.107. 이러한 관점은 해주최씨 광주, 전남종회에서 진주
   시민 및 진주시민에게 보내는 서한에서도 발견된다. 그것에 의하면 "일본
   의 우에쯔카라는 요사스런 가짜승려 하나가 진주에 잠입해 와서 진주 호
   국사 중의 안내를 받아 의기사의 논개부인 영정을 모사해가고, 남강에서
   초혼까지 하다가 논개부인이 목숨을 바쳐 죽인 적장과 원한을 풀어준다는
   터무니 없는 사기극을 벌여 혼맞이를 시켜 사실상 부부로 만들어 놨습니
   다."라는 내용에서 보듯이 그들도 사후결혼으로 보고 있음을 알 수 있다.

이기 때문이다. 특히 보수원을 건립한 우에쯔카씨가 살고 있는 규슈지역에는 이러한 풍습은 존재하지도 않는다. 그러므로 애시당초부터 그가 논개와 로쿠스케를 결혼시키려고 했다는 한국의 시점은 설득력이 없다.

실제로 우에쯔카씨는 영혼결혼을 시켜려고 했다고 하지는 않고 있다. 영혼결혼설은 진주시내 꽃집을 경영하는 강덕수씨의 증언에서 비롯된 것이었다. 그의 말을 따르면 당시 진주에 처음 온 우에쯔카는 영전에 가지고 가는 꽃을 자신의 가게에 주문하여, 꽃을 들고 여관에 갔더니 논개사당을 들먹이며 의암바위까지 안내를 부탁했다는 것이다. 행동이 이상하고 염불도 외우고 하길래 일본말 잘하는 할머니를 불러 그 이유를 물었더니 두 영혼을 결혼시키기 위해 두 사람의 넋을 남강에서 건져 올린다고 대답하였다는 것이다.[58] 여기에서 보듯이 우에쯔카가 논개와 로쿠스케의 영혼을 남강에서 넋을 건진다는 것은 모르지만, 그 행위를 두 영혼들을 결혼시키는 목적이었다는 말을 선뜻 납득하기가 힘든다. 통역자의 일방적인 해석일 가능성도 없지 않기 때문이다. 우에쯔카씨가 그러했다고 한다면 그의 영혼결혼에 관한 지식은 한국에서 얻어 자극을 받아 행동에 옮겼을 가능성이 높다. 거듭 말하지만 그가 사는 규슈에는 사후결혼의 민속이 없기 때문이다.

그러나 우에쯔카씨가 아무리 두 사람의 묘를 한 곳에 만들고 모시고 싶다고 순수한 마음에서 시작되었다 할지라도 그 방법과 절차에 있어서 분명히 문제가 있었다. 로쿠스케의 아내의 무덤은 만들지 않고 로쿠스케의 무덤 바로 곁에 논개의 무덤을 만들었다는 것도 문제이거니와 절의 법당 안에 로쿠스케의 가족들의 위패와 함께 논개의 영정을 모셨

....
58) 박노규, 앞의 글, p.253

다는 것도 문제이었다. 일본인이면 누가 보아도 그들을 가족으로 오인
을 하고, 또 한국인이면 영혼결혼식을 연상케 하여 정처가 아닌 후실
(애첩)로 오해하도록 되어 있었다. 더군다나 그의 행위는 한국 측의 인
사(특히 논개 집안)와 상의 없이 일방적으로 행한 데 문제가 있었다.
해주최씨 문중에서는 논개는 기생이 아니라 최경회 장군의 부실로서
최장군의 뒤를 이어 순국한 자신들의 선조로 보고 있다. 이러한 논개를
홀로 떼어내어 더군다나 적장의 묘지 곁에 둔다는 것은 한국인들에게
있어서 도저히 용납될 수 없는 일이었던 것이다.

　이처럼 우에쯔카씨의 일본에 있어서 진주 논개 모시기는 그 동기가
아무리 화해와 용서 그리고 평화로 출발한다고 하더라도 그 출발부터
갈등의 씨앗을 안고 있었던 것이다. 아니다 다를까 그 결과는 지금처럼
한일 모두 외면하는 폐사로 변질되고 말았던 것이다.

6. 마무리

　후쿠오카현의 보수원의 건립과 폐망은 우에쯔카씨의 일방적인 영혼
관(세계관)으로 말미암아 생겨난 일이었다. 그의 행위를 역사적 비판
없이 한일친선과 화합의 상징으로 여겨 동조했던 일부 한국인들에게도
문제가 전혀 없었던 것은 아니다. 그들의 협력이 논개가 바다를 건너는
데 더욱 부채질을 하였을지도 모른다. 여기에 깊은 반성이 있어야 할
것이다. 그리고 우에쯔카씨의 동기가 아무리 선하다고 하더라도 그의
행위는 논개의 입장을 전혀 고려하지 않은 처사이었으며, 또 로쿠스케
의 가족에게 있어서도 결코 바람직한 일이 못된다. 그들의 입장을 전혀
고려하지 않은 채 일방적으로 진행됨으로써 죄 없는 논개는 화해와 용

서, 평화라는 슬로건 하에 검푸른 현해탄을 건너야 했다. 이러한 것을 두고 한국인들은 본인이 원치 않는 강제연행이라고 분노하였으며, 또 일본에서 그녀의 처지를 남편의 땅을 떠나 적장과의 영혼결혼이라고 생각하여 심한 민족적 모욕감을 느꼈던 것이다.

이로 말미암아 사상초유의 외교문제로까지 비화가 되어 정부가 나서 외국인의 사유재산 처리에 협조를 구하기도 하여 논개의 영정과 비석은 한국 측으로 돌려지고, 또 합동위령제도 중단되었다고 하지만 여전히 그곳에는 논개의 가묘가 남아있다. 아무리 좋은 취지와 목적을 가졌다 하더라도 상호간의 이해가 되지 않는 것이라면 그것은 단순히 자신의 가치를 강요하는 독단적 행위임에 틀림없다. 이러한 교훈을 폐허가 되어가고 있는 보수원이 우리에게 전하고 있음에 틀림없다.

어쨌던 로쿠스케는 우에쯔카씨의 행동에서 보듯이 히코산 일대에서는 영웅적인 인물이다. 그러한 예로 히코산 보물관에는 로쿠스케가 사용했다는 거대한 조총과 쇠몽둥이가 전시되어있다.[59] 그리고 지금도 그 일대에서는 로쿠스케에 대한 전설이 많이 전해지고 있으며, 또한 가부키라는 연극을 통해 전국적으로도 비교적 많이 알려져 있는 인물들이다. 최근 그의 고향 야마구니쵸(山國町)에서는 그에 대한 비디오를 제작하여 대대적으로 홍보하고 있으며, 또 지역민들도 「로쿠스케 여관」, 「로쿠스케 공방」, 「로쿠스케 도자기」와 같이 상호를 아예 로쿠스케 이름을 따서 사용하는 경우도 있는 한편, 「로쿠스케 만두」, 「로쿠스케 소주」와 같이 그의 이름을 딴 상품을 생산하고 있기도 하다. 또 로쿠스케라는 이름을 자신의 이름으로 사용한 지역 정치가도 있었다. 그만큼 그들에게 있어서 로쿠스케는 그들에게 있어서 지역을 대표하는 영웅이었

---

59) 최관, 앞의 논문, p.278

던 것이다. 이러한 로쿠스케의 전승에 대해서 지금까지 우리나라에는 별로 알려진 바가 없다. 우리에게 논개도 중요하지만 그녀가 노려 죽인 적장이 어떠한 인물이었는지에 대해서도 알아 둘 필요가 있다. 여기에 대해서 앞으로 조사 연구되어야 할 것이다.

그리고 논개와 함께 죽은 적장이 언제부터인가 게야무라 로쿠스케로 되어있지만 실제로는 그 인물에 대해서 검증된 바가 없다. 혹자는 노산 이은상 선생이 일본유학시절 일본의 옛 전사에서 목견한 사실로 논개와 함께 죽은 자는 로쿠스케가 틀림없다고 주장하기도 하고, 또 어떤 이는 논개와 로쿠스케는 야사에 나온 것이 시대의 흐름에 따라 윤색된 것이어서 둘 다 실재의 인물로 보기 어렵다고도 한다. 이처럼 의견이 분분한 채 되어있음에도 불구하고 로쿠스케를 논개와 함께 죽은 자로 단정 짓는 일도 성급한 일방적인 처사인지도 모른다. 만약 사실이 아니라면 로쿠스케는 너무나 억울한 일을 당하는 결과가 되기 때문이다. 여기에 대해서도 신중을 기하고 보다 심도 있는 검증이 이루어져야 할 것이다. 보수원의 폐망이 주는 또 하나의 교훈은 바로 여기에 있는 것이 아닌가 생각된다.

참고 문헌

강대민(1996) 「논개의 생애와 역사적 의미」『논개사적연구』
　　　　　　경성대 향토문화연구소

金京(2004) 「大功艶書合考－貴田孫兵衛(毛谷村六助)と朝鮮の女性をめぐって
　　　　　　－」『일본어문학(26)』 일본어문학회

김무조(1996) 「통과의례를 통하여 본 논개의 생애」『논개사적연구』
　　　　　　경성대 향토문화연구소

김수업(2001) 『논개』 지식산업사

박기용(2004) 「논개설화의 서사 전개 양상과 의미」『우리말글(32)』
　　　　　　우리말글학회, p.23

박노규(1999) 「논개와 왜장의 영혼결혼(또는 사기결혼)」『월간 조선(8)』

박종화(1962) 『논개와 계월향』 삼중당

윤성효(1999) 「논개를 욕되게 하지 말라」『인물과 사상(5)』 인물과 사상사

정동주(1997) 「진주성 전투와 논개」『남명학 연구(7)』 경상대 남명학 연구소

정비석(1982) 『명기열전 14화』 한국출판사

최관(1997) 「일본근세문학에 있어서 임진왜란과 毛谷村六助」
　　　　　　『일본어문학(3)』 일본어문학회

芦馬豊雲編(1991) 『郷土田川「史錄」毛谷村六助「貴田孫兵衛」傳』
　　　　　　　　吟詠道無相風雲流總本部

岩谷めぐみ(2005) 「論介における說話の変遷－韓國の地域感情及び日韓の社會情
　　　　　　勢からの考察」『立教大學日本學硏究所年報(4)』 立教大學日本學硏究所

金子尙一(1994) 「ノンケ悲話における毛谷村六助」『國文學解釋と鑑賞(59－1)』
　　　　　　　　至文堂

毛谷村六助略緣起

長野覺(2003.9.23) 「毛谷村六助の實像と虛像を求めて－毛谷村の山里探訪－」
　　　　西日本文化サークル

田畑博子(1996) 「彦山權現誓助劍論－毛谷村六助と論介－」『國文學解釋と鑑賞(61
　　　　－5)』至文堂

제4장

임진왜란과
기요마사의
전설과 신앙

일본에 남은 **임진왜란**

제**4**장

임진왜란과 기요마사의
전설과 신앙

1. 머리말

임진과 정유의 왜란 때 불교승려인 사명대사의 활약은 두드러진다. 우국충정으로 의병활동을 벌였고, 전쟁 도중 협상은 물론 전후에는 일본으로 건너가 도쿠가와 이에야스(德川家康)와 교토에서 외교협상을 벌이고 귀국길에는 많은 조선인 포로들을 데리고 오는 등 그야말로 그의 활약은 어느 장수보다도 돋보이는 것이다. 그러므로 그의 활약상이 대중들에게 인기를 모아 상당부분이 설화화되어 전승되어지기도 했다.[1] 그 대표적인 일화가 이수광(李睟光)이 자신의 저서『지봉유설(芝峰類說)』을 통하여 소개한 가토 기요마사(加藤淸正:1562-1611)와의 보배문답 이야기이다. 그 내용의 일부를 잠깐 소개하면 다음과 같다.

송운이 왜의 진영에 들어갔다. 적의 무리가 몇 리나 열을 지어놓고 창과 검을 다발처럼 들고 있었지만, 송운은 두려워하는 기색도 없이 기요마사를 만나 시종 담소를 나누었다. 기요마사가 송운에게 "귀국에 보물이 있는가?"하고 묻자 송운이 답하기를 "우리나라에는 다른 보물이

---

1) 사명당설화에 대한 연구로는 박철호(1984)「사명당설화연구」『한국언어문학』23, pp.249-283이 있다.

없고, 다만 너의 목을 보물로 삼는다.”고 했다. 그러자 기요마사가 “무슨 말인가?”하고 묻자 답하기를 “우리나라는 천근의 금과 만 호의 읍으로 너의 목을 구하니 어찌 보물이 아니겠는가”라고 하자, 기요마사가 크게 웃었다.[2]

여기에서 보듯이 당시 조선 측에서는 기요마사의 목에 막대한 금액의 현상금을 걸고 있었고, 그것을 사명대사가 적진임에도 대담하게 기요마사에게 말한 것이었다. 이에 기요마사도 크게 웃었다고 기록할 만큼 우리 측 기록에도 기요마사의 배포에 대해 장수다운 기질이 있다는 것을 인정하고 있음을

〈그림 18〉 가토 기요마사

알 수 있다. 이수광은 이 이야기를 소개하고 있으면서도 그것은 실제의 이야기가 아니라고 했다. 그러나 그것이 중요한 것이 아니다. 당시 기요마사의 목은 조선 측에 있어서 보물이었다.

이것과 다른 의미에서 일본에 있어서도 그의 목은 보물이었다. 특히 그의 근거지였던 구마모토에서는 더욱 그러하다. 곳곳에 기요마사와 관련된 유적지는 물론 동상도 세워져 있다. 심지어 서양 야채로 알려져 있는 ‘셀러리’마저도 기요마사 닌진(淸正人蔘)이라고 하며 그가 조선에서 가져갔다고 할 만큼 그가 외국에서 귀중한 물건들을 많이 가져간 것으로 유명하다.

2) 李晬光(1994)「卷 18 外道部 禪門」『芝峰類說(下)』을유문화사, pp.391－392

이러한 그였기에 그에 관련된 일화가 사명대사만큼 신화화되어 오늘날까지 전승되는 경우가 많다. 이러한 관점에서 본장에서는 임진과 정유의 왜란과 관련하여 그에 대한 설화가 일본에서 어떻게 전승되어 지는지, 그리고 그와 관련된 제의와 신앙이 있다면 어떠한 것들이 있는지, 그것에 대해 살펴보고자 하는 것이다.

2. 기요마사의 임란과 정유왜란 전설

2.1. 군기물에 나타난 기요마사

임란이 끝나고 새로운 정부가 들어선 일본에서는 이 전쟁을 재평가하려는 움직임이 일어났다. 이러한 작업은 군기물이라는 기록을 통하여 이루어졌는데, 그 중에서 각광을 받은 인물 중의 하나가 가토 기요마사이었다. 이 기록들은 일본 측 입장에서 그들의 장수를 미화하려는데 그 목적이 있었기 때문에 당연히 조선에서 벌인 왜장들의 활약상을 영웅화하는 경향이 강했다.

기요마사를 주인공으로 그려진 군기물은『청정조선기(淸正朝鮮記)』,『고려진일기(高麗陣日記)』,『청정고려진각서(淸正高麗陣覺書)』,『청정기(淸正記)』등이 있는데, 그 모본이『청정고려진각서』라고 알려져 있다.3)『청정고려진각서』는 카도아(門屋)가 가토의 서기였던 시모가와 효다유(下川兵太夫)의 자손 시모가와 햐쿠베이(下川百兵衛)로부터 책을 빌려

---

3) 박창기(1999)「임진왜란 관련 가등청정 군기 연구」『일어일문학연구』35, 한국일어일문학회, p.139

필사한 것이다. 그렇다면 이 책 속에 들어있는 내용이 가장 오래된 것인데, 그것이 역사적인 사실에 충실한 것은 결코 아니다. 어디까지 기요마사의 무공에 초점이 맞추어져 있기 때문에 역사적이라기보다는 오히려 영웅전설에 가까운 요소가 많이 보인다. 예를 들면 회령사람들이두 왕자를 인질로 잡고 기요마사에게 연락하여 넘겨주기로 하였는데, 막상 군사를 이끌고 회령 성으로 달려가니 그들은 성 밖에서 인질을넘겨 주겠다며 일본군을 성안으로 못 들어오게 하자 기요마사가 꾀를내는 장면이 다음과 같이 서술되어있다.

> 제왕 형제가 계시는 곳에 기요마사가 들어가 대면하였다. 그 때 기요
> 마사가 일본 도시락을 대접하기 위해 준비했다는 뜻을 전하고 운반을
> 갑옷 입은 무사에게 하도록 하여 밥, 그릇, 젓가락 등 한사람씩 들고
> 들어가도록 했다. 그러므로 갑옷 입은 무사가 7,80여 명이 성에 들어갔
> 다. 그 때 문지기에게 문을 열도록 하자 하는 수없이 문을 열었다. 당시
> 기요마사의 지략이 대단하다고 칭찬했다.4)

여기에서 보듯이 굳게 닫힌 성문을 열게 하는 기요마사의 지략을 소개하고 있는 것이다. 이것을 보다 흥미롭게 서술하고 있는 것이 『청정조선기』이다. 이것에 의하면 45명의 무사들이 각기 음식을 들고 성문앞에서 문지기에게 문을 열라고 하자 이미 안되겠다 하며 문을 열었으며, 그 무사들 속에는 기요마사도 들어있었다 한다.5)

또 기요마사가 오랑캐와 싸우다가 조선땅으로 돌아올 때 여진족들이 맹렬히 추격하여 위기에 봉착한 사건이 있었던 모양이다. 그 때『청

---

4) 박창기, 앞의 논문, pp.143-144에서 재인용
5) 박창기, 앞의 논문, p.144

정고려진각서』에는 다음과 같이 서술하고 있다.

　고려에 돌아오려고 하였을 때 오랑캐가 몇 천 만명인지 모를 많은 사람들이 기요마사의 진지를 공격했다. 그 때 기요마사 자신도 군기를 흔들며 싸우고, 일본인 8천 4,5백명이 모두 합심하여 싸웠다. 기요마사가 명하기를 "목은 필요 없으니 잘라서 버려라" 하여 일본인 한사람이 오랑캐 2,30명을 자르지 않은 사람은 없었다. 그렇지만 적이 맹렬하게 덤벼드니 어려움에 처했다. 다시 공격해오는데, 일본이 신국이라 갑자기 큰 비가 내려서 공격하지 못하고 물러갔다.[6]

　여기에서 보듯이 그들이 여진족과 벌인 싸움에서 위기를 봉착한 것은 사실인 것 같다. 그러나 그 위기를 벗어나는 수단이 그들의 무력이 아니라 신의 가호가 있었던 것처럼 서술되어있다. 즉, 기요마사군대는 마치 신이 보호하는 무적의 군대인 것처럼 묘사되어있는 것이다. 이처럼 군기물은 역사라기보다는 전설에 가깝게 기요마사를 영웅화하고 있음을 알 수 있다.

2.2. 근대소설에 나타난 기요마사

　모든 일본사람들이 기요마사를 긍정적으로 평가한 것은 아니었다. 드물기는 해도 그를 부정적인 인물로 묘사하는 사람이 있었다. 그는 다름 아닌 일본 근대소설가 아쿠다가와 류노스케(芥川龍之介:1892－1927)이다. 그의 작품 가운데 임진왜란과 관련된 작품이 있는데, 그것은 다름 아닌 「김쇼군(金將軍)」이라는 작품이다. 이 작품은 1924년 2월호인

6) 박창기, 앞의 논문, p.147에서 재인용

신소설에 발표된 소설이다. 여기에 기요마사가 고니시 유키나가(小西行長)와 함께 등장하고 있는 것이다. 기요마사의 이미지를 엿볼 수 있는 내용 일부를 소개하면 다음과 같다.

어느 여름날 갓을 쓴 두 사람의 승려가 조선 평안남도 용강군 동우리의 시골길을 걷고 있었다. 이 두 사람은 단순한 유랑승이 아니다. 실은 멀리 일본에서 조선국을 탐색하러 온 가토 기요마사와 고니시 유키나가이었다. 그들은 주위를 둘러보며 푸른 밭 사이를 걸어갔다. 그 때 홀연히 길가에 농부의 아들 같은 어린아이 한 명이 둥근 돌을 베개 삼아 새근새근 자고 있는 것을 발견했다. 기요마사는 갓 아래로 가만히 그 아이를 향해 눈을 떨구었다. "이 아이는 이상한 상을 하고 있다." 하며 기요마사는 두 말 없이 돌베개를 걷어찼다. 그런데 이상하게도 그 아이는 머리를 땅에 떨어뜨리기는 커녕 돌이 있던 공간을 베개삼은 채 그대로 변함없이 조용히 자고 있었다. "이 아이는 범상치 않다." 하며 향이 밴 승복 속에 감추고 있던 칼의 손잡이에 손을 가져갔다. 왜국의 재앙이 될 것은 싹이 더 자라기 전에 제거해야한다고 생각했던 것이다. 그러나 유키나가는 비웃으면서 "이 아이에게 무슨 일이라도 일어난 건가? 무익한 살생을 하는 것이 아니다."고 기요마사의 손을 눌러 말렸다.

두 사람은 또 다시 푸른 밭 사이를 걸어갔다. 그러나 호랑이 수염이 자란 기요마사만은 아직도 무언가 불안한 듯 가끔 그 아이가 있는 쪽을 뒤돌아보곤 했다.

30년 후 그 때 두 명의 승려 즉, 가토 기요마사와 고니시 유키나가는 8조 8억의 병사와 함께 조선팔도를 기습해 왔다. 집이 불태워진 팔도의 백성들은 부모는 자식을 잃고, 남편은 아내를 빼앗긴 채 우왕좌왕하고 허둥지둥 도망 다녔다. 경성은 이미 함락되었다. 평양도 이제는 왕의

땅이 아니다. 선조는 간신히 의주로 도망가 대명의 원군을 간절히 기다
리고 있었다. 만약 이대로 수수방관한 채로 왜군의 횡포에 맡겨 둔다면
이 아름다운 팔도의 산천도 순식간에 한줄기 연기 피어나는 들판으로
바뀔 수밖에 없었을 것이다. 그러나 하늘은 다행히 아직 조선을 버리지
않았다. 왜냐하면 옛날 푸른 밭의 둔덕에 기적을 보여준 아이, 즉, 김응
서에게 나라를 구하게 하였기 때문이다.[7]

일문학자 최관은 이 작품을 두고 소재는『임진록(壬辰錄)』에서 얻어
진 이야기이라고 하면서도 반일적이고 민족적인 성격이 강한 탓에『임
진록』이 일제 식민지 하에서는 출판이 금지되어 있었기 때문에 아쿠다
가와가 직접 이를 접할 기회는 없었을 것이라는 점을 고려하여 그가
우리에게 알려지지 않은『임진록』의 이본을 접했거나 아니면 누군가로
부터 그와 같은 구비설화를 접하였을 가능성이 있다고 추정했다.[8] 그
러나 조사옥에 의하면 그 소재는 이미 1919년에 미와 타마(三輪環)가
편집해 발행한『전설의 조선』에서 얻고 있다고 했다. 이 서적은 주로
도요토미 히데요시의 조선침략을 배경으로 하고 있다고 한다.[9] 즉, 아
쿠다가와는 고니시 유키나가가 조선의 김응서 장군에게 살해당했다는
전설에서 착상되어「김쇼군」이라는 작품을 썼던 것이다.

최관과 조사옥의 관심은 문학연구가답게 이 작품의 소재를 어디에
서 얻었느냐는 것이었다. 그러나 우리의 관심은 다르다. 기요마사가 어
떻게 묘사되어 있느냐 하는 것이다. 이 작품에서 나타나는 기요마사의
모습은 전쟁을 일으키기 전에 유키나가와 함께 승려로 위장하여 탐문

7) 芥川龍之介(1977)「金將軍」『芥川龍之介全集』6, 岩波書店, pp.327−328
8) 최관(2003)『일본과 임진왜란』고려대출판부, pp.343−344
9) 조사옥(2008)「芥川龍之介の<支那游記>考」『일본언어문화』13, 일본언어
   문화학회, p.344

하여 정보를 캐고, 그 이후 침략하여 초토화한 인물로 그려져 있다. 그런 가운데 성격은 유키나가와 달리 매우 급해 조선의 범상치 않은 인물을 보면 그 자리에서 죽여서 후환을 남기지 않으려는 인물로 묘사되어 있다. 그러한 인물들의 활약은 많은 사람들에게 원한을 남기고, 그 결과 조선인 김응서에 의해 복수되어야 한다는 이야기로 전개된다는 점에서 주목을 끌게 한다. 즉, 아쿠다가와는 기요마사의 조선침략에 대해 매우 부정적인 시각으로 보고 있는 것이다. 이처럼 그를 일본에서도 그의 활약을 긍정적으로 평가하는 사람만이 있는 것은 아니었다.

2.3. 조선 호랑이 퇴치전설

그러나 일본에서는 그에 대한 부정적인 평가를 내리는 사람은 그다지 많지 않다. 대부분의 그와 관련된 임란전설에서는 그를 영웅화하고 신비화하는데 주안점이 가 있다. 그 대표적인 것 중의 하나가 조선호랑이 퇴치전설이다. 그 일화가 얼마나 유명했는지 오늘날 구마모토를 상징하는 상품 디자인에 어김없이 등장하는 것이 가토의 조선호랑이 퇴치 그림이다. 하늘 높이 날리는 연의 그림에도, 5월에 남자아이의 탄생을 축하하는 인형에도, 액자그림, 심지어 티셔츠 등에서도 그 그림을 쉽게 찾을 수 있다.

가토 기요마사가 조선에서 호랑이를 잡게 된 원인은 희귀한 것을 좋아하는 그의 주군 도요토미 히데요시(豊臣秀吉) 때문이었다. 그러나 일본 장수들 중에서 조선의 호랑이를 맨 처음으로 잡은 것은 가토 기요마사가 아니라 카메이 신쥬로(龜井新十郎)였다. 그는 세키슈의 쯔와노(津和野)의 성주로 창의 명수로 알려져 있는 인물이다. 그가 호랑이를 잡은 것은 가끔 호랑이가 나타나 진중의 말들을 잡아갔기 때문이었다. 그의 방비책으로 호랑이 사냥에 나선 것이었다. 잡은 호랑이는 껍질을 벗겨 히데요시에게 보냈다.[10] 이것이 왜군의 제1호 호랑이 사냥이었던 것이다.

〈그림 19〉 기요마사의 호랑이 퇴치인형

호랑이가 살지 않는 일본이기 때문에 히데요시에게는 그 보다 더 값진 선물이 없었다. 매우 기뻐한 히데요시는 카메이에게 포상과 함께 각 장수들에게 호랑이 가죽과 고기를 헌상하도록 명령을 내리는 것이다. 히데요시가 조선에 나가 있는 장수들에게 호랑이 사냥을 시키는 것은 순전히 허약해진 그의 건강 때문이었다. 그는 시의(侍醫)들로부터 '호랑이는 강건하고 용맹한 대표적인 동물이기 때문에, 그 고기와 내장은 강장식으로는 매우 좋으며, 잇빨과 발톱은 재앙을 쫓는 액막이로도 사용되어지기 때문에 조선사람과 중국사람들은 이를 매우 귀중히 여겨 버리지 않고 늘 품 속에 넣어 다니는 풍습마저 있다.' 라는 말을 들었기 때문이었다. 히데요시는 당시 59세로 그의 첩 요도기미(淀君)가 히로마루(拾丸)라는 그의 아들을 낳은 해였다. 그러므로 삶의 의욕에 집착이

10) 海音寺潮五郎(1893)『加藤靑正』文藝春秋, p.265

대단히 강하였으리라는 짐작은 쉽게 간다. 이러한 연고로 히데요시는 '앞으로 호랑이를 잡거든 가죽뿐만 아니라 고기와 내장을 소금에 절여서 일본으로 보내라.'는 명령을 내리는 것이었다.[11)

이러한 명령을 히데요시로부터 하달 받은 일본의 장수들은 앞 다투어 호랑이를 사냥하기 시작했다. 가토 기요마사도 이에 따라 조총으로 호랑이를 잡아 히데요시에게 헌상을 하여 1593년 4월 12일에 히데요시로부터 포상이 내려졌던 것이다. 이 때 전설이 만들어졌다. 그 내용은 1592년 6월 2만 2천여 명의 군사를 이끌고 함경북도에서 진을 치고 있었을 때였다. 어느 날 늙은 호랑이 한 마리가 진중으로 들어왔는데, 아무도 막을 자가 없었다. 이에 기요마사가 창을 들고 나가 호랑이와 맞서 싸워서 호랑이를 죽였다는 것이다.[12)

그러나 그 때 그가 호랑이를 잡은 도구는 창이 아니라 조총이었다. 그 증거로는 1802년에 성립된 『회본태합기(繪本太閤記)』라는 그림책에 있다. 여기에는 기요마사가 조총으로 호랑이를 겨냥하고 있는 것으로 묘사

〈그림 20〉 조선 호랑이
두개골(야마구치현립 박물관)

되어 있는 것이다. 그가 창으로 호랑이를 격퇴하는 전설은 그 보다 훨씬 뒤인 에도시대의 말기에 생겨난 것이었다. 그 당시 풍속화는 비단에 그리는 것이 유행이었다. 그 풍속화 중「회공(繪空)」이라는 작품이 가토 기요마사의 용맹성을 과장하여 표현하기 위해 호랑이를 창으로 물리치는 그림을 그렸던 것이다. 이것이 가토 기요마사가 조총이 아닌 창으로 호랑이를 잡는 최초의 작품이었던 것이다. 이와 같이 시대의 변화

11) 海音寺湖五郞, 앞의 책, p.265
12) 김문길(1995)『임진왜란은 문화전쟁이다』혜안, p.195

에 따라 조총이 창으로 변하여 그의 용맹성을 입증하였던 것이다.

맹장으로 이름을 날렸던 가토 기요마사가 애용했던 무기는 칼이 아니라 창이었던 것은 사실이다. 그 창이 현재 동경국립박물관에 소장되어 있는데, 그 모습을 유심히 살펴보면 그 모양이 매우 특이하게 생겨 있음을 금방 알 수 있다. 즉, 날카롭게 뻗어나간 창날이 있고 그 몸통 아래에 나뭇가지처럼 뾰족한 칼날이 양쪽으로 붙어있는 것이다. 한 가닥은 길고 다른 한 가닥은 짤막한 것이 그 창의 특징이다. 밑둥치에 붙어 있는 것을 당시 일본인들은 마치 그것이 풀 베는 농기구 낫과 같이 생긴 것으로 여겨 그 창의 이름을 '편겸창(片鎌槍)'이라 불렀다. 전설에 의하면 한쪽 창날이 짧은 것은 가토 기요마사가 조선에서 호랑이를 잡을 때 그 호랑이가 입으로 부러뜨렸기 때문이라는 것이다.

그러나 역사소설가 가와무라 아키라(川村晃)씨에 의하면 그것은 전설과는 전혀 의미가 다른 갈고랑이었기 때문에 그 부분을 일부러 짧게 만든 것이라고 해석하는 것이 일반적인 견해라 한다.[13] 이처럼 그가 창으로 조선의 호랑이를 잡았다는 것은 사실과 전혀 다른 무관한 것이다.

2.4. 울산전투 전설

가토 기요마사는 조선의 호랑이만 마구 잡은 것은 아니었다. 그가 경주에 주둔했을 때 3만 채가 넘는 가옥들을 하룻밤 사이에 남김없이 불살랐으며, 문화재를 닥치는 대로 약탈하였다 한다. 우리의 백성들이 그로부터 입은 피해는 이루 말할 수 없이 엄청난 것이었다. 이러한 그가

---

13) 川村晃(1987) 『熊本城』 成美堂出版, pp.42－43

정유재란으로 다시 우리나라를 쳐들어와 울산에 진을 쳤을 때 하늘도
무심치 않았는지 승리보다는 조선과 명나라의 연합군에게 대패하여 목
숨만 겨우 부지하여 일본으로 도망쳤던 것이다. 그가 가장 고전했던 전
투가 바로 울산성의 전투였다. 그 전투가 얼마나 치열했던지 일본에서
도 이 전투에 관한 몇 가지 전설이 남아 오늘날까지 전하여지고 있다.

그 대표적인 예가 아소(阿蘇) 지방에서 전하여지고 있는 수행자 장선
방의 전설이 바로 그것이다.

옛날 장선방(長善坊)이라는 수도행자가 살고 있었다. 어느 날 그가
아소산에서 수도를 하고 있자 갑자기 그곳에 갑옷으로 완전무장을 한
가토 기요마사가 나타나 간절하게 큰소리로 기도하는 소리가 들려왔다.
그 소리는 '아소산의 산신이시여! 지금 저의 군대는 조선의 울산성에서
명나라 군대에 완전 포위되어 고전을 면치 못하고 있나이다. 제발 저희
들을 도와주소서!'라는 내용이었다. 이를 장선방이 듣고 조선에 나가있
는 가토 기요마사가 위기에 처해져 있음을 금방 알아차리고 즉시 부적
을 종이에 그리고 그것을 다시 가위로 잘게 잘라서는 '가토 기요마사공
이여! 결코 비관하지 말지어다. 아소산의 장선방이 곧 구원하러 가겠노
라.'하며 조선을 바라보고 그 종이를 입에 넣고 불었다. 그러자 안개처
럼 연기가 피어오르더니 수 백 만의 군사가 나타나 조선으로 건너갔다.
이 때 조선에서는 조선군과 명나라 군이 일제히 공격하여 가토 기요마
사군대를 전멸시키려는 참이었다. 그런데 바로 그 때 갑자기 일본군 수
백 만이 나타나 전투에 참가하였기 때문에 깜짝 놀라 조선군과 명나라
군사들이 혼비백산하여 도망쳤다. 가토 기요마사는 전세를 가다듬어
조선군과 명나라 군대를 힘차게 물리쳤다는 내용이다.[14]

....
14) 荒木精之(1989)『加藤淸正』葦書房, pp.91－92

　물론 이 내용은 역사적 사실과 거리가 먼 왜곡된 이야기임은 두말할 나위가 없다. 또 이러한 전설도 있다. 이것도 아소 지방에서 전해지고 있는 전설이다.

　　가토 기요마사가 조선군과 명나라 병사들에게 완전 포위되어 울산성에서 꼼짝도 못하고 있었을 때 난데없이 일본 쪽에서 엄청나게 시커멓고 큰 구름이 울산 쪽으로 몰려왔다. 자세히 보니 그것은 구름이 아니라 가마우지 새였다. 그 숫자가 수 백 만, 수 천 만이나 되었다. 그러한 가마우지 무리들이 가토 기요마사가 머물고 있는 울산성에 춤을 추며 내려앉는 것이 아닌가. 이를 본 병사들은 가마우지는 조선에서는 잘 볼 수 없는 새인데, 그것도 일본이 있는 방향에서 무리를 지어 몰려온 것은 필시 일본의 신들이 가토 기요마사를 도우기 위해 보냈음이 틀림없다고 생각하고 사기충천하여 싸움에 임했다 한다.[15]

　그리고 구마모토에서도 기요마사의 울산전투에 관한 전설이 전하여 오는데 그 내용을 간략히 소개하면 다음과 같다.

　　어느 날 후지사키궁 신사(藤崎八宮神社)에 근무하는 제사장의 아들이 갑자기 신이 들어 혼자 정신없이 지껄이기 시작하는 것이었다. 그 내용을 자세히 들어보니 다음과 같았다. '기요마사공이 조선의 울산에서 명나라와 조선의 병사들에 포위되어 악전고투를 하고 있는 것을 알고, 그곳으로 달려가 적들을 물리쳤으니 모두들 안심할지어다.'라는 것이었다. 이를 지켜본 사람들은 모두 괴이하게 여기며 설마 그럴 리가 있을까 하고 의심하였다. 그러나 정월 18일 울산에서 급하게 온 전갈이

---

15) 荒木精之, 앞의 책, p.93

있었는데, 신기하게도 그 내용은 신사의 소년이 미친 듯이 내뱉은 말과
똑같았다. 이에 모두들 탄복하여 그 신사의 신을 더욱 숭상하였다 한다.16)

〈그림 21〉 후지사키궁 신사

이러한 전설의 내용은 앞에서도 말한 바와 같이 실제로 있었던 사실
과는 전혀 다르다. 그러나 일본 사람들이 영웅으로 받들고 있는 가토
기요마사가 얼마나 울산전투에서 고전하였는가를 이러한 전설을 통하
여 알 수 있는 것이다.

실제로 울산전투는 가토 기요마사의 완전한 참패로 끝이 났다. 참패
라 해도 이만저만한 참패가 아니었다. 특히 이 전투는 살아 있는 지옥
으로 표현될 만큼 일본병사들에게 있어서는 엄청난 고통을 준 전쟁이
기도 하였다. 이 전쟁에 참가했던 오오코우치 히데모토(大河內秀元)는
그의 진중일기 『조선이야기(朝鮮物語)』에서 울산전투의 비참함에 대해
비교적 상세히 묘사하고 있다. 그것에 의하면 그들은 조선과 명나라의
연합군으로부터 완전 포위당하여 있었기 때문에 그 전처럼 바깥으로
나가 양민을 약탈하여 식량을 구할 수도 없었다. 그러므로 그들은 절대

16) 荒木精之, 앞의 책, pp.92－93

적인 식량의 부족으로 굶주린 채로 전쟁에 임할 수밖에 없었던 것이다. 인간에게 있어서 굶주림이란 죽기보다 어려운 것이다. 이러한 상황이 었으니 왜군들의 목숨을 유지하기 위한 노력은 비참하기 이를 데 없는 것이었다. 여기에 대해 오오코우치의 『조선이야기』에는 다음과 같이 생생하게 묘사되어 있다.

군량이 점차 떨어졌기 때문에 종이를 씹으며 성벽에 바른 흙을 삶아 서 먹기도 했다. 소나 말이 있는 동안은 그것들을 잡아서 끼니를 이었으 나 그 많은 군졸이 굶주림을 면할 수 없었으므로 건장한 사람은 밤이 되면 성을 빠져나가 적군 전사자의 몸에서 볶은 쌀과 육포 등을 찾아내 어 생명을 유지했다. 대장에게 밥상을 차려 내었더니 굶주림을 참고 일 한 병사에게 한 젓가락에 밥알 대여섯 개를 집어 나눠 주었다. 이토록 연명하려 애썼지만 굶주림과 피로로 담장 밑에 쓰러진 병사들의 신음 소리는 날이 갈수록 미약해져 갔다.[17]

그들에게는 식량의 고통뿐만 아니었다. 식량과 함께 식수도 그들의 수중에는 없었던 것이다. 울산성 안에는 물이 적었다. 그래서 그들은 처음부터 그들의 식수를 성 주위에 흐르고 있는 강에서 구하여 먹었던 것이다. 그러나 이 때는 이미 조선과 명나라의 연합군 측에 그 강물을 확보하고 있었다. 그러므로 그들은 주로 경계가 허술한 밤을 이용하여 몰래 성에서 빠져나가 강물을 떠 오곤 했던 것이다. 그것이 그들에게 있어서 식수를 확보하기 위한 유일한 방법이자 최선의 상책이었다. 그 러나 이러한 사실을 감지한 연합군측은 가만히 있을 리가 없었다. 연합 군측은 왜군이 그 강물을 마시지 못하게 하기 위하여 그 강물에다 죽은

17) 이진희(1982) 『한국과 일본문화』 을유문화사, p.159에서 재인용

적의 시체를 대량으로 쳐 넣음으로써 그 강물을 피로 범벅이 되도록 하였다. 인간은 물을 먹지 못하면 죽기 마련이다. 그러므로 왜군들은 살아남기 위해서라도 그 피비린내 나는 물을 먹어야 했었다. 이러한 상황이었으니 시간이 갈수록 왜군들은 사기가 극도로 저하되었고, 몰골은 해골과 같이 피골이 상접하여 가기만 했다. 여기에 대해 오오코우치는 또 이렇게 서술해 나갔다.

나는 정강이 싸개를 그만두고 각반을 사용했다. 그런데 그 각반이 매일 흘러내렸다. 처음에는 왜 그런지 그 이유를 몰랐다. 그 때마다 나는 끈을 다시 고쳐 매곤 했었다. 그러던 어느 날 문득 그 끈을 풀어 각반을 벗어보았더니, 대통을 세운 것처럼 장딴지 살은 조금도 없고 뼈에 가죽만 붙어있을 뿐이었다.

그리고 이러한 기록도 보인다.

나와 같은 또래에 야마가와 쵸베이(山川長兵衛)라는 자가 있었다. 그는 매우 건장한 체격에다 눈도 입도 커서 누가 보아도 남자답게 생긴 사람으로 생각했다. 어느 날 우리는 그의 모습이 어떻게 변해 있는지 궁금하여 그에게 갑옷과 투구를 한 번 벗어보라고 했다. 그러자 그는 적이 급하게 공격하여 올지도 모른다 하며, 갑옷을 벗으려고 하지 않았다. 그러나 억지로 그의 투구를 벗기자, 그의 얼굴은 이루 말하기 어려운 몰골로 변해 있었다. 마치 그 얼굴은 지옥그림에서 본 아귀와도 같았다. 모두 이를 보고 손을 두드리며 웃었다. 그리고 그 중에는 눈물을 흘리는 사람도 있었다.

이와 같이 울산전투는 왜군들에게 있어서 처절한 생지옥으로 기록되었던 것이다. 이러한 상황에서 천하의 명장 가토 기요마사는 1598년 정월 4일 드디어 울산성에서 다급히 퇴각하여 부산을 거쳐 같은 해 11월 23일 비참한 모습으로 일본으로 돌아갔다. 우리의 호랑이를 죽이고, 우리의 백성을 마음대로 학살한 침략자 가토 기요마사는 이렇게 조선의 마지막 전투를 울산에서 처절한 패배로 장식하였던 것이다.

2.5. 조선엿과 고려콩

구마모토의 특산물 가운데 '쵸센아메(朝鮮飴)' 즉, 조선엿이라고 불리우는 과자가 있다. 언론인 김승한은 임진과 정유의 왜란 때 우리나라를 쳐들어온 기요마사군이 조선의 깨엿 맛을 처음 먹어보고 그 제조법을 배워 이곳에서 만든 것으로부터 시작되었다고 해석한 적

〈그림 22〉 조선엿

이 있다.[18]. 그러나 그 맛은 우리의 엿과는 너무나 다르다. 오히려 달콤한 떡에 가깝다. 다시 말하자면 쫄깃쫄깃한 찹쌀을 물엿과 함께 짓이겨 만든 찹쌀떡이었던 것이다. 그러므로 색깔도 조선의 엿 색깔처럼 누렇지 않고 흰 눈처럼 희고 희다. 모양도 둥글고 길게 늘어진 것이 아니라 반듯한 사각형의 모습으로 잘라 팔고 있다. 이처럼 그것은 우리의 전통적인 엿가락이 아니었다. 그럼에도 불구하고 이것을 지역사람들은 조선 엿이라고 부르고 있는 것이다.

그 유래에 대해 조선엿의 원조라 할 수 있는 '소노다야(園田屋)'라는

18) 김승한(1979) 『일본에 심은 한국(1)』 중앙일보, 동양방송, pp.168-169

가게19)의 주인인 소노다야 코이치(園田耕一)씨는 다음과 같이 설명했다. 그의 말을 빌리면 이 점포가 직접 조선엿을 만들어 팔기 시작한 것은 지금으로부터 400여 년 전 그의 선조 소노다야 부에몬(園田武衛門)이 이를 만들어 판데서 비롯되었다 한다. 그 후 줄곧 선조대대로 이 사업을 계승하여 왔다는 것이다. 그러므로 그가 경영하고 있는 이 소노다야는 적어도 400년 전통을 가진 오래된 점포이다. 그는 구마모토의 특산물로 되어 있는 조선엿의 유래에 관하여 다음과 같이 설명하였다. 원래 이것은 '히고아메(肥後飴)' 또는 '쵸세이아메(長生飴)'라고 불리워졌다 한다. 그러던 것이 임진왜란과 정유재란이 끝난 이후부터 그것이 조선엿이라는 뜻을 가진 '쵸센아메(朝鮮飴)'라는 이름으로 바뀌어져 불리게 되었다는 것이다.

그 이유에 대해 소노다씨는 다음과 같이 설명했다. 즉, 가토 기요마사는 평소에도 조선엿을 즐겨 먹었던 사람 중의 한 명이었다. 그러던 그가 조선으로 출병할 때 이를 비상식량으로서 준비하여 가지고 가게 하였다. 왜냐하면 조선엿은 반죽한 찹쌀에다 물엿과 설탕을 넣어 만든 것이므로 어떠한 기후풍토에도 맛이 변질되지 않아 오랫동안 보존할 수 있는 특성을 가지고 있었기 때문이었다. 즉, 조선엿은 전쟁과 같은 비상시에 항상 휴대하여 가지고 다니면서 먹을 수 있는 구급식량으로서는 가장 합당한 식품으로 여겨졌던 것이다. 실제로 그의 말을 빌리면 몇 년 동안 보관해 두어도 변질되지 않는다고 한다. 이로 말미암아 조선으로 출병하는 군사들은 제각기 이를 비상식량으로 준비하여 가지고 갔다. 이러한 연고로 어느덧 이 식품은 조선의 이름이 붙여진 쵸센아메로 불리워지게 된 것이라고 설명했다.

19) 熊本市南坪井町 6－1番地

일단 모양과 재료 그리고 맛을 보더라도 소노다씨의 설명은 타당성을 지니는 것으로 보인다. 왜냐하면 연구가들도 이와 비슷한 해석을 하고 있기 때문이다. 가령 모리다 세이치(森田誠一)씨는 조선엿은 원래 규히아메(牛脾飴)로 불리웠던 것으로 보통 구비(求肥)라고도 하였는데, 이는 무로마치(室町) 시대에 중국 대륙에서 선승들에 의해 일본 교토에 전해져 있던 것을 가토 기요마사에 의해 구마모토로 전해졌고, 이것이 임진과 정유왜란 때 비상식량으로서 대거 사용되었기 때문에 이를 기념하기 위하여 훗날 조선엿으로 바꾸어 불리게 되었다고 해석하고 있는 것이다.[20]

일본에는 원래 이것은 우리의 청국장과 같이 콩을 발효시켜 만든 음식으로 낫토(納豆)라는 음식이 있다. 주로 관동지역사람들이 많이 먹는다. 그런데 구마모토 사람들도 낫토를 즐겨먹는다고 한다. 여기에 대한 유래가 기요마사의 조선침략과 관련이 있다. 즉, 그가 조선에 가 있었을 때 식량이 부족하여 말의 사료로 가져갔던 콩에다 소금을 뿌리고는 먹어보았더니 먹을 만하다는 것을 알고 먹었으며, 이것이 그가 돌아온 후에 구마모토에 퍼졌다는 것이다.[21]

또 이러한 이야기도 있다. 기요마사가 조선에 있었을 때 콩을 짚으로 덮어두고는 며칠 동안 그것을 잊어버리고 있었는데, 어느 날 그것을 보니 그것이 삭아서 실타래와 같은 것이 끈적끈적한 것이 묻어나와 "괜찮을까"하며 먹어보았더니 맛이 있었다. 그리하여 콩에다 짚을 덮고 낫토를 만들어 먹게 되었다는 것이다.[22] 이러한 낫토를 구마모토사람

· ·

20) 森田誠一(1963)「肥後(熊本)と韓來文化」『韓來文化の後榮(下)』<金正柱編>, 韓國資料研究所, p.280
21) 矢野四年生(1991)『加藤淸正』淸水弘文堂, pp.199－200
22) 矢野四年生, 앞의 책, p.200

들은 고루마메라 한다. 여기서 고루란 고려(조선)를 가리키고, 마메란 콩을 말한다. 즉, 구마모토사람들에게 낫토는 고려콩이라는 말로 통용되고 있는 것이다. 그들에게는 대륙에서 전해진 낫토마저도 기요마사의 조선전쟁과 관련시켜 생각하고 있는 것이었다.

3. 승리의 축제 보시다마쯔리

구마모토에는 일본에 사는 우리 교포들이 몇 차례나 격렬하게 항의한 적이 있는 유명한 축제가 있다. 그 이름이 바로 '보시다마쯔리'라는 축제이다. 이 축제는 매년 9월 14일과 15일에 하는 축제로서 그 날이 되면 구마모토의 전 시가지는 축제의 분위기로 들뜨게 된다. 이곳에서 태어나 지금까지 이곳에서 산다는 와다나베 세이찌(渡邊誠一)씨는 구마모토에서 자랑할 수 있는 민속놀이로 보시다마쯔리라는 축제를 일등으로 손꼽았다. 그는 현재 35세로 어느 양복회사의 총무과장으로 재직하고 있어 매일 바쁜 나날을 보내고 있지만, 그 축제일이 다가오면 고교동창들과 한 팀을 만들어 반드시 참가하여 그 날을 아주 재미있게 보낸다고 했다.

다시 말하자면 이 축제는 와다나베씨와 같이 구마모토의 보통 사람들도 마음 놓고 참가하여 모두 함께 하루를 재미있게 보낼 수 있는 시민축제와도 같은 것이다. 그럼에도 불구하고 재일교포들이 왜 무엇 때문에 이와 같이 축제에 대해 격렬하게 항의하였을까? 여기에 대해 보시다마쯔리를 관장하고 있는 후지사키궁(藤崎宮)의 신관 오가다 기요하루(緖方淸春)씨는 다음과 같은 이야기를 들려주었다. 즉, 보시다마쯔리는 천여 년 가까이 후지사키궁에서 전통적으로 행하여 오고 있었던

〈그림 23〉 보시다마쯔리

것인데, 그것이 재일한인들로부터 강하게 분노를 산 것은 조선의 전쟁
에서 돌아온 가토 기요마사가 이 축제를 다시 활성화시켜 오늘에 이르
렀기 때문이라고 했다.

그렇지만 그 대답 속에는 무언가 석연치 않는 부분이 없지 않다. 왜
냐하면 아무리 가토에 대한 감정이 좋지 않는다 하더라도 전통적인 남
의 나라 축제를 단순히 가토가 활성화시켰다는 그 이유 하나만으로 반
대한다는 것은 논리적으로 맞지 않기 때문이다. 필시 그 이면에는 숨겨
진 다른 이유가 있을지도 모른다.

여기에 대해 구마모토 현청에 근무하는 이마무라 아키라(今村智)씨
는 비교적 소상하게 그 이유를 알고 있었다. 그의 말에 의하면 재일교
포들이 구마모토의 가을 축제인 보시다마쯔리에 대해 항의한 이유는
보시다마쯔리는 말이 지니는 의미 때문이라고 설명했다. 보시다마쯔리
의 마쯔리는 축제라는 의미의 일본어이므로 거기에는 아무런 문제가

없다. 그렇다면 문제의 발단은 '보시다'라는 말에 있는 것이다. 이마무라씨는 보시다라는 말의 의미가 대략 다음과 같이 세 가지 의미로 해석되어 지고 있다고 설명했다. 그 첫째는 어느 누구를 멸망시켰다는 의미의 일본어인 '호로보시다'라는 말을 생략한 것이라고 보는 관점이고, 둘째는 어느 누가 무엇을 보았다는 높임말인 '봅시다'라는 한국어에서 유래된 말이라고 해석하는 입장이 있는가 하면, 마지막 셋째로는 성관계를 맺는다는 이 지역의 방언 '보시다'라는 말에서 유래된 것으로도 해석되어 진다는 것이다.

세 번째의 의미로 해석하면 이 축제는 풍요를 기원하는 행사로서도 해석되어 질 수도 있다. 사실 이 축제에서 그러한 부분도 없지는 않다. 뭐니 뭐니 해도 이 축제에서 가장 중요한 행사는 난폭하게 구는 말을 끌며 시가 행렬하는데 있다. 그 때 말이 성질을 거칠게 굴면 굴수록 그 해의 농사에 풍요를 가져다준다고 사람들은 해석하고 있기 때문이다. 그러나 이러한 해석들 중에서 재일교포들은 주로 첫 번째와 두 번째의 해석을 택하고 있기 때문에 이 축제에 대해 그들은 지독히 반감을 갖고 있다는 것이다. 왜냐하면 '멸망시켰다'는 첫 번째 의미와 '봅시다'라는 두 번째의 의미를 가토 기요마사가 이 축제를 활성화시켰다는 사실과 결부시켜 생각하면 그 목적어는 모두 우리나라 한국, 즉 조선을 가리키는 것이 되기 때문이다. 이러한 점들이 재일교포들로 하여금 분노를 사게 한 큰 요인이라고 그는 우리에게 열심히 설명해 주었다.

그러나 이러한 그의 설명에도 얼른 납득이 가지 않는 부분이 있다. 왜냐하면 '보시다'라는 의미가 세 가지로 해석되고 있다는 것은 그만큼 그 말이 지니는 의미가 불확실하다는 것을 뜻한다. 아무리 재일교포가 일제로부터 받은 피해의식이 강하다고 하지만 확실하지 못한 말을 가지고 대대적으로 항의하는 경솔한 행동을 했을까 하는 의문을 도무지

떨쳐버릴 수가 없는 것이다. 그 항의 속에는 어쩌면 이마무라씨가 모르는(아니면 숨기고 있는지 모르지만) 또 하나의 이유가 있을지도 모른다. 그것은 일본인이 아닌 우리의 재일교포들이 이 '보시다마쯔리'를 어떻게 보느냐 하는 근본적인 물음과도 직결되는 것이기도 했다.

여기에 힌트를 주는 것이 나카자토 노리모토(中里紀元)의「조선의 역과 도공초래」라는 글이다. 여기에 의하면 보시타마쯔리에 대해 다음과 같이 서술하고 있다.

> 현재 구마모토의 후지사키하치만궁(藤崎八幡宮)의 축제로 되어있는 수병제(隨兵祭)는 기요마사가 조선에서 돌아왔을 때 하치만궁에 귀국 인사차 참배하러 갈 때 말에 온갖 치장을 하고 "호로보시다(멸망시켰다). 호로보시다(멸망시켰다)"고 외치며 위세를 부린 것이 그 시초라고 한다. 원기왕성한 말을 쫓는 축제이나, 그 이면에는 히고(肥後) 무사들의 고충이 있었음을 잊어서는 안될 것이다.23)

이상에서 보듯이 우리의 재일교포들은 보시다마쯔리를 단순히 말이 지니는 의미에 대해서 불쾌감을 느낀 것은 아니었다. 다시 말하자면 조선에서 패배한 것을 승리로 위장하여 시가행진하면서 조선을 멸망시켰다는 의미의 말인 '호로보시다'라는 말을 외쳐대며 축제를 벌이는 그들의 행동에 대해서 분노를 느꼈던 것이다.

그리고 구마모토의 향토사가인 아라키 세이시(荒木精之)씨는 이 보시다마쯔리를 실제로 조선과 관련이 있는 것으로 해석하고 있다. 그의 말에 의하면 기요마사가 조선으로 처음 출병을 할 때 1만의 장병을 데리

---

23) 中里紀元(1957)「朝鮮の役と陶工招來」『風土記 日本(1) －九州, 沖繩編－』平凡社, p.168

고 후지사키궁에 참배를 했다. 물론 그 목적은 전쟁의 승리를 빌기 위해 서였다. 그 때 그는 신의 앞에서 '만일 전쟁에서 승리를 거둔다면 방생회를 개최하고, 또 장병들로 하여금 신을 지키게 하리라.'하며 기도했다. 이것이 오늘날 말을 거칠게 몰며 시가 행렬하는 행사의 기원이 되었으며, 또 옛날 병사들의 차림으로 시가 행렬하는 행사의 기원이 되었다고 하는 것이다.24) 다시 말하자면 원래의 보시다마쯔리는 풍요를 기원하는 순수 목적의 축제였을지 모른다. 그러나 기요마사가 조선과의 전쟁을 수행하면서 그 의미를 변화시켜 승리의 축제로 위장하였던 것이다. 분명히 이러한 사실이 재일교포들을 화나게 하였음에 틀림없다.

이마무라씨에 의하면 재일교포들의 첫 번째 공식적인 항의는 1970년이었다고 한다. 그 해는 엑스포 만국박람회가 오사카에서 개최되던 해이기도 했다. 그 때 구마모토에서는 그들의 대표적인 민속놀이로 보시다마쯔리를 만국박람회에 출전시켰다. 이에 거류민단과 조총련은 하나가 되어 과학기술을 통하여 국제 친선을 도모하는 자리에 다른 나라를 멸망시켰다고 거짓 선전하기위해 만들어진 민속축제가 출전되어서는 안된다고 일본당국에 항의를 했던 것이다. 그것이 받아들여지지 않자 재일교포들은 다시 89년, 90년, 91년 연이어 항의를 하고 또 했다. 이같이 끈질긴 노력이 91년에야 겨우 주최 측에 받아들여져 이 축제의 이름은 보시다마쯔리라는 말 대신에 '가을의 예대제(例大祭)'라는 말로 바뀌었고, 또 지금까지 가장행렬하면서 외쳤던 '보시다'라는 구호도 중지되고, '영차'라는 의미의 말인 '왓쇼이'라는 말로 대체되었다고 한다. 그러나 지금까지도 이 축제에 참가하는 일부 그룹 가운데는 아직까지도 "보시타 보시타 호로보시타"하며 외치는 사람들이 있기 때문이

....
24) 荒木精之, 앞의 책, p.52

다.25) 이러한 점을 통하여 보더라도 보시다마쯔리의 본래의 모습은 조선침략에서 돌아온 기요마사군들이 개선하여 돌아온 것처럼 꾸며낸 행사이었을 가능성이 매우 높다고 하지 않을 수 없다.

4. 죽어서 신이 된 기요마사

우리를 괴롭혔던 기요마사는 죽어서 신이 되었다. 그를 신으로 모시고 있는 신사는 가토신사(加藤神社)이다. 이 신사는 1871년에 창건된 신사로서, 그들의 설명에 의하면 기요마사는 전국시대의 지

〈그림 24〉 가토신사

인용(智仁勇)을 모두 겸비한 모범적인 무장으로서 구마모토에 있어서는 일본의 3대 명성의 하나인 구마모토성의 축성과 부국안민(富國安民)의 정책을 편 사람으로 자비심과 충성심에 있어서도 성을 다한 그야말로 고결한 인격자이다. 그리고 시대를 초월하여 존숭경모(尊崇敬慕)의 대상이 되는 이상적 일본인이기 때문에 구마모토현민들은 지역 발전에 초석이 되는 유형무형의 역할을 다한 대은인으로서 그를 신으로 모신다는 것이다.

이 신사는 가토 기요마사를 신으로 모시고 있었지만 처음부터 가토신사가 아니었다. 원래는 니시키야마신사(錦山神社)이었다. 이 신사는 기요마사만 신으로 모시는 것이 아니다. 기요마사말고도 두 명의 신을

25) 이러한 구호는 주로 濟濟學, 熊商 등 학교동창회 그룹에서 주로 외치고 있다고 한다. <尹達世(2003)『四百年の長い道』リーブル出版, p.122>

더 모셨는데, 이들은 기요마사가 죽자 그의 뒤를 따라 할복순사한 일본인 오오키 카네요시(大木兼能), 조선인 김환(金宦)이었다. 이처럼 그는 죽어서 신이 되는 자리에도 충복을 데리고 다녔다.

1878년(명치 11)에는 서남전쟁에 승리한 노기 마레스케(乃木希典)가 직접 제문을 지어 참배한 적이 있으며, 1909년(명치 42)에는 기요마사의 300주년을 맞이하여 대대적으로 행사를 벌이고, 신사의 이름도 그의 이름을 따서 가토신사로 바꾸고, 그 해 황족인 간인노미야(閑院宮 : 1865-1945)이 참배하고, 노기 마레스케가 큰 칼과 작은 칼 각각 한 자루씩 헌납하기도 했다. 그리고 1911년(明治44)에는 하와이에, 그리고 1914년(大正3)에는 조선 경성의 용산에 가토신사가 세워지기도 한다.[26] 이처럼 해외에도 그의 분사가 세워진 것이다.

전후 이러한 해외의 신사는 없어지지만, 그들의 기요마사를 숭상하는 마음은 사라지지 않았다. 1975년에는 여름에 실시하는 이 신사의 제의 명칭을 아예 기요마사공 마쯔리(淸正祭)로 바꾸어 실시하게 이른다. 그리고 1981년에는 기요마사가 태어난지 420년이 되는 해인데, 이를 기념하여 그의 넓고 한량없는 신덕(神德)을 고양한다는 목적으로 숭경회(崇敬會)가 결성되기도 했다. 이처럼 그의 신격화는 가토신사를 중심으로 이루어지고 있다.

이러한 신도 측의 행동과 함께 불교계에서도 그의 신격화 작업이 진행되었다. 그 예로 그의 무덤이 있는 본묘사에는 기요마사가 죽은 후 돈사회(頓寫會)라 하여 그의 기일인 7월 24일의 전날 밤에 본묘사 승려들이 하루 밤 만에 『법화경』전 8권을 사경하여 기요마사 영전에 바치는 행사를 하고 있다. 오늘날에도 이 행사가 열리면 10여 만 명이 이

---

26) 서울의 그 자리에는 현재 기독교계의 교회(聖山敎會)가 들어서 있다고 한다.

절을 찾는다고 한다.27)

　기요마사의 신앙은 그가 태어난 곳인 나고야(名古屋)도 구마모토에 못지않다. 기요마사는 1562년 오늘날 나고야시 나카무라구(中村區) 나카무라쵸(中村町)에서 태어났다. 그의 아버지는 기요타다(淸忠)이었고, 그의 어머니는 이도(伊都)였다. 그의 아버지인 기요타다는 무사로서 미노의 사이토 도조(齊藤道三)의 휘하에 있었으나 그 집안의 내란으로 말미암아 나고야로 피신하여 그곳의 야장의 딸인 이도와 결혼하여 정착했다. 그곳에는 일련종 묘행사(妙行寺)라는 사찰이 있다. 이 절은 기요마사가 나고야성을 축성하고 나서 남은 자재를 이용하여 양친을 위해서 1610년에 세운 절이다. 묘행사에서는 기요마사의 기일에는 본묘사와 같이 기요마사를 위한 제의를 행하며 그 날 심야에는 포장마차를 내는 장사꾼들이 모여들어 한층 더 분위기를 고조시킨다고 한다.28) 현재 그곳에는 기요마사의 동상이 있고, 고려상인 일요스님이 그린 정장을 한 기요마사의 초상화가 보관되어 있다. 이 절의 주지인 안도 신코(安藤信行)씨는 "기요마사공은 전쟁의 신이며, 지혜의 신이기도 하다. 전전에는 전자가 강조되었지만, 오늘날에는 축성과 치수관개에 지혜를 짜낸 기요마사에 더 무게가 실려져 입시합격기원을 빌러오는 사람도 많다."고 했다. 이처럼 기요마사는 시대에 따라 그의 신격은 변화되어 오늘날에는 지혜의 신 또는 학문의 신이 되어있는 것이다. 그리고 나카무라쵸의 기요마사 거리에는 그의 이름을 딴 상점들이 많은데, 예를 들면 가토 여관, 기요마사 거리, 기요마사 유치원, 기요마사 이발소, 기요마사 여관, 기요마사 시장, 기요마사 음악교실, 기요마사 목욕탕 등이 바로 그것이다. 이처럼 그가 태어난 나고야에서도 그의 인기는 지금까

----

27)　熊本出版文化會館編(1990)『肥後の淸正』亞紀書房, p.182
28)　熊本出版文化會館編, 앞의 책, pp.177－180

지 조금도 식지 않고 이어지고 있다. 그리고 1967년 나고야시가 도요토미 히데요시와 가토 기요마사를 기리기 위해 세운 「풍청이공현창관(豊淸二公顯彰館)」이 있다. 이곳에는 주로 도요토미와 가토와 관련된 자료들이 모여져 있다.

한편 이곳에도 기요마사를 신으로 모시는 가토신사가 있다. 그리고 기요마사와 관련된 전설도 전해지고 있다. 가령 기요마사의 중신 모리모토 기타유(森本義太夫)와 이이다 카쿠베(飯田覺兵衛)는 어릴 때부터 기요마사의 친구이었는데, 어느 날 이들 3명은 칼싸움을 하여 이기는 자가 대장이 되고, 지는 자가 부하가 되기로 하자고 약속한 뒤에 시합을 하였는데, 기요마사가 두 사람을 이겨 대장이 되고, 두 명은 부하가 되었는데, 이것이 성인이 된 다음에도 끝까지 지켜졌다는 것이다.[29]

또 기요마사가 5살부터 소년기를 보낸 곳으로 알려져 있는 가미가와라마치(上河原町)에는 오니마츠리(鬼祭)라 하여 특히 마을에 축하할 일이 생기면 도깨비 가면을 뒤집어쓰고 마을을 돌며 악귀를 쫓는 민속행사가 있는데, 그 기원이 기요마사와 관련이 있는 것이다. 즉, 기요마사가 10살 때 집에 도둑이 들었다. 그 때 도둑은 기요마사의 숙부의 부부를 밧줄로 꽁꽁 묶어 위협을 가할 때, 기요마사가 도깨비 가면을 쓰고, 도둑에게 몰래 다가가 "왁"하고 큰소리로 외치는 바람에 그 모습을 본 도둑이 깜짝 놀라 혼비백산하여 도망쳤다는 것이다. 이것이 계기가 되어 마을의 축제가 되었다고 하는 것이다. 지금도 이 도깨비 가면은 마을사람들이 순번을 정해 돌아가며 자기의 집에 보관하고 있다 한다.[30] 이와같이 기요마사는 이 마을과 가정의 안전을 지켜주는 수호신이었던 것이다.

....
29) 熊本日日新聞社編集局(1990)『新．熊飽學』熊本日日新聞社, p.56
30) 熊本日日新聞社編集局, 앞의 책, p.56

그 밖에 오이타시(大分市) 쯔루사키(鶴崎)의 법심사(法心寺)에서도 기요마사의 기일에 본묘사와 같이 사경은 하지 않지만 법요와 제례를 거행한다고 한다.[31] 이 절도 1601년 구마모토의 현관 역할을 하고 있던 쯔루사키 지역에 세운 절로서 지금도 기요마사가 착용했던 구족이 소장되어있으며, 기요마사의 공양은 니쥬산야(二十三夜)라 하여 성대하게 치른다고 한다.

기요마사가 얼마나 인기가 있었는지, 그를 신으로 모시는 신사가 2차세계대전 이전까지는 구마모토현에는 52개소가 있었으며, 다른 현에도 40개소, 해외에도 3개소가 있었다 한다. 그의 신격화는 단순한 근대화의 산물이 아니다. 1810년 교토에서 『청정신기영험기(清正神祇靈驗記)』가 발간되었을 정도로 그의 대중적인 인기는 높았다. 그의 인기에는 그의 무용적인 성격도 한몫을 하였지만, 그것 이외에 그가 벌인 간척과 치수사업에 대한 높은 평가 때문이었다. 당시 농민들은 오늘날과 같이 풍족하지 못했다. 병충해가 심했고, 수확도 적었다. 이로 말미암아 간척사업과 신전개발에 힘써 농산물의 증산을 도모했다. 이 때 각광을 받았던 인물이 기요마사이었으며, 그를 농업의 신으로 모시기 시작했던 것이다. 이처럼 기요마사는 죽어서 신이 된 인물이었다.

5. 마무리

이상에서 본 바와 같이 일본에서는 에도시대부터 가토 기요마사의 인기가 높아서 그와 관련된 이야기의 대부분은 영웅신화와 같았다. 즉, 조선의 호랑이를 가토가 용감하게 조총이 아닌 창으로 잡았으며, 또 그

---

31) 熊本出版文化會館編, 앞의 책, pp.177−180

를 보호하는 신이 있어서 울산성 전투에서 거의 패색이 짙어지자 그 신이 신비로운 병사들을 보내어 구출해 주었다는 이야기들이 바로 그 것이다. 물론 이러한 이야기들은 역사적 사실과는 거리가 먼 것들이었다. 근대 소설가 아쿠다가와는 그의 작품에서 기요마사를 조금 부정적인 인물로 그리고 있지만 군기물에서 보듯이 대부분 일본사람들은 그를 긍정적으로 평가하고 존경할 수 있는 인물로서 꼽고 있었다.

　기요마사는 그가 남긴 축성, 치수관개 그리고 간척사업으로 말미암아 죽어서도 그와 관련된 직능을 가진 신이 되었다. 그리하여 농업의 신이기도 하고, 지혜의 신이기도 했다. 그리하여 신도 측에서는 가토신사를 중심으로 그를 신으로 모시기 시작했고, 불교 측에서는 그가 세운 사찰(본묘사, 묘행사, 법심사)을 중심으로 그가 죽은 기일마다 대대적인 법요식을 개최함으로써 그의 신격화는 오늘날까지 사그라 들지 않고 번창하고 있다. 그가 태어난 고향인 나고야에는 그의 이름을 딴 거리와 가게들이 즐비하게 많다. 가토 여관, 기요마사 거리, 기요마사 유치원, 기요마사 이발소, 기요마사 여관, 기요마사 시장, 기요마사 음악교실, 기요마사 목욕탕 등이 바로 그것이다. 이처럼 그의 인기는 조선에서 한 행위는 잊어진 채 일본 대중에게 깊게 파고들고 있는 것이다. 그에 대한 판단은 고향사랑에서 시작할 것이 아니라, 그가 남긴 타향의 자취를 통해서도 공평하게 처리될 때 비로소 진정한 역사적 평가라고 할 수 있다. 이 점을 가토 기요마사를 통하여 일깨우는 역사적 교훈으로 삼을 필요가 있다고 생각된다.

참고 문헌

김문길(1995)『임진왜란은 문화전쟁이다』혜안

김승한(1979)『일본에 심은 한국(1)』중앙일보, 동양방송

박창기(1999)「임진왜란 관련 가등청정 군기 연구」『일어일문학연구』35, 한
　　　국일어일문학회

박철호(1984)「사명당설화연구」『한국언어문학』23

李睟光(1994)「外道部 禪門」『芝峰類說』18, 을유문화사

이진희(1982)『한국과 일본문화』을유문화사

조사옥(2008)「芥川龍之介の<支那游記>考」『일본언어문화』13, 일본언어문화
　　　학회

최관(2003)『일본과 임진왜란』고려대출판부

芥川龍之介(1977)「金將軍」『芥川龍之介全集』6, 岩波書店

荒木精之(1989)『加藤淸正』葦書房

海音寺湖五郎(1893)『加藤靑正』文藝春秋

川村晃(1987)『熊本城』成美堂出版

熊本出版文化會館編(1990)『肥後の淸正』亞紀書房

熊本日日新聞社編集局(1990)『新. 熊飽學』熊本日日新聞社

矢野四年生(1991)『加藤淸正』淸水弘文堂

森田誠一(1972)『熊本縣の歷史』山川出版社

尹達世(2003)『四百年の長い道』リーブル出版

제5장

임란을 통해 건너간
조선의 동식물

일본에 남은 **임진왜란**

제5장

임란을 통해 건너간 조선의 동식물

1. 머리말

일본에서 출판되는 일본어 사전 중 가장 권위 있는 『광사원(廣辭苑)』에 의하면 흔히 우리가 샐러드로 먹고 있는 야채 셀러리를 다음과 같이 설명하고 있다. 즉, 그것을 기요마사 닌진(淸正人蔘)이라고도 하며, 그 유래는 가토 기요마사(加藤淸正)가 조선침략 때 조선에서 가져간 것으로 설명하고 있는 것이다. 이것이 사실인지 알 수 없지만, 당시 왜군이 수많은 보물과 사람만 약탈해 간 것이 아니라 진귀한 식물이 있다면 그것마저도 주저함 없이 가져갔다는 의미가 내포되어있는 것으로 볼 수 있을 것이다.

이러한 사정으로 인하여 바다를 건너 일본으로 건너간 조선의 동식물들이 있다면 과연 어떠한 것들이 있는 것일까? 임란에 관한 많은 연구 가운데 사람과 유물에 관한 것은 많아도 포로가 되어 일본으로 건너간 조선의 동식물에 관한 것은 거의 없다. 설사 있다고 하더라도 매우 단편적 또는 국지적으로 소개되고 있을 뿐이다. 그 대표적인 예로 식물의 경우 노성환, 정재정, 성해준, 최관, 김문길 등의 글이 있고, 동물의 경우는 노성환, 김문길 등의 글이 있다.

먼저 식물의 경우 노성환[1]과 정재정[2]은 교토의 울산동백에 대해 소개하고 있고, 그에 비해 성해준3)과 정재정4)은 임란 때 센다이의 영주 다테 마사무네가 일본군에 포로가 된 조선매화를 자신의 고향에 가지고 간 것을 소개하고 있으며, 최관은 비록 임란 때는 아니지만 가나자와의 임란포로인 김여철이 고향에 대한 향수를 달래기 위하여 조선에서 구입한 조선 오엽송에 대해 소개하고 있고,5) 역사학자의 김문길은 큐슈의 야나가와 영주인 다치바나 무네시게(立花宗茂)가 가져가 자신의 영지에 심은 조선소나무에 대해 각각 소개하고 있다.6) 이처럼 그들의 연구는 매우 종합적인 시야에서 정리한 것이 아니라 어느 특정지역에서 전해져 내려가는 임란과 포로와 관련된 유적의 하나로서 단편적으로 소개하고 있는데 그치고 있는 것이다.

둘째 동물의 경우 노성환7)과 김문길8)은 모두 임란 때 바다를 건너 큐슈 북부에 자리 잡은 조선까치를 소개하고 있다. 그리고 일본 측에서는 일찍이 이마무라 토모(今村鞆)가 미야기현(宮城縣)에 서식하고 있는 조선 꿩은 임란 때 조선을 침략한 다테 마사무네(伊達政宗)가 조선에서 가지고 간 것이라고 해석한 바가 있다.9) 이처럼 동물은 까치와 꿩에 집중되어있으며, 다른 동물에 대한 관심은 거의 나타나 있지 않다. 물론 동물은 식물과 달라 오랫동안 보존되기 힘든 부분이 있어 오늘날

1) 노성환(1997) 『일본 속의 한국』 울산대 출판부, pp.11-22
2) 정재정(2007) 『교토에서 본 한일통사』 효형출판, p.144
3) 성해준(2006) 「일본 속의 한국문화」 『일본어문학』 32, 일본어문학회 pp.519 -523
4) 정재정(2007) 앞의 책, p.144
5) 최관(2005) 「김여철, 일본명 와키타 나오카타에 대한 고찰」 『일본학보』 65-2, 한국일본학회, pp.573-582
6) 김문길(1995) 『임진왜란은 문화전쟁이다』 혜안, pp.188-189
7) 노성환(2008) 앞의 책, pp.275-277
8) 김문길(1995) 앞의 책, pp.188-189
9) 今村鞆(1995) 『歷史民俗 朝鮮漫談』 <復刻板>, 國書刊行會, p.295

그 흔적을 찾기 어려운 부분이 있는 것은 사실이다.

그러나 앞에서도 언급하였듯이 당시 일본이 사람과 문화재뿐만 아니라 진귀한 조선의 동식물을 가지고 갔다면 그것 또한 사람과 마찬가지로 일본 속에 남아있는 임란의 유물인 동시에 조선포로로 생각할 수 있다. 즉, 그것들이 비록 사람은 아니다 하더라도 우리가 지켜주지 못해 해외로 떠나지 않을 수 없었던 것들이다. 이에 본 장은 편린처럼 소개되었던 기존연구를 바탕으로 종합적으로 재구성해보고자 하는데 그 목적이 있다. 그리고 이상의 연구에서도 빠뜨려진 것이 있다면 새로운 자료조사를 통하여 보충하려고 한다. 이러한 작업을 함으로써 임란과 정유왜란을 통하여 일본으로 건너간 조선의 동식물을 개관해볼 수 있을 뿐만 아니라, 그것들이 오늘날까지 어떻게 수용되고 있는지에 대해서도 알아볼 수 있기 때문이다.

2. 일본으로 건너간 조선의 동물

2.1. 규슈의 조선까치

전통적으로 일본에서는 우리나라에서 흔히 보이는 까치를 보기 힘든다. 까치는 중국과 한국, 시베리아 그리고 북미대륙에 서식하는 동물로 알려져 있다. 그러므로 일본에서는 좀처럼 볼 수가 없는 것이다. 그리하여 일본에서 까치에 관한 기록은 16세기까지 거의 없다. 그렇다고 해서 까치에 대한 인식이 전혀 없었던 것은 아니다. 중국으로부터 전래된 칠석전설을 통하여 오작교를 알고 있었고, 그 영향으로 지식인들이 지어 부른 노래가 『고금화가집(古今和歌集)』에도 실려져 있기 때문이다. 그러나 이들은 까치가 아니라 그것과 비슷하게 생긴 '사기(鷺)'라는 새였던 것 같다.[10]

그러나 16세기 이후가 되면 까치에 관한 기록이 등장하기 시작한다. 예를 들면 카이바라 에키켄(貝原益軒)은 그의 저서 『대화본초(大和本草)』(1708년)에서 "까치(鵲)는 기내와 동북지역에는 없으며, 츠쿠시(筑紫)에는 많다. 조선에서 온 것이다. 그리하여 고려새(高麗鳥)라고도 한다."고 했다. 그리고 오노 란산(小野蘭山)도 그의 저서 『중수본초강목계몽(重修本草綱目啓蒙)』(1803년)에서 "이 새는 동국에 오지 않았다. 치쿠젠(筑前), 치쿠고(筑後), 히젠(肥前), 히고(肥後) 지역에 많다."고 했다. 그리고 히라도 번주였던 마츠우라 세이잔(松浦淨山)도 이에 관심을 가지고 그의 저서 『갑자야화(甲子夜話)』에 "사가(座嘉)와 칸자키(神崎)의 일대에 이상한 새가 있는데, 이를 일반적으로 히젠 까마귀 혹은 까치카라스라 한다."고 했다. 그리고 서양사람인 시볼트의 여행기 『일본』에서도 이것에 주목을 하고 오늘날 우레시노와 칸자키를 연결하는 연도에서 까치를 보고 놀라며, "일본에서는 희귀한 새"라 하고 있다.[11]

여기에서 보듯이 일본에서 까치는 매우 진귀한 새이며, 있다 하더라도 규슈 북부 일부지방에만 서식하고 있음을 알 수 있다. 이러한 까치가 어떻게 이 지역에 있을 수 있을까? 여기에는 카이바라 에키켄이 말하는 것처럼 조선에서 전래되었기 때문이다. 보다 정확히 말하면 임진왜란 때 일본군을 따라 일본으로 건너간 것이었다. 그리하여 고려새라고도 하며, 우리의 말인 까치라는 이름과 까마귀를 뜻하는 일본어 카라

---

10) 浦川和也(2007)「カササギとウシウマ 文禄, 慶長の役の中で移植された動物」『秀吉と文禄, 慶長の役』, 佐賀縣立名護屋城博物館, p.119
11) 浦川和也(2007) 앞의 책, p.119

스를 합쳐 그 이름이 까치카라스라고 하는 것이다.

이렇게 건너간 조선의 까치는 현재 사가현을 상징하는 새가 되었으며, 또 명칭은 고려새보다는 까치카라스가 더 일반적이다.

까치가 무엇 때문에 이곳에서는 귀중한 대접을 받고 있는 것일까? 여기에는 그럴만한 이유가 있었다. 일본의 역사가인 나라모토 타츠야(奈良本辰也)는 나베시마 나오시게와 나베시마 가츠시게의 부자가 이끄는 사가군대가 조선에 출병하여 연전연승했는데, 그 때 마다 '카치 카치'하며 우는 새소리를 들을 수 있었는데, 그 소리는 자신들의 고향인 사가지역에서는 들을 수도 없고, 또 새 자체도 볼 수 없는 것이어서 행운을 가져다주는 길조라고 생각하고 사가로 가지고 갔다는 것이다.[12] 까치는 일본어에서 이기다는 의미의 말인 카치(勝)와도 발음이 흡사하다. 그러므로 까치가 길조라는 인식의 해석이다.

그러나 이 자료에서 말하는 것처럼 그들의 배 돛대에 날아가 앉은 까치가 '카치 카치'라고 울었을 리가 없다. 그것은 울음소리가 아니라 한국에서는 그 새를 '까치'라고 부르고 있다는 사실을 모르고 하는 말일 것이다. 단지 우리가 여기에서 추측할 수 있는 것은 임진왜란 때 일본으로 건너간 까치는 일본사람들은 까마귀와 구분하기 위해 한국어 까치와 일본어의 '까마귀'라는 말인 '카라스'가 서로 합쳐져 붙여진 이름이라는 사실이다.

이렇게 건너간 한국의 길조인 까치는 처음부터 상서로운 새로 여겨져 많은 애호를 받았다. 1641년에는 이곳의 봉건영주 나베시마 카츠시게(鍋島勝茂)는 「어응장어면어수두(御鷹場御免御手頭)」라는 규칙을 만들어 까치를 보호하였다. 그 결과 한국에서 건너간 한국인 까치는 제법

----

12) 奈良本辰也(1993)「燒物と朱子學に伝わる技と心」『文祿, 慶長の役』學研, p.192

수적으로 많이 번식하여 이 지역 사람들에게는 친근감을 주는 새로 변모하는 데까지 이르게 되었다. 그리고 1923년 3월에는 이 까치들이 천연기념물로 지정되어 상표 또는 포스터 그리고 학교의 상징적 마크 등에도 사용될 만큼 더욱더 이 지역사람들과는 가까운 사이로 되어 버렸다.

조선의 까치가 이 지역사람들로부터 사랑을 받았던 이유는 또 하나 가 있었다. 그것은 다름 아닌 목화재배이다. 사가의 아리아케해(有明海) 는 목화재배로 유명한데, 원래 그곳은 사가번이 간척사업을 하여 만든 땅이었다. 간척지는 염분이 많아 이내 논으로 사용할 수 없다. 그리하 여 초기에는 목화를 재배하였던 것이다. 목화는 염분에도 잘 견디기 때 문에 간척지에는 적합한 식물이었다. 그 대신 목화는 벼보다 두 배 가 량의 비료가 필요하고, 또 여름에는 풍부한 물이 필요하다. 아라아케해 는 바다와 호수를 끼고 있었기 때문에 생선에서 나오는 퇴비와 물레방 아를 이용한 물의 공급은 충분히 감당할 수 있었다. 그러나 문제는 목 화의 병충해이다. 일본어로 와다아카미무시라 불리는 목화의 해충은 한번 번지면 무섭게 목화를 따먹어 품질과 수량을 저하시키는 것이다. 그런데 이 벌레의 천적이 까치이었던 것이다.[13] 이들이 까치를 길조로 좋아했던 실질적인 이유는 바로 여기에 있었던 것이다.

2.2. 가고시마의 조선말

임란과 정유재란 때 까치만 일본으로 건너간 것이 아니었다. 말도 건너갔다. 이 말은 신장이 약 130센티 정도밖에 되지 않는 체구가 매우

13) 阿部桂司(1979)「更紗と李九山」『季刊 三千里』17, 三千里社, p.200

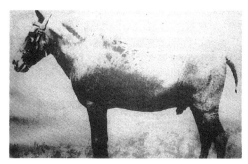

〈그림 25〉 우시우마(가고시마현립 박물관)

작고, 털도 짧고 오그라들어 있어 거의 털이 없는 것 같이 보이는 외모를 지녔다. 그리하여 일본인들은 이 말을 소와 같이 생긴 말이라 하여 우시우마(牛馬)라 했다. 이 말을 가고시마의 영주인 시마즈 요시히로(島津義弘)가 사천성 전투에서 10마리를 획득한 것으로 알려져 있다. 그들은 철수할 때 이 말도 함께 일본으로 데리고 갔다. 시마즈 요시히로는 이 말을 자신의 성 안 마굿간에서 키우다가 가와가미무라(川上村)의 영주인 사에몬노죠히사쿠마(左衛門尉久隅)가 요시노(吉野) 목장을 헌상하여 그곳에서 방목하여 기르도록 했다. 그 후 몇 마리를 골라 타네가시마(種子島)의 아미타카(網貴)에게 주었고, 아미타카는 아시노(芦野) 목장에서 방목하여 자연번식을 시켰다. 천보연간(天保年間:1830－1843) 때의 기록인『삼국명승도회(三國名勝圖會)』에 의하면 당시 아시노 목장에서는 이 말이 50마리정도나 되었다고 묘사하고 있다. 그리고 1867년경에는 60마리로 번식하였다고 한다.[14]

그러나 폐번치현(廢藩置縣)이 실시되던 1871년 이후부터는 이 말들을 관리하는 마키미마와리야쿠(牧見廻役)가 폐지되고, 관리가 소홀해짐에 따라 40여 마리가 가난한 농가에 분양되었으며, 나머지의 것에 대해서는 관심도 가지지 않았다. 이로 말미암아 점차 그 숫자가 감소하여 명치(1867－1912) 중기에는 절멸의 위기를 맞이하였다. 이를 안타깝게 생각한 1889년 타카미 사치노스케(田上七之助)는 니시오모테(西之

---

14) 浦川和也(2007) 앞의 책, p.119

表)의 카타야마(片山) 목장에서 늙은 우시우마 숫놈 1마리를 구입하고, 이 말에다 명치호(明治號)라는 별명을 붙였다. 그리고 암놈을 구하지 못해 하는 수 없이 재래종과 교배를 시켜 종자를 가능하면 원형에 가깝게 보존하려고 노력했다. 명치호는 1891년에 죽고, 그 이후 잡종교배하면서 이어져 가던 명치호의 5대손인 제4 전상호(田上號)가 1937년 5월에 태어나 살다가 1946년 6월에 죽음으로써 조선에서 건너간 우시우마는 완전히 대가 끊어지고 말았다. 제4 전상호는 1955년경 가고시마대학 농학부 가축해부학교실에서 해부가 되었고, 그 골격표본은 현재 가고시마현립박물관에 보관되어 전시되고 있다.15)

이같은 우시우마는 조선의 어떤 말을 가리키는 것일까? 그 체형이 약 130센티 정도밖에 되지 않는 작은 키를 지녔고, 털도 짧으며, 소와 같은 말이라고 불리는 것 등의 특징으로 보아 이는 아무래도 한국의 조랑말인 것 같다. 현재 제주도에서 길러지는 조랑말은 보통 키가 110㎝, 몸무게는 200kg 정도가 되며, 털의 길이도 짧은 독특한 체구를 가진 작은 말이다. 키가 작아서 제주도에서는 과수나무 밑도 갈 수 있는 말이라 하여 과하마(果下馬)라고도 했다. 현재 조랑말은 국가로부터 1986년 천연기념물 제347호로 지정되어 보호되고 있다. 특히 이 말은 성질이 온순하지만 힘이 세고 거친 사료를 즐겨 먹으며, 옛날부터 제주도에서는 농경과 운반용으로 큰 구실을 해오는 중요한 가축이었다. 다시 말하여 소와 같이 일하는 말이었던 것이다. 이러한 의미에서 생겨난 것을 일본인들이 잘못 오해하여 소와 같이 생긴 말로 이해된 것이 아닌가 하는 생각이 든다. 왜냐하면 그 생김새는 어느 쪽으로 보아도 소로 보이지 않으며, 다만 체구가 작은 말로 보이기 때문이다. 그러므로 소와 같이 생긴 말이라는 해석은 맞지 않는 것이다. 이러한 추정이 맞는

15) 浦川和也(2007) 앞의 책, p.119

다면 시마즈군이 사천에서 가져간 우시우마는 한국의 조랑말이라고 할수 있을 것이다.

2.3. 죽어서 포로가 된 조선 호랑이

조선의 호랑이도 임란 때 일본으로 건너간 동물 가운데 빼놓을 수 없다. 조선을 쳐들어 온 일본군이 때로는 전쟁을 수행하지 않고 호랑이 사냥에 나서는 이상한 행동을 하기도 했다. 호랑이가 그들에게 피해를 준다는 명분으로 설명하는 사람도 있지만, 실제로는 그렇지 않았다. 그들의 명령권자였던 도요토미 히데요시가 자신의 몸이 허약해진 것을 느꼈는지, 전쟁을 수행하는 장수들에게 조선의 호랑이를 잡아서, 그 고기와 뼈 그리고 내장 등을 소금에 절여서 보내라는 명령을 내렸던 것이다. 이로 말미암아 왜장들은 너나 가릴 것 없이 호랑이 잡이에 혈안이 되어 있었다. 구마모토의 가토 기요마사(加藤淸正), 대마도의 소오 요시토모(宗義智), 사가의 나베시마 나오시게(鍋島直茂), 가고시마의 시마즈 요시히로(島津義久), 고바야가와 다카가게(小早川隆景)의 가신 하야시 카몬(堅田大和), 후쿠시마 마사노리(福島正則)의 가신 가네마츠 마사요시(兼松正吉), 구로다 나가마사(黑田長政)의 가신 하야시 카몬(林掃部), 모리 타베이(母里太兵衛)와 고토 마타베이(後藤又兵衛) 등이 유명하다. 특히 가토 기요마사의 호랑이 사냥 이야기는 유명하다. 여기에 대해서는 4장에서 정리한 적[16]이 있기 때문에 여기서는 가급적 그에 관한 이야기는 피하기로 하고, 그 대표적인 예로 후쿠오카에서 전해지고 있는 구로다의 가신 모리 타베이와 고토 마타베이의 호랑이 퇴치설화를 들어 소개

16) 노성환(1997) 앞의 책, pp.47−51

하면 다음과 같다.

　이들은 모두 임란 때 조선으로 출정한 사람들이다. 어느 날 구로다번의 무사들도 호랑이 사냥을 하게 되어 다들 무기를 들고 산으로 들어갔다. 모리도 명창으로 불리는 일본호를 옆구리에 끼고 산에 들어가 헤매고 있는 동안 동료들과 떨어져 외톨이가 되고 말았다. 바로 그 때 눈앞에 커다란 나무 뒤에서 호랑이 한 마리가 나타나 무섭게 소리를 질렀다. 그 소리에 놀랐지만 이를 악물고 창을 들고 호랑이 쪽을 겨냥하여 재빨리 일본호로 내려 찔렀다. 그러자 그 창끝이 호랑이의 뒷다리를 관통하여 뒤의 나무에 꽂혔다. 그러자 호랑이는 아픔에 못이겨 미처 날뛰었고, 당장이라도 타베이에게 달려드는 기색이었다. 그러자 타베이 도 겁에 질려 꼼짝달싹하지 못했다. 바로 그 때 누군가 다가오더니 "타베이 어찌된 일이냐. 만일 그 호랑이에게 물려죽으면 내가 너의 복수를 해주마."하는 것이었다. 그래서 보았더니 바로 고토 마타베이가 싱긋 웃고 있는 것이었다. 필사적이었던 타베이는 매우 기뻐하며, "마타베이인가. 마침 잘 와주었다. 빨리 호랑이를 물려쳐 주게"하자, "그래 퇴치해주마. 그런데 한가지 조건이 있다. 그 호랑이를 퇴치해주면 네가 가지고 있는 일본호를 나에게 주겠는가."하는 것이었다. 그러자 타베이는 "뭣이라고? 그것만은 안된다."고 하자, 다시 마타베이는 "그렇다면 할 수 없지. 네가 호랑이에게 잡아먹힐 때까지 기다리는 수밖에 없지. 그렇게 되면 결국은 너의 창은 내것이 되는 것이다."하며 태연하게 앉아서 보고 있는 것이었다. 이에 다급해진 타베이가 "그래 알았다. 일본호는 너에게 줄터이니, 빨리 호랑이를 퇴치해주게."라고 하자, 그 자리에서 재빨리 일어난 마타베이는 긴 창으로 맹호의 미간을 향해 찔렀다. 그러자 호랑이는 그 자리에서 털썩 쓰러졌다. "자, 호랑이는 퇴치하였으니 약속대

로 일본호를 나에게 넘겨라." 하는 것이었다. 이렇게 하여 타베이가 후
쿠시마 마사노리로부터 어렵게 얻은 일본호를 고토에게 넘겨주지 않을
수 없었다.[17]

물론 이상의 이야기는 과장된 부분이 많다. 호랑이가 생명을 위협하
는 다급한 순간임에도 불구하고 일본호라는 창을 두고 둘이서 흥정하
는 부분은 현실상으로 있을 수 없는 일이다. 이것은 그들이 얼마나 배
포가 큰 무사들이었는지를 과장되게 표현한 것에 지나지 않는다. 그렇
다고 해서 일본 무사들의 호랑이 사냥이 없었던 것은 아니다. 앞에서
말한 것처럼 어쩔 수 없이 호랑이 사냥을 해야 했다.

그런데 조선의 호랑이가 그렇게 쉽게 잡히는 것이 아니다. 호랑이를
잡으려다 목숨을 잃는 사건도 많았다. 조선으로 출병한 나베시마 군대
도 호랑이 사냥을 했다. 그 때 상황을 야마모토 쯔네토모(山本常朝)가
쓴 『엽은(葉隱)』에서 다음과 같이 서술하고 있다.

카타타에 킨자에몬(片田江金左衛門)이 맹호와 싸워 죽은 이야기이
다. 맹호가 한 마리 나타나 바위를 뒤로 하고, 우렁차게 포효하고 있었
다. 그러자 가까이 다가가고자 하는 사람은 아무도 없었다. 그 때 킨자
에몬이 무리로부터 혼자 나와 칼을 들고 호랑이를 향해 달려가 쫓고
쫓기면서 드디어 호랑이 목에 칼을 꽂고 겨우 호랑이 목을 베려고 하는
순간 호랑이도 마지막 힘을 다해 킨자에몬을 두 가닥으로 찢고 말았다.
이를 지켜보던 군사들은 감동을 하고 잠시 때를 잊었다. 가토 기요마사
도 "저것 저것 봐라."하며 자신도 모르게 차양을 두드려 손가락 사이에

---

17) 日本傳說拾遺會 監修(出版年度 未詳)『日本の傳說(14) -北九州-』山田書
院, pp.72 - 74

피가 나올 정도이었다 한다. 킨자에몬은 이사하야가(諫早家)의 부하이
었다. 카츠시게는 킨자에몬의 자식에게 지행을 하사했다. 킨자에몬의
손자는 혜료장로(惠了長老)이다.[18]

〈그림 26〉 호랑이 사냥도(가고시마현 역사자료센터)

이상의 이야기는 조선의 호랑이를 잡으려다 목숨을 잃은 이사하야
의 무사 킨자에몬에 관한 이야기이다. 그는 무섭게 포효하는 호랑이를
아무도 접근하지 못하는 상황에서 홀연 단신의 몸으로 뛰어들 만큼 용
기 있는 무사이었다. 그러한 그가 호랑이와 싸우다가 결국 목숨을 잃고
만다. 그러면 영주는 희생된 자의 자식들에게 보상을 해야 했다. 희생
자가 늘면 늘수록 번으로서는 희생자의 가족들에게 보상을 하여야 하
므로 경제적 부담을 안게 되는 것이다.

또 하나의 사례는 가고시마현의 역사자료센터에 보관되어있는 호랑
이 사냥그림에서 찾을 수 있다. 이 그림은 1595년 3월에 경남 창원에서
사쓰마의 시마즈 요시히로와 그의 아들 다다쯔에(忠恒)가 그들의 부하
들을 데리고 호랑이 2마리를 사냥하는 그림인데, 매우 사실적으로 그
려놓고 있다. 그것에 의하면 이미 한 마리는 야스다 지로베이(安田次郎

18) 山本常朝(1983)『葉隱 (下)』<松永義弘 譯>, 敎育社, p.119

兵衛)가 큰칼로 잡고 나서 또 한 마리를 잡고 있는 그림이다. 이 호랑이를 세 명의 사무라이들이 둘러싸고 있는데, 그 모양을 자세히 살펴보면 호랑이 사냥이 결코 용이한 일이 아니었다. 즉, 이 호랑이는 자신을 잡으려고 하는 우에노 곤에몬(上野權右衛門)을 물어 죽이고 나서 칼을 들고 설치는 쵸사 로쿠시치(帖佐六七)의 다리도 물어뜯고 있는 데, 그 틈을 타서 후쿠나가 스케쥬로(福永助十郞)가 호랑이 꼬리를 잡아당겨 소나무 가지에 휘감는 순간 나가노 스케시치로(長野助七郞)가 칼로 호랑이 배를 찌르고 있는 장면이다. 이처럼 호랑이를 잡는 일이 쉬운 일이 아니며, 목숨을 잃는 위험천만한 일이었다. 여기서 잡은 호랑이를 히데요시에게 바쳤음은 두말할 나위가 없다.

야나가와 고문서관(柳川古文書館)에는 6월 20일자[19]로 보낸 히데요시가 다치바나 무네시게(立花宗茂)에게 내린 서한 가운데 호랑이 사냥을 금지시키는 주인장(朱印狀)이 보관되어 있다. 그 내용은 병사의 손실이 크니 그만두라는 것이다. 이처럼 호랑이를 잡는다는 것은 많은 전투요원의 손실을 감수하지 않으면 안되었던 것이다.

이렇게 잡힌 조선의 호랑이는 죽어서 포로가 되어 바다를 건너 일본으로 갔다. 고기는 먹고 없어졌고, 가죽은 썩어서 없어졌겠지만, 두개골과 이빨과 같이 잘 썩지 않는 것들은 오늘날까지 일본 곳곳에 남아있다. 특히 두개골은 천황의 생일 또는 막부 쇼군(將軍)의 아들이 태어났을 때 목욕물에 그것을 담근 다음 목욕하거나 시키는 관습이 있었다.[20] 그만큼 조선의 호랑이는 신비로운 힘을 가진 존재로 여겨졌다. 그리하여 지금도 야마구치현립(山口縣立) 야마구치(山口) 박물관에는 카다다

----

19) 이 문서에는 연대가 적혀있지 않으나, 호랑이 사냥이 임란 때 많이 이루어지는 것으로 보아 아마도 문록연간(文祿年間)의 것으로 추정된다.
20) 今村鞆(1995) 앞의 책, p.331

다이와(堅田大和)가 잡았다는 호랑이의 두개골이 광택이 나도록 옻이 칠해져 보관되어있다. 그리고 야나가와 고문서관에는 호랑이 잇빨이, 나고야시 박물관에는 가네마츠 마사요시가 포획하였다는 호랑이의 손톱 그리고 호랑이 털로 만든 토라타마(虎玉)가 각각 보관되어있다. 이러한 것들은 모두 한방약으로 사용되었다. 이러한 효용 때문에 조선의 호랑이는 죽어서 일본으로 잡혀가야 했던 것이다.

3. 일본으로 건너간 조선의 식물

3.1. 교토의 울산동백

〈그림 27〉 울산으로 돌아온 울산동백(울산시청)

역사가 정재정은 교토의 지장원(地藏院)이라는 불교사원의 정원에 울산에서 가져간 동백이 심어져 있는데, 그 동백은 가지에 꽃을 피울 때는 다섯 색깔의 꽃을 피우며, 또 질 때는 꽃잎이 하나하나씩 떨어지는 속성을 지니고 있다고 소개한 적이 있다.[21] 이러한 동백을 일본에서는 '오색팔중산춘(五色八重散椿)'이라는 긴 이름으로 불려지고 있다. 그렇게 이름이 붙여진 이유도 앞에서 말한 희귀한 속성 때문인 것은 두말할 나위가 없다.

이 절에서 발행하고 있는 소책자 안내문에 의하면 그 절에 있는 동

....
21) 정재정(2007) 앞의 책, p.144

백나무는 임진왜란 때 울산에 진을 치고 있었던 가토 기요마사가 울산 성에서 가지고 가서 그의 군주인 히데요시에게 바쳤던 것을 다시 히데 요시가 이 절에다 기증을 한 것이라고 되어있다.

이 절은 히데요시가 다도회(茶道會)를 여는 장소로서 자주 이용되었 다. 그러한 관계로 울산의 동백을 하사받은 지장원은 그것을 자랑으로 여기며 매우 소중히 이를 키웠다. 그 결과 지장원이라는 본래의 이름 보다는 동백나무의 절이라는 의미의 이름인 '쯔바기데라(椿寺)'로 더 잘 알려지게 되었다. 울산에서 납치당해 일본으로 건너 간 동백나무의 1세는 이 절의 뒤뜰에 있었다. 400여 년의 세월을 지내는 동안 풍파에 견디지 못하여 그만 노쇠하여 지난 1983년에 밑둥치만 남겨 놓고 가지 는 모두 잘려지고 남아 있지 않다. 잘려진 밑둥치는 비닐에 싸여져 있 었으며, 그 주위에 다시 새롭게 키운 동백의 묘목 십 여 그루가 싱싱하 게 자라고 있었다. 그리고 그의 자식격인 2세의 울산동백나무가 앞마 당에서 번창하여 가지를 땅에까지 늘어뜨리며 건강하게 서 있었다. 현 재 울산동백의 2세는 100세가량의 나이를 먹었으며, 매년 3월 하순부 터 피기 시작하여 4월 말까지 왕성하게 꽃을 피우는데, 그 때는 한 잎 한 잎 떨어진 꽃잎과 다섯 색깔의 동백나무 꽃잎으로 정원에 가득 차 일대의 장관을 이룬다고 한다.

이러한 동백은 지장원의 춘사에만 있는 것이 아니었다. 교토에서는 춘사를 포함한 법연원(法然院), 서방니사(西方尼寺)라는 불교사찰과 카 미가모의 키타하라 한 농가에 각각 한 그루씩 있으며, 또 교토의 인근 지역인 나라(奈良)의 백호사(白毫寺)에도 있다.

그 중 한곳인 키타하라쵸의 울산동백은 오쿠무라 히데쯔구(奧村英 繼)씨의 가족들이 관리하고 있다. 이곳 울산동백은 지장원의 울산동백 1세와는 달리 덩치가 큰 거목의 모습으로 변해 있다. 그의 말을 빌리면 매년 4월 초경이 되면 꽃이 가장 극성스럽게 많이 피는데, 그 숫자가 얼마나 많은지 나뭇잎이 꽃에 가려 보이질 않을 정도라 한다. 그리고 꽃잎이 커서 모르는 사람은 목단이 아닌가 하고 착각을 하는 경우도 있다는 것이다.

그런데 이 같은 울산의 동백이 언제부터 어떠한 연고로 여기까지 오게 되었을까? 유감스럽게도 여기에 대한 자세한 기록은 남아 있지 않았다. 그러나 다행스럽게도 그 집 주인인 오쿠무라씨가 그에 대해 자신의 집 동백나무는 지장원의 울산동백과 같은 종류의 묘목이기 때문에 어쩌면 자신의 선조가 히데요시로부터 하사받았을지도 모른다고 추정했다. 그 증거로서 정확한 이름은 전하여지고 있지 않지만 자기 집안의 시조가 히데요시의 주군이었던 오다 노부나가(織田信長)의 첩의 아들이라 했다. 그러므로 그의 시조가 히데요시와 각별한 인간관계를 맺고 있었을 가능성은 다분히 높다는 것이다.

그에 대한 또 하나의 증거는 히데요시가 죽자 도쿠가와 이에야스(德川家康)를 비롯한 동부 지역의 무사들이 반기를 들었을 때 그의 시조는 히데요시의 측근으로서 전쟁에 참가했을 정도로 그와는 각별한 사이였다는 것이다. 이러한 관계로 인하여 히데요시를 경유, 울산동백이 현재의 이곳으로 이사를 오게 되었을 지도 모른다는 것이 그의 추정이자 설명이었다.

또 한그루를 가지고 있는 서방니사(西方尼寺)는 천태진성종(天台眞盛宗)이라는 종파에 속하는 절이었으며, 또 이곳은 여스님들만 거주하는 비구니 사찰이다. 이곳의 울산동백은 아무나 볼 수 있는 절의 앞뜰에 있는 것이 아니라, 그 집에 거주하는 식구들만이 볼 수 있는 뒤뜰 그늘진 곳에 홀로 서 있었다. 나무의 높이는 약 10미터 가량 되었고, 밑둥치의 둘레는 110센티 정도 되었으며, 나이는 약 400년이 된다고 했다. 나무의 옆에는 춘사에서도 보았던 '오색팔중산춘(五色八重散椿)'이라는 팻말이 꽂혀져 있었다. 이를 보더라도 춘사의 울산동백과 같은 종류의 수목임을 금방알 수 있다.

이 절의 주지를 맡고 있는 후지와라 세이온(藤原盛恩)씨에 의하면 울산동백이 이 절에 오게 된 것은 '약 400여 년 전 센노 리큐(千利休)가 히데요시로부터 그 수목을 하사받아 이곳에 심었던 것이며, 춘사의 동백과 같은 묘목이라고 설명했다. 그녀는 또 이 나무를 심은 센노 리큐는 무척이나 이 나무를 좋아 했다고 한다. 센노리 큐는 일본다도의 완성자이다. 그러한 그가 울산동백을 사랑한 것이었다.

일본의 다도에는 와비스케(侘助)라는 용어가 있다. 일본 고전 정원 건축가인 미야모토 겐지(宮元健次)씨는 다실의 도코노마(床の間)이라는 공간에 조선에 구해온 동백꽃 한 송이를 꽂아두는 것이라고 설명한 적이 있다. 그의 말 대로라면 다도가 열릴 때 마다 조선에서 동백꽃을 구한 것이 된다. 그러나 그것은 가능한 일이 아니다. 그가 말하듯이 조선의 동백을 구했다고 한다면 그것은 다름 아닌 임란 때 울산에서 가져간 조선의 동백이었을 가능성이 매우 높다.

이와 같이 가토 기요마사가 울산에서 가져간 동백은 그의 주군인 도요토미 히데요시(豊臣秀吉)에게 바쳐졌으며, 이를 다시 히데요시가 자신이 총애하는 신하들에게 나누어 주어 오늘날과 같이 여러 곳에 흩어져 있게 되었고, 또 그것은 일본다도를 장식하는데 중요한 역할을 하였음을 알 수 있다.

3.2. 센다이의 조선 매화

일본 동북지역의 중심도시인 센다이(仙台)에는 조선매화라는 나무가 있다. 이를 우리의 학계에 소개한 사람은 일문학자 성해준과 역사학자 정재정이었다. 성해준은 센다이에는 서암사라는 불교사찰이 있는데, 그 절에는 조선매화가 있으며, 그것은 이 지역의 영주인 다테 마사무네 (伊達政宗:1567-1636)가 임란 때 조선에서 가져간 것이라 소개했다.[22] 여기에서 보듯이 성해준은 이 나무의 고향이 조선이라고 했을 뿐 구체적으로 어디라고 밝히지는 않았지만, 그에 비해 정재정은 이 나무들은 마사무네가 진주에서 가져간 것이라고[23] 구체적인 지명까지 언급하고 있다.

성해준은 마사무네에 대해 다음과 같이 설명했다. "그는 야마가타현의 요네자와 출신으로, 어릴 때 이름은 본텐마루(梵天丸)이었으며, 10세 때 성인식을 한 후 마사무네로 개명했다. 그는 일찍이 한쪽 눈을 잃어 애꾸눈이었기 때문에 독안룡(獨眼龍)이라는 별명도 가지고 있다. 그는 미야기현(宮城縣)을 대표하는 무장으로서 널리 알려져 있는

〈그림 28〉 다테 마사무네

데, 일본에서는 성격은 급하지만 총명하고 의리를 존중하는 무장으로 인상이 깊다. 그는 1592년 정월에 센다이를 출발하여 그 해 2월 13일에 교토에 도착 하여 히데요시로부터 조선침략에 가담하라는 명령을 받고 서, 1593년 군사를 이끌고 부산포에 도착했다. 그리고는 울산을 거쳐

---

22) 성해준(2006) 앞의 책, pp.522-523
23) 정재정(2007) 앞의 책, p.144

양산에다 자신의 주진지를 구축했다. 그리고는 6월 28일에는 여러 장수들과 함께 진주를 공략했으며, 그 후 조선을 돌아다니다가 9월에 히데요시의 명에 따라 철수하고, 1595년에 센다이의 영지로 돌아갔다. 그는 전쟁 수행 중에 당시 병에 걸려 죽은 동료장수 그리고 일본군에 의한 조선백성들의 무차별 살상당하는 모습을 목격하고 측근들에게 침략전쟁의 잘못됨과 전쟁의 무의미함을 편지로 전했다"고 한다.[24]

이러한 그가 조선의 진주에서 매화를 가지고 가서 그의 본거지인 센다이에다 심은 것이 오늘에 전하고 있는 것이다. 와룡매와 같은 성격의 매화는 한국에서도 희귀품종이다. 그러므로 그에 대한 우리의 아쉬움은 더더욱 크지 않을 수 없다.

그런데 이러한 조선매화가 서암사에만 있는 것이 아니었다. 일본의 민속학자 마키노 카즈하루(牧野和春)에 의하면 조선매화는 센다이시 古城 2丁目 미야기 형무소 내에도 있으며, 그것은 수령 200여 년이나 되는 고목이며, 1593년 이 지역의 영주인 마사무네가 조선에서 가지고 온 것이라 했다. 그리고 현재의 것은 마사무네가 가지고 온 것의 2세이며, 높이가 9미터, 가지가 동서로는 17미터, 남북으로는 22미터로 퍼져 있으며, 둥치의 폭은 1,7미터나 되는 거목이라고 했다.[25]

조선매화가 일본으로 건너간 시간을 생각하면 그 나무는 일본에서 뿌리를 내리고 가지를 쳐서 몇 명의 자식을 낳았을 가능성이 있다. 그렇다면 조선매화는 울산동백처럼 다른 곳에서도 얼마든지 있을 수 있다. 아닌게 아니라 조선매화는 서암사, 미야기 형무소 말고도 두 군데나 더 있었다. 구백작 저택, 니시공원(西公園)의 조선매화가 바로 그것이다.

....

24) 성해준(2006) 앞의 책, p.522
25) 牧野和春(1986) 『巨樹の民俗學』 恒文社, p.181

구 백작의 저택의 것은 잘 알려지지 않았을 뿐 아니라 미야기 형무소의 것처럼 공개하기 어렵기 때문에 일반인들이 보기는 쉽지 않으니, 니시공원의 것은 일반인들에게 공개되기 때문에 누구나 쉽게 접근할 수 있다. 그러나 니시공원의 조선매화는 오래된 것이 아니다. 1875년(明治8)에 분식한 것으로 알려져 있다. 다시 말하자면 원조의 손자뻘 정도 되는 나무인 셈이다. 한편 서암사의 것은 1609년(慶長14)에 이 절의 낙성식 때 마사무네가 심은 것으로 전해지고 있다.

무엇 때문에 선비를 상징하는 조선매화가 살벌한 형무소의 정원에 있는 것일까? 여기에는 특별한 이유가 있었다. 마사무네가 조선에서 가져간 매화를 처음에는 자신이 거주하는 센다이 성(仙台城)에다 심었다가 자신이 은퇴하고 거처를 와카바야시 성(若林城)으로 옮겼을 때 조선매화도 다른 것과 함께 가져가 심었다. 이처럼 그는 조선매화를 매우 소중히 여겼음을 알 수 있는데, 그 와카바야시 성이 오늘날 사라지고 그 터를 오늘날 미야기 형무소로 사용하고 있기 때문이었다. 바꾸어 말하면 성과 성주는 사라지고 그들이 사랑했던 조선매화만 그곳에 남아 오늘에 이르고 있는 것이다.

〈그림 29〉 센다이의 와룡매

그런데 이곳의 조선매화는 매우 특징적이다. 즉, 나무가 용이 지면에 엎드려 누워있는 형상을 취하고 있는 특성을 지니고 있다. 처음부터 그러했던 것은 아니었다. 마사무네가 와카바야시 성에 이식한 후부터 이상하게도 가지가 포도넝쿨처럼 휘어져 자라나 그것을 땅에 누워있는 용이라는 뜻으로 와룡매(臥龍梅)라고도 했다.

특히 서암사의 와룡매는 두 그루나 있는데, 그 꽃의 색깔에 따라 홍매(紅梅)와 백매(白梅)라 부르고 있다. 본당을 향해 서서 왼쪽의 것이 백매, 오른쪽의 것이 홍매이다. 앞에서 성해준과 정재정이 두 그루 모두 조선에서 잡혀간 나무로 보았으나 섣불리 그렇게 결론을 내리기는 어렵다. 왜냐하면 그 중 한그루인 홍매가 다른 것과 달리 와룡매적인 성격이 적고, 비교적 하늘을 향해 직립하여 자라나고 있기 때문이다. 그리고 꽃의 색깔도 다른 조선매화와는 달리 홍조를 띠고 있는 특징도 가지고 있다. 센다이에 분포되어있는 조선매화는 모두 흰색의 꽃을 피우는 백매이다. 이러한 점을 감안한다면 홍매는 매우 이질적이라 하지 않을 수 없다. 어쩌면 홍매는 조선의 것일 수도 있고, 아닐 수도 있다. 아무튼 이러한 특징을 파악한 서암사측은 홍매와 백매라는 이름이외에도 백매를 용이 승천하는 모습을 취하고 있다 하여 노보리류(昇り龍)이라 하고, 홍매는 용이 하늘에서 내려오는 모습을 취하고 있다 해서 오리류(降り龍)이라 하고 있다.[26]

이렇게 일본군에 납치된 조선매화나무가 구마모토 성(熊本城)에도 있다고 한다. 이것은 마사무네가 가지고 간 것이 아니라, 가토 기요마사가 가지고 간 것으로 전해지고 있다. 전하는 말에 의하면 크기와 모양은 센다이의 것보다 훨씬 빈약하다고 한다.[27] 이처럼 조선매화를 비롯한 일본인들에게 진귀하게 보였던 조선나무들은 당시 조선에 와있었던 장수들에 의해 일본으로 납치당하였음을 알 수 있다.

----

26) 柳田知怒夫(1963)「政宗と臥龍梅」『韓來文化の後榮(中)』<金正柱編>, 韓國資料研究所, p.101
27) 柳田知怒夫(1963) 앞의 책, p.107

3.3. 나고야성과 카가와현의 조선 소철(蘇鐵)

일본군에 납치당한 나무 가운데는 소철나무도 있었다. 그 증거가 임
진왜란 때 일본군의 전초기지였던 나고야성(名護屋城) 안 광택사(廣澤
寺)라는 절에 있다. 원래 이곳은 사찰이 아니라 히데요시가 진두지휘한
다는 명목 하에 그곳에 머물면서 사취스러운 생활을 하였던 곳이었다.
이러한 곳에 히데요시 사후에 그의 애첩이었던 히로사와 쯔보네(廣澤
局)가 1609년(慶長 14)에 히데요시의 사후안락을 위해 건립한 것이 바
로 이 절이라는 것이다. 초대주지는 정찰화상(庭察和尙)이 맡았다.

히로사와 쯔보네는 이 지역의 영주인 히로사와 케이류쯔(廣澤經述)
의 여동생이다. 그녀의 오빠인 케이류쯔은 히데요시가 나고야 성을 짓
는데 사용할 토지로 스스로 자신이 거처하는 카키조에성(垣添城)을 히
데요시에게 헌상했다. 그 자리에 지은 것이 나고야성인 것이다. 이것이
인연이 되어 자신의 여동생인 히로사와쯔보네가 히데요시의 애첩이 되
었던 것이다. 지금도 이 절에는 히데요시의 머리카락을 묻은 유발총(遺
髮塚)이라는 무덤이 전해오고 있다.

이러한 절의 정원에 엄청나게 큰 소철나무가 있다. 이 소철나무는
히데요시가 무척 아꼈다고 하며, 1924년(大正13) 2월에 내무성으로부
터 천연기념물로 지정되어 그 명성은 더욱 높아졌고, 많은 사람들로부
터 소중히 보존되어 오고 있다. 전하는 바에 의하면 이 소철나무도 가
토 기요마사가 조선에서 가지고 간 것이라 한다.[28] 소철나무가 원래
따뜻한 지방에서 자라난다는 사실을 감안한다면 우리나라에서도 날씨
가 온화한 남부지방이 고향이거나, 아니면 남국에서 구한 것을 분재로

---

28) 瀧口康彦(1991) 『佐賀歷史散步』 創元社, p.40

<그림 30> 광택사의 소철나무   <그림 31> 법천사의 소철나무

서 소중히 길렀던 것을 약탈해간 것일 가능성도 없지 않다.

　조선에서 건너간 소철나무는 시코쿠(四國)의 카가와현(香川縣) 다카마츠시(高松市) 시내에 자리잡고 있는 법천사(法泉寺)에도 있다. 법천사는 임제종 묘심파(妙心派)에 속하는 사찰로, 산호(山號)는 용송산(龍松山)이며, 본존불로는 석가모니불좌상을 모시고 있다. 이 절은 이코마 카즈마사와 마사토시의 묘가 있는 이코마씨의 보리사(菩提寺:원찰)이며, 임란과 정유의 왜란 때 조선으로 출병한 이코마 카즈마사와 치카마사의 부자를 비롯한 치카마사의 아들인 마사토시(正俊)의 초상화를 보관되어있다.

　그런 만큼 이 절은 임진왜란과도 밀접한 관련을 가지고 있다. 가령 이 절의 범종은 원래 비젠(備前) 카나오카(金岡:현재 岡山市 西大寺)의 구보하치만(窪八幡)에 있었던 것인데, 이코마 치카마사와 카즈마사의 부자가 조선으로 출병을 할 때 그것을 조선에 가지고 가서 군사들 지휘를 할 때 사용했다고 하며, 그리고 귀국 후에는 이 절에 기증을 했다고 한다. 이처럼 이 절의 범종은 전쟁으로 말미암아 조선을 다녀온 경험이 있는 유서 깊은 문화재이었다.

　이 절의 범종이 조선을 다녀가면서 혼자가지 않았다. 그것과 함께 조선의 소철나무가 포로가 되어 바다를 건너 이 절 경내 정원에 자리 잡았다. 현재 그 소철은 명치시대 때 세워진 충혼탑 앞 양쪽에 무성하게 자라나 있다. 이것을 말해주는 안내판에도 수령이 400년이라는 것과 함께 조선에서 가져온 것이라고 명확히 표시해놓고 있을 만큼 그것의 고향이 조선임을 숨기지 않았다. 2007년 6월 21일에는 다카마츠시가 조선의 소철나무를 "시민에게 자연의 은혜를 가져다 준 이 나무를 오랫동안 보존하기 위해 다카마츠시의 명목으로 지정한다."고 하며 제 67호로 지정하여 관리하고 있다. 그리고 충혼탑을 향해 오른쪽 소철나무 앞에는 "우동을 바치고 어머니 저도 잘 먹겠습니다."는 싯구가 새겨진 비석이 놓여져 있다. 고향에서 멀리 떠나온 나무 앞에서 이 고장의 명물인 사누키 우동을 놓고 어머니에 대한 효를 강조하고 있는 것이었다. 이처럼 왜군들은 임란과 정유의 왜란을 통하여 사람뿐만 아니라 동식물도 함께 약탈하여 갔음을 여기에서도 확인할 수 있다.

3.4. 다케다의 조선 목단

오이타현(大分縣) 다케다시(竹田市)의 죠호쿠쵸(城北町)에는 영웅사(英雄寺)라는 사원이 있다. 이 사찰은 이 지역 나카가와번(中川藩)의 2대 영주인 나가가와 히사모리(中川久盛)가 조부인 사쿠마 모리마사(佐久間玄蕃: 1554－1583)의 영혼을 위

〈그림 32〉 영웅사의 조선목단

로하기 위하여 1644년(寬永21)에 건립한 것으로 알려져 있다. 이 절에

조선에서 가져간 목단이 있다. 관계자의 말에 따르면 임진왜란 때 이곳 영주 나가가와 히데나리(中川秀成)는 군사를 이끌고 조선으로 출병했으며, 그 때 그의 형 히데마사(秀政)도 함께 출정을 하여 전사하자, 그를 위하여 조선에서 발견한 목단을 부하인 나가타신에몬히테모리(永田新右門秀盛), 무라지고로타유(村冶五郎大夫), 고오리지로베이(郡次郎兵衛)에게 명하여 일본으로 가지고 가 자신의 영지에 심어두게 하였다. 그 후 영웅사가 건립되자 경내로 옮겨 심고, 그의 형을 비롯한 조선에서 전사한 사람들의 영혼을 위해 빌었다 한다.

이러한 유래를 가지고 있는 조선목단을 이 절에서는 잘 가꾸고 번식시켜 현재 250여 개나 될 정도로 그 수를 늘였으며, 활짝 피는 매년 4월 하순이 되면 이곳에서 목단축제가 벌어지고, 이를 보기 위하여 많은 사람들이 몰려들며, 이들에게는 목단주(牧丹酒)가 제공된다고 한다.

3.5. 야나가와의 조선인삼과 조선솔

후쿠오카현 남부지역에 위치한 야나가와(柳川)는 물의 도시로 유명하다. 특히 조선의 문학청년 김소운에게 영향을 끼친 키타하라 하쿠슈(北原白秋)의 고향으로도 이름 나 있다. 그런데 이곳의 영주 다치바나 무네시게(立花宗茂)는 임란 때 군사 2,500명을 이끌고 조선으로 출병했다. 그들도 여느 군대와 마찬가지로 조선에서 전쟁을 수행하면서 사람은 물론 진귀한 식물을 가지고 갔는데, 특히 이들은 인삼의 묘종을 가지고 간 것으로 알려져 있다. 그 흔적을 『입화회람기(立花懷覽記)』에서 찾을 수 있는데, 그 내용을 소개하면 다음과 같다.

임란때 무네시게를 따라 간 병사가 통역을 통하여 인삼 묘종을 구하

여 야나가와(柳川)의 성읍에 보냈다. 귀향할 때 포로로서 조선인을 데
리고 온 자에게 八女郡北田庄男子村(현 立花町)에 재배케 했다. 그 후
같은 군 本山 및 邊春 지방(立花町), 三池郡 飯江村(高田町) 등에도 재배
케 한 일이 있다. 飯江村 龜谷의 山上에 약 1정보(약 1만평방 미터) 정도
를 인삼 밭으로 만들어 文久, 元治(1860년경)까지 지속했다.29)

여기에서 보는 것처럼 그들은 조선에서 인삼의 묘종을 구하여 그들
의 지역으로 보냈고, 이를 조선인 포로로 하여금 오토코노무라(男子村)
에서 재배케 하였으며, 그 후 여러 곳에서 인삼재배를 시도하여 보았으
나 제대로 되지 않았는지 1860년경에 그만두고 말았다는 것이다. 다시
말하여 시험재배에 실패하고 만 것이었다. 지금도 이곳에는 인삼산이
라는 지명이 남아있다고 한다. 이처럼 이들은 조선의 특산물인 고려인
삼까지 가지고 갔음을 이상의 기록과 지명 등을 통하여 알 수 있는 것
이다.

역사학자 김문길에 따르면 야나가와 혼고가와(本鄕川)이라는 강가에
는 임진왜란 때 조선침략에 참여한 다치바나 무네시게가 가져간 소나
무가 대량 심어져 있다 한다. 그 소나무는 경북 북부지방과 강원도 태
백산맥에서만 볼 수 있는 춘향목으로서 오늘날 천연기념물로 지정되어
보호받고 있다고 한다.30)

3.6. 가나자와의 조선 오엽송

조선에서 건너간 소나무는 야나가와에만 있는 것이 아니었다. 지금

---

29) 尹達世(2003) 『四百年の長い道』 リーブル出版, p.190
30) 김문길(1995) 앞의 책, pp.188 - 189

<그림 33> 가나자와의 조선솔

까지 알려진 바에 의하면 가나자와의 겐로쿠인(兼六園) 부근 교쿠센인(玉泉園)이라는 정원에 조선 오엽 소나무가 우뚝 서있다. 이 소나무는 특이하게도 가지가 두 개로 나뉘어져 있는데, 둘레 2, 02미터, 높이 20미터 정도가 되며, 매년 초여름에는 붉은 꽃이 핀다고 한다. 수령은 350여 년이 된다고 한다.

그런데 이런 조선솔이 무엇 때문에 여기에 있는 것일까? 여기에는 이 옥천원의 주인과 각별한 관계 때문이었다. 옥천원은 원래 와키다 나오요시(脇田直能)라는 사무라이의 개인 저택이었다고 한다. 와키다 나오요시는 다름 아닌 조선사람의 후예이었다. 그는 임진왜란 때 일본군에 의해 서울이 함락되어 우키다 히데이에(宇喜多秀家)와 끝까지 싸워 전사한 김시성(金時省)의 아들 김여철(金如鐵)이었다.

김여철에 의하면 그의 아버지 김시성은 한림학사를 지낸 양반이라 했다. 일문학자 최관은 실제로『광산김씨세계도』에 그의 이름을 찾아볼 수 있다 한다. 즉, 25세손 사온직장공파 부제학파에 시척, 시성의 형제에 관한 기록이 나오는 것이다.[31] 그것에 의하면 시성은 자가 근부이며, 성균관 진사로서 1558년에 문과에 급제하였으며, 임란 때 형 진사공(時惕)과 함께 어머니를 구하려다 구하지 못하고 적의 칼에 죽으니, 조정에서 가상히 여겨 삼강록에 올리고 특별히 통정대부 승정원 좌승지에 추증하고 아울러 정려를 명받은 것으로 되어있다.[32] 이처럼 김

----

31) 최관(2005) 앞의 책, p.576
32) 최관(2005) 앞의 책, p.576

여철은 비록 어릴 때 포로가 되어 일본에 거주하는 처지가 되었지만, 아버지 김시성에 관한 기록은 뚜렷하게 기억하고 있었던 것이다.

김여철은 7살 때 우키다군에게 포로가 되어 처음에는 우키다의 영지인 오카야마에 있었다. 그러다가 우키다의 처가인 가가번(加賀藩)의 마에다 도시이에(前田利家)에게 보내져 도시이에의 4녀인 고히메(豪姬)에게 맡겨졌고, 그 이후 8살 때 다시 가나자와(金澤)의 도시이에의 부인인 호슌인(芳春院)에게 보내져 자라났다. "호슌인은 매우 자비로우셔서 적자이신 도시나가에게로 나를 보내어 호슌인 모자 두 분의 양육으로 성장하였다."는 그의 고백에서 보듯이 호슌인은 그를 특별히 총애하였던 것 같다. 그리고 그 후 호슌인과 도시나가(利長)의 배려로 가가번의 무사로서 생활하게 되었다. 그 때 당시 그의 생활을 엿볼수 있는 기록이 그의 자서전과 같은『여철가전기(如鐵家傳記)』에 적힌 내용이다. 그와 관련된 부분을 소개하면 다음과 같다.

도시나가경이 엣츄 도야마에 은거하실 때 그곳으로 나를 데리고 가셨다. 아직 어렸지만 은상으로 100석을 받았고, 그 후 130석을 가증받아 근시로서 봉공하였다. 가에쯔노(加越能) 세 지방의 무사나 농공상에 이르기까지 대부분의 일을 처리하도록 분부를 받아 거행하였다. 그런데 처자가 없어서 와키타 시게유키의 질녀와 결혼하여 성을 와키타로 바꾸었다. 점차 근시 업무가 활발해질 때 참언하는 자가 있어서 1년간 폐거하였다. 이 일이 없었더라면 거듭 은상을 받았을 것인데 불행천만이었다.[33]

여기에서 보듯이 그는 도시나가가 은퇴하여 도야마로 거처를 옮길

----

33) 최관(2005) 앞의 책, p.578

때 데리고 가서 근시로서 100-130석의 녹을 주는 무사로 고용되어 3
지역을 맡아 관리했다. 그리고 와키타 집안의 딸과 결혼하여 성도 이름
도 와키타 나오카다(脇坂直賢)로 바꾸어 버렸다. 1605년 그의 나이 20
세의 일이었다. 와키타 집안은 마에다가(前田家)의 가신이었다. 이러한
집안이기 때문에 그의 결혼은 아마도 호슌인과 도시나가의 힘이 컸을
것이다. 성은 물론 이름도 바꾸어 버린 것으로 보아 그것에는 일본인으
로 살겠다는 의지가 베어나 있었는지 모른다. 그러나 그의 성씨를 처가
에 따르고 있는 것을 보면 그의 결혼은 단순히 일본여성과의 결혼이
아니라 아들이 없는 집안에 대를 잇기 위하여 들어가는 사위양자가 된
것 같다.

이렇게 일본식으로 이름을 바꾸었기 때문에 그의 아들은 당연히 와
키타 집안의 적자로서 와키타 나오요시(脇田直能)라는 이름으로 사회
에 등장하게 된 것이다. 김여철은 가가번의 무사로서 1614년 오사카
여름전투에서 전공을 세워, 御使番, 三筒國御算用場奉行, 御小姓頭, 公事
場奉行, 金澤町奉行 등 요직을 두루 역임했다. 그는 가나자와 성(金澤城)
바로 옆에 있는 자신의 집에 정원을 꾸미고, 그 정원을 교쿠센인(玉泉
園)이라는 이름을 붙였다. 옥천원이란 가가번의 2대 번주 부인의 이름
을 따온 것이다. 이 정원은 지천회유식(池泉回遊式)에 속하며, 연못의
물줄기는 가가번주의 정원인 겐로쿠엔에서 끌어다가 정원을 만들었다
고 한다.34) 그만큼 가가번주로부터 그의 신임은 두터웠다.

이 정원은 김여철이 모두 완성한 것은 아니다. 김여철이 시작하여,
그의 아들 나오요시, 또 손자 나오나가(直長), 증손자 구베이(九兵衛)를
거쳐 완성되었다. 즉, 4대가 걸린 셈이다.

34) 최관(2005) 앞의 책, p.580

김여철은 1660년 75세 나이로 일기를 마쳤다. 그리고 죽어서는 자신의 무덤을 조선식 봉분형태로 묻어달라고 후손들에게 유언을 남겼다고 한다.[35] 그의 아들 나오요시도 가나자와 마치부교(金澤町奉行)를 역임했다. 마치부교란 오늘날 시장정도의 직책이니 그들은 조선인 포로이지만 가가번의 유능한 관료무사로서 출세를 하였던 것이다.

이러한 그들이 살았던 저택에 조선 소나무가 서있는 것이다. 오늘날 그 소나무를 설명하는 표시판에는 "고향을 그리워하는 나오카타의 부자가 조선에서 구입한 것을 이식했다."고 설명되어 있다. 그가 어떤 경로를 통해 어디에서 가져온 것인지 알 수 없지만, 일본에서 보기 드문 조선 오엽송이라고 알려져 있다. 이처럼 옥천원의 조선 오엽송은 김여철 부자에 있어서 망향의 소나무이었던 것이다. 현재 이 집은 1878년에 니시다(西田) 집안에 매각된 것으로 알려져 있다. 그들은 7대째 내려가던 조선포로 집안 와키타는 명치유신 이후 가가번을 떠나버렸다. 이로 말미암아 조선 오엽송은 고향을 그리워하는 조선포로의 후예가 아닌 그들을 데리고 간 일본인의 후예를 새로운 주인을 맞이하여 오늘에 이르게 된 것이다.

4. 마무리

도요토미 히데요시가 일으킨 임진왜란은 한일양국에 있어서 엄청난 변화를 가져다 준 전쟁이었다. 그에 대한 연구가 활발하게 진행되고 있으나 그로 인해 일본으로 포로로 잡혀간 연구는 아직도 미진한 상태에

---

35) 민덕기(2008)「임진왜란기 납치된 조선인의 일본잔류 배경과 그들의 정체성 인식」『한국사연구』140, 한국사연구회, p.51

있다. 그 숫자가 정확히 얼마나 되는지도 파악되지 않은 채 막연히 수
많은 사람이 잡혀갔다고 말들 하고 있다. 그리고 포로들 가운데 어떤
사람들이 있었고, 또 일본 어디에서 어떤 삶을 살았는지에 대해서도 제
대로 알려지지 않은 채 오늘에 이르고 있다.

이처럼 사람들에 대한 연구도 미진한데 하물며 그 때 건너간 동식물
에 관한 연구는 물론 소재 파악조차도 제대로 이루어지지 않았다. 이에
본장에서는 가장 기초적인 작업이지만 일본에 있어서 임란포로소재를
파악하는 작업의 일환으로 동식물을 다루어 본 것이다. 즉, 동식물도
전쟁으로 인한 물적교류의 상징이기 때문이다.

이상에서 살펴보았듯이 임란과 정유왜란을 통해 조선에서 일본으로
납치되어간 동식물이 많았다. 그 종류도 다양하여 동물로는 큐슈 북부
의 까치, 가고시마의 우시우마라는 말이 있으며, 또 죽어서 일본인들의
한방약이 된 조선호랑이가 있었다. 그리고 식물로는 교토의 사원과 농
가에 있는 울산동백이 있고, 센다이에 조선 매화, 야나가와에는 고려인
삼과 조선 소나무, 또 가나자와에는 조선포로가 구입한 조선오엽송이
있었으며, 다케다의 한 사원에는 조선에서 가져간 목단, 나고야성 그리
고 토쿠시마 사원의 뜰에는 조선 소철나무가 서 있었다. 정유재란 때
왜군에 납치되어 토쿠시마(德島)에서 3년 가량 피랍생활을 하다가 귀
국한 정희득의 기록에도 포로가 된 조선의 동물들을 찾을 수 있다. 즉,
그의 저서인 『해상록』에 의하면 그가 피랍되어있던 토구시마의 영주
이에마사(家政)의 집 뜰에는 조선에서 잡아간 학, 거위, 기러기, 꿩 등
여러 가지 새들이 있었다고 기록하고 있기 때문이다. 이처럼 일본은 조
선에서 전쟁을 수행하면서도 상품적 가치가 있는 사람과 물건(문화재)
뿐만 아니라 진귀한 동물과 식물이 있으면 납치하여 가져갔던 것이다.

키타큐슈시(北九州市)의 어느 마을에는 수령이 약 400여 년 되는 고

목의 은행나무가 있는데, 한 생물학자가 조사한 바에 의하면 그 나무의 유전인자는 매우 특이하여 보통 일본에 있는 은행나무의 것과는 다르며, 그것과 똑같은 인자를 가지고 있는 나무가 바다를 건너 한국의 경북 구미에 있는 어느 마을의 은행나무와 일치된다는 말을 들은 적이 있다. 만일 그것이 사실이라면 임란이 발발한 것이 400여 년 전이라는 사실을 감안한다면 이 나무도 어쩌면 임란 때 왜군에 의해 포로가 되어 바다를 건너 일본으로 갔을 가능성은 매우 높다. 여기에 대한 확증 지을만한 문헌이 없다는 것이 유감스럽지만, 시간을 두고 구전과 문헌 그리고 현장조사 등을 통하여 찾는다면 이상에서 제시한 것보다 더 많은 조선의 동식물들을 찾아낼 수 있을 것이다. 앞으로 여기에 대해서 지속적인 관심을 가지고 조사해볼 필요가 있다. 그렇게 함으로써 임란포로가 된 조선의 동식물을 보다 정확하게 밝혀낼 수 있을 뿐만 아니라 그로 인해 물적교류의 한 부분을 파악할 수 있기 때문이다.

참고 문헌

김문길(1995)『임진왜란은 문화전쟁이다』혜안

노성환(1997)『일본 속의 한국』울산대 출판부

_____(2008)「일본 사가시에 남은 임진과 정유왜란」『일어교육』46

민덕기(2008)「임진왜란기 납치된 조선인의 일본잔류 배경과 그들의 정체성
인식」『한국사연구』140, 한국사연구회

성해준(2006)「일본 속의 한국문화」『일본어문학』32, 일본어문학회

정재정(2007)『교토에서 본 한일통사』효형출판

최관(2005)「김여철, 일본명 와키타 나오카타에 대한 고찰」
『일본학보』65-2, 한국일본학회

阿部桂司(1979)「更紗と李九山」『季刊 三千里』17, 三千里社

今村鞆(1995: 295),『歷史民俗 朝鮮漫談』<復刻板>, 國書刊行會

浦川和也(2007)「カササギとウシウマ 文祿, 慶長の役の中で移植された動物」
『秀吉と文祿, 慶長の役』佐賀縣立名護屋城博物館

瀧口康彦(1991)『佐賀歷史散步』創元社

奈良本辰也(1993)「燒物と朱子學に伝わる技と心」『文祿, 慶長の役』學研

日本傳說拾遺會 監修(出版年度 未詳)『日本の傳說(14) −北九州−』山田書院

牧野和春(1986)『巨樹の民俗學』恒文社

柳田知怒夫(1963)「政宗と臥龍梅」『韓來文化の後榮(中)』<金正柱編>,
韓國資料研究所

山本常朝(1983)『葉隱 (下)』<松永義弘, 譯>, 敎育社

尹達世(2003)『四百年の長い道』リーブル出版

제**6**장

사가의 임란유적

일본에 남은 임진왜란

제6장

사가의 임란유적

1. 머리말

임란과 정유왜란 중에 일본군에 피랍되어 일본으로 건너간 사람들은 부지기수이다. 역사학자 민덕기는 사료에 의거하여 구체적으로 산출한 결과 9−14만 명 정도라고도 했다.[1] 이러한 상황을 본다면 당시 일본으로 건너간 조선인들은 엄청나게 많았음을 알 수 있다. 이들이 일본에서 보낸 삶의 역사에 대해 우리는 조금이라도 알 수 없을까?

이러한 움직임이 우리의 학계에서도 조용히 일어나고 있는 것 같다. 신일철,[2] 김태준,[3] 이경희[4]등이 도공들과 유학자를, 그리고 김옥희가 기독교도가 된 조선여성에 초점을 맞추어 연구한 적이 있다.[5] 그러나 시점을 조금 바꾸어 지역에 초점을 맞추어 그 지역에서 조선인을 찾아

---

1) 민덕기(2005)「임진왜란 중의 납치된 조선인 문제」『임진왜란과 한일관계』 경인문화사, p.395
2) 신일철(1976)「임란 때 잡혀간 조선도공들」『문학사상(10)』 문학사상사
3) 김태준(1977)「고려의 자손들과 임란의 도자문화」『임진난과 조선문화의 동점』 한국연구원
4) 이경희(1979)「임진왜란에 포로된 도공들의 행방」『대구공전 논문집(1)』 대구공전
5) 김옥희(1985)「임란때 납치된 조선여성들의 일본에서의 순교와 신앙생활」 『사학연구(36)』

내고 그들이 어떤 역사적 흔적을 남겼는지에 대한 연구는 아직도 미진한 편이다.

　그에 비해 일본에서도 지역에 거점을 두고 조선인들을 연구한 사례는 그다지 많은 편이 아니다. 그러나 근년에 접어들어 여기에 관심을 가지고 행한 연구들을 쉽게 발견할 수가 있다. 그 대표적인 예로 쓰루조노 유타카(鶴園裕)[6]의 가가번(加賀藩)의 조선인 포로에 대한 연구를 비롯하여, 나카무라 타다시(中村質)[7]의 나가사키(長崎), 키베 카즈아키(木部和昭)[8]의 하기번(萩藩)의 조선인 포로에 대한 연구 등을 들 수가 있을 것이다.

〈그림 34〉 나베시마 나오시게

　큐슈 북부에 자리잡고 있는 사가현은 과거 나베시마씨가 지배했던 영지이었다. 그들의 시조격인 나베시마 나오시게는 임진과 정유왜란 때 군사를 이끌고 조선 침략에 가담하였을 뿐 아니라 그가 철수를 할 때 많은 조선인들을 납치해 간 것으로 널리 알려져 있다. 특히 그는 조선도공들을 많이 잡아간 것으로 유명하다. 그리하여 학계에서는 그가 잡아간 조선도공에 대해서는 관심이 높아 연구도 어느 정도 이루어지고 있다. 그러나 그가 잡아간 사람은 도공뿐만 아닐 것이다. 도공이 아닌 다른 분야에 종사하는 조선의 피랍인들도 있었을 것이다. 그러한 흔적은 여기저기

6) 鶴園裕(1990) 『日本近世初期における渡來朝鮮人の硏究 －加賀藩を中心に－』科學硏究費補助金硏究成果報告書
7) 中村質(1992) 「壬辰丁酉倭亂の被虜人の軌跡 －長崎在住者の場合」『한국사론(22)』국사편찬위원회
8) 木部和昭(1999) 「萩藩における朝鮮人捕虜と武士社會」『歷史評論(593)』

서 감지된다. 그 대표적인 예로 1930년대 이 지역의 도자기 연구가로
이름을 떨친 나카시마 히로키(中島浩氣)의 저서인『비전도자사고(肥前
陶磁史考)』를 들 수가 있을 것이다. 이 책은 아직도 사가의 도자기 역사
연구에서는 기본도서로 통할 만큼 중요한 위치를 차지하는데, 그 내용
가운데 사가시의 토진마치(唐人町)라는 지명에 관해 간략히 설명하고
있는데, 거기에서 도공이 아닌 조선인 포로들에 대해 언급하고 있는 것
이다. 그 부분의 내용을 소개하면 다음과 같다.

> 토진마치(唐人町), 정한의 때에 우리 나베시마군을 따라온 한인들이
> 있었다. 사가성 아래에 온 자들이 180명이나 되며, 이 때에 많은 한인들
> 은 일본군을 위해 길 안내를 하거나, 혹은 식량을 보급하거나, 또는 여
> 러 가지 편의를 제공한 자들인데, 그렇다고 해서 모두 자진하여 온 자들
> 은 아니었다. 대부분은 우리 군사들에게 위협을 받거나 어쩔 수 없이
> 따라온 자들일 것이다. 이 때 사가에 귀화한 한인들 가운데는 의술에
> 조예가 깊은 임일덕(林一德), 임영구(林榮久) 부자가 있었고, 그의 자손
> 은 하스이케번(蓮池藩)의 무사가 되어 타케시마(竹島)라 했다. 그리고
> 의약에 정통한 구야마 도세이(九山道淸)가 있었는데, 그는 후에 쇼자에
> 몬(庄左衛門)이라는 이름으로 바꾸고, 성 아래에서 한베이사라사(半兵
> 衛更紗)를 만들었다. 그 중에는 나오시게가 진성(晋城)으로부터 데리고
> 온 소년이 훗날 능서가가 된 홍호연(洪浩然)도 있었다. 그 밖에도 行李
> 工, 飴工, 織工도 있었다.[9]

이상의 내용에서 보듯이 사가에는 임진과 정유왜란 때 포로가 된 조
선인들 가운데는 도공뿐만 아니라 당시 첨단기술을 가진 자들도 많았

---

9) 中島浩氣(1985)『肥前陶磁史考』<復刻版> 靑潮社

다는 것을 알 수 있다. 가령 의술에는 임일덕과 임영구의 부자, 의약에
는 이구산, 서예가로는 홍호연이 있었으며, 그 밖에도 여행용구, 엿, 직
물 등의 기술자들도 있었던 것이다.

임란을 흔히 도자기전쟁, 서적전쟁, 활자전쟁, 포로전쟁이라고 일컫
는 것은 그만큼 전쟁을 통해 한국의 문화가 일본으로 전래되었기 때문
이다. 이를 빗대어 일본의 저명한 저술가 도쿠토미 소호(德富蘇峰:1863
−1957)는 그의 저서『근세일본국민사(近世日本國民史)』에서 도요토미
히데요시가 일으킨 조선침략전쟁은 「일본의 사치스러운 해외유학이었
다」고 까지 표현한 적이 있다.10) 그만큼 일본의 조선침략이 일본의 문
화와 사상의 발전에 획기적인 계기가 되었음을 의미하는 것이다.11) 이
러한 것은 사가라고 예외일 수는 없었던 것이다. 이상의 기록에서 보듯
이 사가에서도 의술, 의약, 서예 및 생활용품의 제작기술이 조선인 포
로에 의해 전래되고 개발되었음을 알 수 있는 것이다.

나카시마씨가 들고 있는 임일덕과 임영구, 이구산, 홍호연은 과연 어
떤 사람들이며, 그들 이외에도 사가의 역사에 이름을 남긴 조선인은 없
는 것일까? 이들 가운데 홍호연은 비교적 우리나라에서도 잘 알려져
있다. 그는 임란 400년이 되던 해 일부 신문에서 그를 다룬 기획물이
많았고, 또 진주국립박물관에서도 그의 친필족자를 전시하고 있기 때
문이다. 그러나 그 밖의 인물에 대해서는 잘 알려져 있지 않다. 이에
본장에서는 홍호연을 포함한 그들은 어떤 인물이었는지, 그리고 그들
은 사가에 어떠한 족적을 남겼는지 일본문헌 및 일본 연구자들의 힘을
빌려 그들의 자취에 대해 살펴보고자 한다.

---

10) 德富蘇峰(1935)『近世日本國民史(9)』明治書院
11) 유종현(2003)「임진왜란에 대한 일본사학계의 평가」『한일도자문화의 교류
    양상』경인문화사, p.245

2. 나염기술을 개발한 이구산

사가시(佐賀市)는 사가현의 현청소재지이다. 이곳은 히젠(肥前)으로 불리웠던 곳으로 앞에서도 언급하였듯이 대대로 나베시마(鍋島)씨가 지배한 곳이었다. 이곳은 임란말고도 우리나라와도 매우 밀접한 관계를 가지고 있다. 그 비근한 예로 조선의 마지막 황태자비였던 이방자(李方子) 여사의 이야기를 들 수가 있다.

〈그림 35〉
조선의 황태자 이은과 이방자 여사

조선의 황태자 이은(李垠)과 결혼한 그녀의 어머니가 사가 출신이었다. 그녀의 어머니는 이곳의 봉건영주였던 나베시마(鍋島直大)의 차녀로서 일본왕족 나시모토(梨本宮守正)와 결혼했다. 그들 사이에서 태어난 장녀가 바로 이방자였던 것이다. 다시 말하자면 사가는 이방자의 외가이기도 했던 것이다. 이방자의 어머니 나베시마 이쯔코(鍋島伊都子)는 일본이 전쟁에서 지고난 후 사이타마현(埼玉縣)에서 '어린이의 거리'라는 단체를 만들어 전쟁고아를 보살피기도 했었다. 서울에서 심신장애자의 어린이를 위해 자혜학교(慈惠學校)와 명휘원(明暉園)을 운영하였던 이방자여사는 어쩌면 자기 어머니의 성격을 닮았을지도 모른다.

그러나 비록 그녀가 한국의 국적을 취득하여 소외된 한국의 어린이를 위해 자선 사업을 펼치다가 세상을 거둔 비운의 황태자비였다고는 하나 그녀의 선조들이 한국에 입힌 피해는 엄청나게 크다. 그녀의 부계인 천황계는 두말할 나위 없고, 모계인 나베시마의 가문도 우리에게는 그렇게 바람직한 것이 되지 못함은 이미 앞에서 언급한 바와 같다. 이러한 핏줄을 이어 받은 이방자는 죽어서 조선왕조의 종묘에 들어가는 최후의 사람이 되었다.

사가는 이러한 나베시마 가문이 터전을 잡고 살았던 곳이기 때문에 유독 왜란에 관련된 유적과 이야기들이 많이 있다.

사가에 경원사라는 불교사찰이 있다. 그곳에 조선인 무덤 2개가 있다. 하나는 이종환이고, 다른 하나는 이구산의 무덤이다. 전자의 이종환에 대해서는 이 책의 9장에서 자세히 다루기로 하고, 본장에서는 이구산에 대해서 알아보기로 하자. 이구산은 구야마 도세이(九山道淸)라고 하는데 우리나라에서는 잘 알려지지 않은 인물이다. 홍종필이 1992년 6월에 동아일보가 임란 400년을 맞이하여 기획한 글을 통해 그는 의사로서 명약개발과 비단기술을 개발하여 사가의 산업발전에 공헌한 인물로 소개한 적이 있다.[12] 그리고 구야마는 한동안 우리의 기억 속에서 사라졌다. 그러다가 2003년 일문학자 최관이 임진왜란과 관련된 연구저서에서 구야마는 제약기술과 견사 제조법을 전해준 인물로 잠깐 언급된 적이 있다.[13] 이로 말미암아 구야마에 대한 기본적인 신변상황은 어느 정도 파악할 수 있지만 그것만으로 그가 무엇을 했는지 그리고 어떤 삶을 살았는지 잘 알 수 없다.

그러나 비교적 일본에는 그에 관한 연구와 기록이 남아있어 그가 어떤 사람인지 알아내는데 그다지 어렵지 않다. 구야마는 일설에 의하면 그의 본명이 이구산(李九山)이었다고도 한다. 그러나 그가 조선의 어디 출신인지는 명확하지 않다. 단지 지금까지 밝혀진 것은 그가 일본으로

----

12) 홍종필(1992.6.19)「제약기술－의약의 두 명인」『임란 400년 한민족혼 일본서 숨쉰다』
13) 최관(2003)『일본과 임진왜란』고려대학교 출판부, p.31

왔을 때 나이가 33세였으며, 조선에서의 직업은 한의사이었다는 사실
이다.[14] 그는 정유재란 때 나베시마군에게 포로가 되어 사가에 간 사람
이었다.

　최근에 사가현립 박물관에서 발견된 그의 집안에 대한 문서인「강두
가계도(江頭家系圖)」에 의하면 그는
정유재란 때 우리나라를 침략한 사가
의 영주 나베시마 나오시게가 13명
가량의 조선인을 데리고 일본으로 돌
아왔는데, 구야마도 그 중의 한 명이
었다고 한다. 그는 사가에 정착하여
자신이 가지고 있는 제약 기술을 충

〈그림 36〉 이구산의 묘

분히 발휘하여 '환산선(丸散仙)'이라는 환약의 제조와 판매의 특허를
얻었다. 이 지역의 향토사학자인 오조노 히로시(大園弘)씨에 의하면 그
의 후손들이 1875년(명치 8)에 기응환, 고약, 신효환, 지황환 등 한약의
제품을 판매할 수 있도록 제품에 대한 검사를 요구하고 있는 것으로
보아 어쩌면 오늘날까지도 그의 후손들은 그가 전한 비법의 한약제조
기술이 전수되고 있을지도 모른다고 추정하기도 하였다.

　구야마는 일본에 한방 의학만 전한 것이 아니었다. 염직 기술도 개발
하여 일본인들에게 전수하고 있다. 염직에는 대개 식물성의 재료를 이
용한 염료염직(染料染織)과 광물성의 재료를 이용한 안료염직(顔料染
織)으로 나누어진다. 한의사였던 그가 염직에 관심을 가지게 된 것은
한방의 재료가 되는 약초와 염료의 재료가 되는 식물이 때로는 같은
것들이 많이 있었기 때문이었다. 그가 본격적으로 염직 기술개발에 박

<hr />

14) 寺崎宗俊(1993)『肥前名護屋城の人人』佐賀新聞社, p.222

차를 가하여 완성한 것이 일본에서도 유명한 「나베시마 사라사(鍋島更紗)」라는 화려한 문양의 염직이다.

'사라사'라고 하는 것은 목면천에다 화려한 문양을 인쇄한 것이다. 그러므로 이것은 인쇄기술의 발전 없이는 이루어질 수 없는 고급 기술이다. 한동안 이구산이 개발한 사라사는 "조선 사라사"로 불리운 적이 있었다. "사라사"는 너무나 정교한 기술을 요하는 것이었기 때문에 1개월에 두 필 정도밖에 제작할 수 없었다고 한다. 그러므로 대부분의 「나베시마 사라사」는 영주 또는 귀족들에게 주로 애용된 것이라서 일반적인 시장에서 판매되는 상품이 아니었던 것이다. 그러므로 당시의 「나베시마 사라사」라는 염직의 천은 박물관 이외의 다른 곳에서는 좀처럼 찾아보기 어렵다. 이처럼 이구산은 조선에서 보아온 조선의 활자인쇄술을 기초로 기술을 개발하였음을 짐작할 수가 있다.

이구산이 개발한 나베시마 사라사는 명치기에 접어들어 번의 정치제도가 폐지가 됨과 동시에 쇠퇴의 길을 걷게 되더니, 드디어 대가 끊어지고 말았지만, 1960년대부터 다시 지역민들의 노력으로 복원되어 오늘날 사가의 명물로서 다시 자리를 잡고 있다.[15]

그는 또 광물에 대한 지식도 풍부했다. 그리하여 자신이 개발한 염직의 문양을 도자기에도 그려 넣고 싶어 했다. 이 기술도 그에 의해 개발된다. 이로 말미암아 생겨나는 것이 사가의 특유한 양식인 「이로나베시마사라사문(色鍋島更紗文)」이라 불리우는 도자기이다.

이같이 사가의 산업기술의 발달에 크게 기여한 조선인 이구산은 일본인 오가와 토자에몬(小川藤左衛門)의 딸과 결혼했다. 어떠한 영문인지 알 수 없지만 2대째 시치로자에몬(七郎左衛門)은 자신의 어머니의

---

15) 阿部桂司, 앞의 글, p.198

성인 '오가와'로 바꾸었고, 오가와로 계속 내려오다가 5대째에 이르러 사위인 에구찌 고에몬(江口五衛門)이 가계를 계승하는 바람에 오가와 는 다시 '에구찌'라는 성으로 바뀌었다. 그러다가 9대 손인 효오에몬 (兵右衛門)이 자신의 처의 성인 '에토(江頭)'로 바꾸어 분가를 하여 나 갔다. 오조노씨에 의하면 이구산의 후손이 현재 도쿄에 살고 있으며, 그의 이름은 에토 타미오(江頭民雄)라 했다. 에토 타미오씨는 그의 1대 조 이구산이 조선에서 가지고 온 약사여래상을 지금도 자신의 집에 정 중하게 모시고 있다고 한다. 이와 같이 이구산에서 시작한 조선인 구야 마는 때로는 오가와 에구찌로 그리고 다시 에토로 변하면서 어느덧 400여 년의 세월이 흐르고 있는 것이다.

3. 김공지와 효월정운

사가시의 곤류쵸(金立町) 오오몬(大門)에는 조선인이 세웠다는 비석 이 두 개가 있다. 이를 일본 사람들은 '역수비(逆修碑)'라 불렀다. 이 지역에 사는 사람들은 보통 그것을 '조선무덤'이라고도 불렀다. 현재 이것들은 사가시의 사적으로 지정되어있다. 이를 살펴보면 비록 그 위 에 나무가 크게 자라나 있지만 고분이라고 여겨질 정도로 봉분 형태가 뚜렷하게 남아있다. 사가시 교육위원회의 설명을 빌리면 지금은 현저 하게 무너져 있지만 그것은 분명히 횡혈식 석실을 가지고 있는 원분이 었다 한다.[16] 그리고 사가시가 세운 안내판에도 「고려인의 묘비, 역수 비」라고 명기되어있다. 즉, 무덤으로 여겨지는 것이다. 그런데 앞에서 도 언급하였듯이 구야마의 묘지는 경원사에 있었다. 만일 이것이 구야

16) 佐賀縣敎育廳社會敎育課(1964)『佐賀縣の遺跡』佐賀縣敎育委員會

마가 스스로 세운 것이라면 그의 묘지는 하나가 아닌 두 개가 되는 셈이다. 그렇다면 이 묘비를 누가 무엇 때문에 세운 것일까?

묘비의 두 개 가운데 하나에는 '逆修, 逆修朝鮮國工政大王之孫金公之'라는 구절이 새겨져 있고, 그것을 중심으로 우측에는 '道淸禪定門寬永六年乙巳八月日'이라는 문구가 그리고 좌측에는 '妻女同國金氏妙淸禪定尼八月日'이라는 문구가 각각 새겨져 있었다. 여기에 적혀있는 관영 6

년이란 1629년에 해당된다. 그런데 경원사에 있는 구야마의 묘비에는 「九山道淸. 正保四丁亥年九月」이라 적혀있다. 즉, 그는 1647년 9월에 서거한 것이었다. 다시 말하여 그는 1598년 장장 80여세까지 산 사람이었다. 그런데 역수비는

〈그림 37〉 김공지의 역수비

1629년에 세운 것이므로 그의 나이 62세경에 세운 것이 된다. 그리고 역수비에 「도청선정문(道淸禪定門)」이라는 불교식 법명이 보이는 것으로 보아 이 묘비는 이구산이 생전에 세웠을 가능성이 매우 높다. 그리고 오조노 히로시는 이구산의 집안에는 대대로 그의 선조가 세운 묘비가 콘류(金立)에 있다는 구전이 있고, 또『엽은문서(葉隱文書)』에도 조선도공 5,6명을 데리고 와서 콘류산(金立山)에 살게 했다는 기록을 볼 수가 있다는 것을 근거로 그럴 개연성은 충분히 있다고 했다.17)

그렇다면 이구산은 무엇 때문에 생전에 자신의 묘비를 이곳에다 세웠을까? 그 해답은 역수비에 있다. 역수란 생전에 미리 사후의 명복을 빌어두는 행위이다. 불교에서 말하는 예수제(豫修祭)인 셈이다. 이구산

17) 寺崎宗俊, 앞의 책, p.224

은 환갑을 넘겼을 때, 사후안락을 위해 이를 세웠던 것이다. 그런데 이 묘비를 보면 이것은 단순히 자신의 역수를 위한 비석이 아니었던 것 같다. 그 예로 비석의 내용에 따르면 구야마의 본명은 이구산(李九山)이 아니라 김공지(金公之)이고,[18] 그의 선조는 조선국의 '공정대왕(工政大王)'이며, 그의 부인은 일본인 오가와가 아니며, 조선인 김씨녀라고 새겨져 있기 때문이다. 이것은 일반적인 통념과는 완전히 어긋나는 것이다.

이를 통해서 어느 정도 추정할 수 있는 것은 그가 고국을 떠나올 때 이미 자신과 같은 김씨 성을 가진 여인과 결혼하였으며, 전쟁이 진행되는 동안 포로가 되어 자신의 의지와 관계없이 일본에 끌려가 오가와 토자에몬의 딸과 결혼하여 일본에서도 자식을 낳고 살게 되었다. 그리고 한의사로서 나염기술 개발자로서 어느 정도 성공도 하여 행복하게 살 수 있었으며, 그가 만년에 접어들자 고국에 두고 온 본 부인 생각과 구야마로 행동해온 자신의 본래 이름도 찾고 싶은 욕구에서 역수비라는 명분으로 이 비석을 세웠을 가능성이 있는 것이다. 만일 이러한 추측이 맞는다면 이 역수비는 단순히 사후의 안락을 위한 역수비가 아니다. 그보다 훨씬 더 깊은 의미가 있는 회한의 비석일 가능성이 높다.

그리고 또 하나의 조선인 비문에는 '曉月淨雲禪定門靈位'라는 구절이 중앙에 새겨져 있고, 그것을 중심으로 오른쪽에는 '寬永五年戊辰', 왼쪽에는 '九月初五日'이라는 구절이 각각 뚜렷하게 새겨져 있는 것이었다. 관영 5년은 1628년이다. 이구산이 세운 것보다 약 1년 먼저 세운 것이

---

18) 역사학자 김문길에 따르면 사가에 유명한 한방의사 김광지(金廣之)가 있었고, 그는 김해 김씨로 오늘날 김해시 죽림리에 살다가 왜장 나베시마의 손에 끌려 사가에 가서 한의원을 개업했다고 소개한 바가 있다. 아마도 김공지와 김광지는 동일인물인 것 같다. <김문길(1995)『임진왜란은 문화전쟁이다』혜안, p.173참조>

었다. 그런데 이 비석에 새겨져 있는 효월정운(曉月淨雲)'이라는 자는 도대체 누구인가? 여기에 대해 사가시 교육위원회는 비석의 옆에 세워 놓은 안내판을 통하여 '이 비석은 16세기 조선국의 도공집단에 의해 도자기가 구워졌다는 사실과 함께 '히젠(肥前)'의 도자기원류를 규명하는데 중요한 자료가 된다.'는 아주 짤막한 내용의 설명만 해놓고 있을 뿐이었다.

그렇지만 그 짧은 내용의 설명은 우리에게 또 하나 중요한 사실을 제시하고 있다. 그 설명 그대로 믿는다고 한다면 16세기 때 조선도공들이 이곳으로 건너와 정착하며 도자기를 구웠고, 또 그것이 이 지역 도자기의 원류가 되었다는 사실을 말하고 있는 것이기 때문이다.

그러나 앞에서도 말한 바와 같이 이구산은 도자기를 굽는 도공은 아니었다. 다시 말하자면 그는 병든 사람을 치료하고, 새롭고도 화려한 염료기술을 개발한, 즉 기술 개발자이자 한의사였던 것이다. 그렇기 때문에 사가시 교육위원회에서 말하는 '조선도공집단'이라는 말은 이구산의 역수비를 근거로 하고 있는 것이 아닌 것은 분명하다. 여기서 말하는 조선인 도공이란 이구산의 역수비의 옆에 서 있는 효월정운이라는 자의 비석을 두고 말하고 있는 것임에 틀림없다.

향토사학자 오조노 히로시(大園弘)씨도 그의 글 「과도경사잡기(鍋島更紗雜記)」에서 효월정운은 이 지역, 즉 '콘류산(金立山)'에서 도자기를 생산했던 조선도공이라고 단정하고 있다. 그는 또 효월정운이란 그의 본명이 아니며, 죽어서 절에서 받은 법명이라고 설명했다. 이와 같이 효월정운이라는 자가 조선에서 건너 온 도공이라는 것이 사실이라면 그는 어떠한 연유로 이렇게 멀리 떨어진 한적한 땅 일본의 사가에까지 왔단 말인가?

여기에 대해 중요한 자료가 두 가지가 있었다. 하나는 1710년경에

다시로 진키(田代陣基)가 기록한『어용당인정황물당물옥직어유서서(御
用唐人町荒物唐物屋職御由緒書)』라는 문헌이다. 그것에 의하면 조선에
서 간첩활동을 한 이종환이 자신의 주군인 나베시마 나오시게의 명을
받아 6~8명의 조선도공을 끌고 간 것으로 되어 있다. 이렇게 끌려온
도공들은 이곳 사가에서 도자기 생산에 힘을 기울였으나, 도자기에 적
합한 흙을 발견하지 못했다. 그리하여 그들은 양질의 토질이 있는 타구
(多久), 이마리(伊萬里), 아리타(有田) 등지로 흩어져서 도자기 생산을
하였다는 것이다. 그리고 또 하나의 문서인 1842년경에 성립된『유서
서(由緒書)』에 의하면 그 중 한 명은 이 곳 콘류쵸(金立町)에 남았다고
적혀있다. 어쩌면 효월정운은 바로 한 명만이 이곳에 남았다는 조선도
공의 법명일 가능성이 높다.

　여하튼 효월정운이라는 법명을 가진 조선도공의 비와 더불어 이구
산의 역수비가 나란히 서 있는 것으로 보아 두 사람은 보통 이상으로
절친한 사이였음을 추측하고도 남음이 있다.

4. 사가의 유학자 홍호연

　사가에는 홍호연(洪浩然:1581－1657)이라는 조선의 유학자가 있었
다. 본관은 남양이다. 앞에서 말한 바와 같이 그의 이름은 비교적 우리
나라에서도 잘 알려져 있다. 일본문학자 최관은 12세 때 나베시마 나오
시게에게 붙잡혀 가 뒤이어 번주가 된 나베시마 가쓰시게의 친구가 되
었으며, 사가번의 대유학자로 존경을 받았던 인물이라고 소개하고 있
다.[19] 이를 통해 그에 관해 기본적인 인적사항은 알 수 있으나 그가

----

19) 최관, 앞의 책, p.36

어디 출신인지 어떤 삶을 살았는지 구체적으로 알 수 없는 아쉬움이 있다.

그에 비해 역사학자 하우봉은 좀 더 상세히 그에 대해 소개하고 있다. 즉, 그에 의하면 홍호연은 경남 산청 출신이며, 1593년에 진주성 전투에서 나베시마군에 포로가 되었으며, 그의 재주가 비상함을 알고 나오시게는 그를 교토고잔(京都五山)에 유학시켜 돌아온 후에는 그의  아들인 가쓰시게의 시강(侍講)이 되게 하였다 한다. 그리고 그는 유학자뿐만 아니라 서예가로도 명성을 날렸으며, 타쿠가(多久家)의 딸과 결혼하여 살았으며, 사가번의 가신으로서 파격적인 대우를 받았다. 훗날 가쓰시게가 죽자 그의 뒤를 따라 순사하여 죽었다. 그리고 그의 후손은 칸세이(寬政) 3박사로 불리우는 대학자 코가 세이리(古賀精里)의 아들을 양자로 삼아 홍씨가문을 계승하였다고도 전했다.[20] 이로 말미암아 홍호연에 대해 좀 더 상세히 알 수 있었다.

그런데 재일교포 작가인 김달수의 글에는 그보다 더욱 자세히 소개되어있다. 그는 일본인 연구자인 소토야마 시게루(外山茂)가 쓴 「홍호연」이라는 글을 다음과 같이 소개했다. 홍호연은 진주출신이었다. 임진왜란 때 진주에서 싸우고 있었던 봉건영주 나베시마 나오시게는 어느 동굴에서 자신의 키와 비슷한 아주 큰 붓을 등에 짊

〈그림 38〉
홍호연의 초상화

20) 하우봉(2005)「임란직후 조선문화가 일본에 끼친 영향」『임진왜란과 한일관계』 경인문화사, p.485

어지고 있는 소년 한 명을 발견했다. 그 때 그 소년의 나이는 12세였다. 예사 소년이 아니라고 생각한 나오시게는 자신의 영지인 사가로 이 소년을 데리고 귀국하였다. 바로 그 소년이 홍호연이었다. 나베시마는 이 소년을 자신의 아들인 카쯔시게(勝茂)와 학우로서 사귀게 하였고, 또 그를 교토로 유학을 보내었다. 그리하여 그는 사가에서 유학자로서 영주인 나오시게와 그의 아들 카쯔시게로부터 총애를 받아 외국인이면서도 800석이라는 봉록(奉祿)을 받기도 하였던 것이다.[21]

홍호연은 또 구마모토의 본묘사에 있는 일요스님(여대남)과도 친분이 두터웠던 것 같다. 왜냐하면 여대남이 고국에 있는 자신의 아버지에게 내는 편지내용에 "이 나라에서는 마음이 통하는 친구가 없습니다. 다만 거창의 이희윤(李希尹), 진주의 정적(鄭湫), 밀양의 변사순(卞斯循), 산음의 홍운해(洪雲海), 부안의 김여영(金汝英), 광양의 이장 등 대여섯 명이 있어 아침저녁으로 고국의 사정이나 자신의 일에 대해 이야기하곤 합니다."[22]라는 내용이 들어있기 때문이다. 여대남이 들고 있는 사람들 가운데 홍운해가 바로 홍호연인 것이다. 이들은 같은 동포이면서도 교토에 유학을 하였다는 공통점이 있다. 그러한 관계에서 서로 가까운 사이가 되었을 가능성도 있다. 그러나 이들은 종교도 다르며, 거주지도 서로 멀리 떨어져 있다. 그럼에도 불구하고 서로 마음을 터놓을 수 있는 사이이었다는 것은 지역과 종교를 초월한 인간관계를 맺었던 홍호연의 인격을 엿볼 수 있는 좋은 예이라고 생각된다.

홍호연은 70세가 되던 해 그의 주군인 카쯔시게에게 다음과 같은 시한수를 지어 바치기도 했다. 그 시에는 '신은 원래 해외의 포로입니다.

21) 김달수(1993)『일본열도에 흐르는 한국혼』동아일보사, p.376에서 재인용
22) 민덕기(2004)「임진왜란에 납치된 조선인과 정보의 교류」『사학연구(74)』 한국사학회, p.195

잘못되어 군으로부터 은총을 받기를 수 년 이제 나이가 들어 허리가
굽어 활처럼 휜 이 몸. 바라옵건데 해골을 고국의 산으로 보내주소서'
라는 의미의 내용이 들어 있었다. 이를 본 카쯔시게는 그를 불민하게
여겨 고국으로 돌아가는 것을 허락하였다. 그리하여 호연은 조선으로
가는 배를 타기 위해 항구인 카라쯔(唐津)을 향하여 사가를 출발하였으
나 카쯔시게가 이별의 슬픔을 도저히 참지 못하여 그를 다시 설득하여
사가로 불러들여 조선으로 가지 못하게 하였다는 것이다.[23]

　그리고 나서 8년이 지난 어느 날 에도(현재의 도쿄)로 가 있던 카쯔
시게가 1657년 3월 24일 그만 죽고 만다. 이러한 부고를 접하자 그는
그 해 4월 8일에 아미타사(阿彌陀寺)에서 할복자살을 결행하고 마는 것
이다. 그의 나이 78세이었다 한다.[24] 다시 말하자면 에도에서 사가까지
가쯔시게의 부고가 전달되려면 보통 15일은 걸린다는 것을 감안한다
면 그의 할복은 빨라도 너무 빠르다. 부고를 받자마자 바로 결행한 것
이기 되기 때문이다. 더군다나 일반적으로 순사할복은 장례식이나 49
재가 끝나는 날(中陰明け)에 결행한다.[25] 이러한 점에서 보더라도 그의
할복자결은 매우 이례적인 것이 아닐 수 없다.

　『승무연보(勝茂年譜)』에 의하면 순사를 한 가신 32명의 이름이 나열
되어있는데, 홍호연의 이름은 18번째로 올려져 있다. 그런데 그 때 호
연의 이름은 코요베이(洪与兵衛)로 기록되어있다. 그는 호연이라는 이
름말고도 요베이(与兵衛)라는 이름도 사용한 것 같다. 『직무공보(直茂
公譜)』에는 홍호연의 순사할복 사건을 두고 "悲淚不乾, 啼愁不堪하여

....

23) 김달수, 앞의 책, p.376
24) 김달수, 앞의 책, p.376
25) 服部英雄(2008.11.29)「前近代日本のチャイナタウン, コリアンタウン」
　　『동북아시아이문화학회 국제학술대회 프로시딩』 p.6

순사를 이루었다"고 기술하고 있다.[26] 즉, 그는 자신의 주군인 가쓰시게의 죽음을 너무나 비통해 하다가, 이를 견디지 못해 자결하였다는 것이다.

그가 자살을 할 때 장남 안실(安實)을 불러놓고 참을 '인(忍)'자를 크게 쓴 후 그 밑에다 '참는 것은 마음의 보배요, 참지 못하면 몸의 불행이 된다.'는 의미가 깃든 '인즉심지보(忍則心之寶), 불인신지앙(不忍身之殃)'이라는 구절을 적었다고 한다. 다시 말하자면 그 의미의 말이 후손에게 남긴 그의 유언이었던 것이다.

홍호연이 할복자살을 한 아미타사는 사가시에서도 한적한 곳에 위치해 있으며, 크기도 그다지 큰 편이 아니었다. 본존불을 모신 본전의 건물 한 채가 덩그러니 있고 그 옆에는 주지의 가족들이 거처하는 생활공간이 딸려있다. 현재 그곳에는 홍호연을 비롯한 그의 가족들 무덤이 있다. 그의 묘비에는 「운해호연거사(雲海浩然居士)」라고 적혀있다. 이로 말미암아 그의 호는 운해였음을 알 수 있다. 그리고 그의 전기인 『홍호연전(洪浩然傳)』은 고가 세이리가 1783년에 쓴 것인데 현재 일본 궁내성 도서관에 있다고 전해진다.

『홍호연전』에 의하면 그는 항상 오른쪽에는 「나무아미타불」이라는 불호와 「慈父悲母李氏妹韓氏同妹四位」라고 쓴 액자를 걸어놓고 왜군에 희생된 부모와 형수의 명복을 빌었다고 한다.[27] 이를 통하여 그가 일본군에 납치당할 때 부모는 죽고, 이씨와 한씨의 두 형수도 함께 잃었음을 알 수 있다. 그의 형들의 이름이 등장하지 않는 것으로 보아 그들은 살았을 가능성도 높다. 이러한 행동으로 미루어 보건데 가족들의 희생

· ·

26) 寺崎宗俊, 앞의 책, p.210
27) 홍종필(1992.5.1)「유학- 서예 큰 기둥 홍호연」『임란400년 한민족혼 일본서 숨쉰다<8>』동아일보

을 평생 마음속에 간직할 정도로 떠나보내지 못하였음을 알 수 있다.

홍호연이 죽고 나서도 그의 집안은 호연의 녹을 그대로 세습했다. 그러다가 그의 6대손 코 야스쯔네(洪安常)에 이르러 당시 고명한 유학자 고가 세이리의 여동생과 결혼하였으나 불행히도 자식이 없었다. 그리하여 하는 수 없이 세이리의 차남 야스타네(安胤)(또는 晉城)를 양자로 받아들여 가계를 계승한 것이다.[28] 다시 말하여 처남을 양자로 맞아들인 셈이다. 그도 번의 요직인 토시요리(年寄)를 역임하였으며, 훗날 『진성유고(晉城遺稿)』를 저술하여 남기기도 했다.[29]

고가 세이리도 한국과 관련이 깊은데, 그는 1811년(순조11)에 파견된 마지막 조선통신사(정사 김이교)를 대마도에서 응대하기도 했으며, 그는 처음부터 정사의 서기 김선신(金善臣)에게 당시 자신의 여동생이 홍호연의 후손과 결혼하였음을 밝히면서 자신이 쓴 『홍호연전』을 보여주면서 홍호연에 관한 이야기를 했다고 한다.[30]

그가 『홍호연전』을 집필할 당시 유학에 심취해 있었다. 그러므로 자신의 여동생을 홍씨 가문과 인연을 맺고, 또 후사가 없자 차남을 다시 그 집의 양자로 보내어 대를 잇게 하였던 것이다. 그만큼 그는 홍호연을 마음속으로 존경하지 않았다면 불가능 했을 것이다.

그런데 그의 가문에서 가장 두드러진 특징은 조선의 성씨를 버리지 않았다는 점이다. 이종환도 그의 성을 일본식 성인 가와사키(川崎)로 바꾸었고, 김공지도 구야마(九山), 에구찌(江口), 에토(江頭) 등으로 바꾸었는데, 왜 홍호연의 가족만은 홍(洪)이라는 한국식의 성씨를 고집하

....

28) 寺崎宗俊, 앞의 책, p.211
29) 하우봉, 앞의 논문, p.485
30) 上田正昭, 辛基秀, 仲尾宏(2001)『朝鮮通信使とその時代』明石書店, pp.297－298

〈그림 39〉 홍호연의 묘

였을까 하는 것이었다.

앞에서 언급한 일본 경제신문은 이러한 구절의 내용도 함께 싣고 있었다. 즉, 소화(昭和)의 초기에 일본의 중앙은행인 일본은행의 조사국장이었던 코 준이치(洪純一)씨는 홍호연의 11대 후손이라고 소개하였다. 코 준이치씨는 특히 경제전문가로 국제적으로도 널리 알려져 있는 인물이었으며, 당시 후카이 에이고(深井英五) 총재로부터 두터운 신임을 받았다고 한다. 그리고 그는 독실한 기독교 신자였으며, 시조 홍호연을 연상케할 만큼 절개가 굳은 사람이었다고 소개하고 있다. 최근 조사된 바에 의하면 11대손 코 준이치씨의 아들 코 요시로(洪悅郎)씨가 도쿄의 세다가야구(細田谷區)의 고토쿠지역(豪德寺驛) 부근에 살고 있다는 것이 밝혀졌다. 그는 콘크리트공학의 전문가로서 현재 북해도대학의 명예교수이며, 관동학원대학 건축학과의 교수로 재직 중이라고 한다.[31]

이와같이 그의 후손들은 12대 째 내려오는 동안 조선에서 가져간 '홍'이라는 성을 한번도 바꾸지 않고 지금까지 사용하고 있는 것이다. 무엇 때문에 그들의 성씨를 일본식으로 바꾸지 않았는지 알 수 없다.

홍호연이 조국을 떠나 60여 년 일본에 살면서 사가의 유학자로서 명성을 날린 홍호연의 인생관은 평범하지 않을 것이다. 그는 전쟁포로이면서도 적장 나베시마로부터 총애를 받아 생활하였고, 또 고향을 그리워하여 돌아가려 하였으나 나베시마의 만류로 일본에 다시 주저앉고,

· ·
31) 홍종필, 앞의 글

또 그의 주군 나베시마가 죽었다고 해서 일본인의 가장 전형적인 죽음의 방법인 할복으로 순사(殉死)를 한 그이지만, 자신의 조상으로부터 물려받은 성씨만은 자손들에게 남겨두었다. 아마도 그가 직접 쓴 참을 '인'자는 그 성씨를 지키며 일본에 산다는 것은 많은 시간을 인내하며 살아가야한다는 것을 예고하는 것인지도 모르겠다.

그 예로 12대손인 코 요시로씨가 자신이 대학입학시험 때 일어난 일화를 소개한 적이 있다. 당시는 2차대전 중이었는데, 그가 대학입시에 응시하였을 때 한 시험관이 이 사람은 조선사람이 아니냐 하며 창씨개명을 하지 않았다는 것을 이유로 삼아 따졌다는 것이다. 그 때 담임선생이 "성은 분명히 조선의 것이지만, 일본에서 몇백년 살아왔다."고 답변하여 입학이 가능했다고 했다.[32] 이처럼 조선의 성을 가지고 일본에 산다는 것은 그만큼 어려움이 따르는 것이다. 현재 코 요시로씨는 홍호연의 친필 참을 "忍"자의 족자와 「扁舟意不忘」이라고 쓴 유묵과 홍호연보 및 諸家題言 그리고 홍호연이 사용한 붓과 낙관용 인장들을 가보로서 보존하고 있다고 전해진다.

7. 마무리

이상에서 보았듯이 본고는 비록 거칠게나마 나카시마 히로키(中島浩氣)의 『비전도자사고(肥前陶磁史考)』의 계기로 임란과 정유왜란을 통해 사가에 살았던 조선인들의 흔적을 찾아보았다. 사가에는 많은 임란 포로들이 있었다. 그 중 이구산은 제약과 나염기술을 개발하여 지역사회에 큰 공헌을 했다. 그리고 조선도공 효월정운과 유학자 홍호연의 공

....
32) 홍종필, 앞의 글

헌도 빼놓을 수 없었다. 그들 중 자신의 의사와 관계없이 강제로 잡혀
간 사람도 있었지만, 이종환처럼 사고로 인하여 일본으로 건너가 일본
인으로 살다가 전쟁이 발발하자 일본 측에 서서 활약을 한 사람도 있었
다. 그러나 그들 가운데 임일덕(林一德), 임영구(林榮久) 부자의 흔적을
찾지 못해 못내 아쉽다. 그리고 홍호연이 할복자결할 때 두 명의 조선
인이 더 있었다. 그의 이름은 정진(淨珍)으로 알려져 있고, 그는 나베시
마의 가신인 오노 요시베이(大野吉兵衛)를 섬겼던 것 같다. 오노가 주
군을 따라 할복자결하는 순사를 하자, 그도 아내와 함께 순사한 것으로
알려져 있다. 그리고 타사에몬(太左衛門)이라는 조선인도 있었다.[33] 그
때 그는 아내와도 같이 자결했다. 그의 아내도 조선인인지 일본인인지
는 명확하지 않다. 그들에 관한 기록이 적어서 홍호연과 같이 어떤 성
격의 인물인지 밝히지 못한 점도 아쉽다. 또 나카시마가 行李工, 飴工,
織工이라고만 표시하고 있는 것처럼 크게 이름을 남기지 않은 조선인
기술자들도 수없이 많았을 것이다. 이들에 관해서도 앞으로 시간을 두
고 치밀하게 연구가 이루어져야 한다고 생각한다. 이들 모두가 자신들
을 지켜주지 못한 고국을 그리워하며 눈을 감았을 것이기 때문이다.

. . . .
33) 服部英雄, 앞의 글, p.6

참고 문헌

김달수(1993) 『일본열도에 흐르는 한국혼』 동아일보사

김문길(1995) 『임진왜란은 문화전쟁이다』 혜안

김옥희(1985) 「임란때 납치된 조선여성들의 일본에서의 순교와 신앙생활」
『사학연구(36)』

김태준(1977) 「고려의 자손들과 임란의 도자문화」
『임진난과 조선문화의 동점』 한국연구원

服部英雄(2008.11.29) 「前近代日本のチャイナタウン. コリアンタウン」
『동북아사이문화학회 국제학술대회 프로시딩』

신일철(1976) 「임란 때 잡혀간 조선도공들」『문학사상(10)』 문학사상사

유종현(2003) 「임진왜란에 대한 일본사학계의 평가」
『한일도자문화의 교류양상』 경인문화사

이경희(1979) 「임진왜란에 포로된 도공들의 행방」『대구공전 논문집(1)』
대구공전

中村質(1992) 「壬辰丁酉倭亂の被虜人の軌跡 －長崎在住者の場合」
『한국사론(22)』 국사편찬위원회

한일관계사연구논집 편찬위원회편(2005) 『임진왜란과 한일관계』 경인문화사

최관(2003) 『일본과 임진왜란』 고려대학교 출판부

阿部桂司(1979) 「更紗と李九山」『季刊 三千里(17)』 三千里社

上田正昭, 辛基秀, 仲尾宏(2001) 『朝鮮通信使とその時代』 明石書店

大石學(2001) 「近世日本社會の朝鮮人藩士」『日本歷史(640)』

木部和昭(1999) 「萩藩における朝鮮人捕虜と武士社會」『歷史評論(593)』

中島浩氣(1936) 『肥前陶磁史考』肥前陶磁史考刊行會

小宮陸之(1996) 「洪浩然と佐賀縣」『佐賀縣立名護屋城博物館研究紀要(2)』

佐賀縣敎育廳社會敎育課(1964)『佐賀縣の遺跡』佐賀縣敎育委員會

鶴園裕(1990)『日本近世初期における渡來朝鮮人の硏究 －加賀藩を中心に－』
           科學硏究費補 助金硏究成果報告書

寺崎宗俊(1993)『肥前名護屋城の人人』佐賀新聞社

唐人町商店街(1991)『唐人町 Lifework Station 構想』
           唐人町商店街振興組合 事務局

제7장

가고시마의
임란유적

일본에 남은 **임진왜란**

제7장

가고시마의
임란유적

1. 머리말

일본 규슈 남단에 위치한 가고시마는 옛날에는 사쓰마(薩摩)라 불렀다. 이곳을 대대로 지배했던 시마즈(島津) 집안은 임란과 정유재란 때 조선전쟁에 참가하여 악명을 날렸다. 그 때 시마즈씨 일족의 대부분이 참가했다. 노령인 무사를 제외하면 각 소영주별로 대표적인 인물들이 모두 참전했던 것이다. 혼고(北鄉)의 시마즈가(島津家)로 불리는 미야코노죠 시마즈가(都城島津家)에서는 혼고 타다도라(北鄉忠虎)와 그의 동생 혼고 미츠히사(北鄉三久)가 참전했고, 사이토바루(佐土原)의 시마즈가에서는 시마즈 타다토요(島津忠豊=豊久)가, 다루미즈(垂水)의 시마즈가에서는 시마즈 모테히사(島津以久)와 아키히사(彰久) 부자가 참전했으며, 미야노죠(宮之城)의 시마즈가에서는 시마즈 타다나가(島津忠長)과 히사모토(久元) 부자가 참전했다. 그리고 시마즈가의 유력가신으로는 니이로 타다마스(新內忠增), 가바야마 히사다카(樺山久高), 이세 타쿠마사(伊勢卓昌), 가와가미 히사구니(川上久國), 가마다 마사치카(鎌田政近), 이쥬인 호세츠(伊集院抱節) 그리고 도요토미 히데요시와도 가까웠던 이쥬인 다다마사(伊集院忠眞)까지 참전했다.[1] 이처럼 시마즈가

의 많은 사람들이 참전한 만큼 조선침략은 그들에게 있어서도 의미가
컸다.

그들은 사천에 왜성을 쌓고 주둔의 근거지로 삼았으며, 사천성 전투
에서 3만 5천여 명의 머리를 베었다고 전과를 보고하고 있는 것으로
보더라도 그들의 활약은 일본에서도 높게 평가되었다. 그 반면 그들의
피해도 적지 않았다. 시마즈 본가의 후계자였던 시마즈 히사모치(島
津久保)가 전사했고, 다루미즈의 시마즈 아키히사(島津彰久)도 1595년
7월 거제도에서 전사했으며, 그 밖에 유능한 무사들과 수많은 병사들
이 조선에서 전사했다.

이들이 조선전역을 돌아다니며 자행한 행위가 얼마나 강렬하였는지
우리 측 기록에 그들이 자주 등장한다. 정약용은 가고시마인들을 "대
개 일본사람이 모두 다 잔독(殘毒)하지 않지만, 오직 사쓰마주 사람들
은 본래 별종으로 성질과 기력이 특수하며 목숨을 가벼이 여기고 살상
을 좋아함이 중국 서남부지역의 오랑캐인 요와 결과 같다."고 말하고
있다. 다시 말하여 일본인들 가운데 가장 잔인하다고 악평을 하고 있는
것이다. 그러면서 그는 만일 다시 일본이 우리나라에 쳐들어온다면 가
고시마(薩摩) - 나가사키(長崎) - 고도(五島)를 거쳐 고금도로 들어오
는 경로가 될 가능성이 높다고 경고하기도 했다.[2]

이처럼 그들은 한국인에게는 잔인한 인상을 심어주었던 것이다. 실
제로 그들은 가고시마 성 앞에다 조선인의 머리와 코와 귀 등을 묻고,
이를 전리품으로 활용한 적이 있고, 또 고야산의 오쿠노인에 조성한 시
마즈가의 묘역에도 그들이 벤 조선인들의 영혼을 위로한답시고 위령비

---

1) 김광옥(2005) 「일본 에도시대 임진왜란 기록물에 대한 연구」『한국민족문화
   (27)』 부산대학교 한국민족문화연구소, pp.4 - 6
2) 하우봉(1989) 『조선후기실학자의 일본관 연구』 일지사, p.205에서 재인용

를 세워 자신들의 전과를 자랑하고 있다.

그들은 철수하면서도 수많은 조선인 포로들을 잡아갔다. 그들 가운데 널리 알려져 있는 사쓰마야키라는 도자기를 생산하는 자들은 모두 조선도공들이다. 한국에서도 인기가 있는 심수관이 바로 그 때 잡혀간 조선포로의 후예이다. 그런데 그들이 잡아간 사람들 가운데는 도공만 있는 것이 아니었다. 그 때 이곳에 잡혀갔던 사람들 가운데 전이생이라는 사람의 서한에 의하면 사쓰마에는 조선포로만 해도 무릇 30,700여 명이나 된다고 했다. 지금도 그 숫자가 많은 편인데, 당시 인구에 비한다면 어마어마한 수가 되는 것이다.

이러한 숫자의 조선포로들이 사쓰마에 정착하여 살았다면 그들이 남긴 흔적들도 많을 것이다. 그것과 아울러 사쓰마에는 임란과 정유재란에 관련된 유적 및 유물들도 많이 남아있을 것이다. 지금까지 사쓰마에 남아있는 임란의 연구는 주로 도공에 초점이 맞추어져 있는 느낌을 지울 수 없다. 필자도 한 때 이곳의 조선도공에 대해 고찰한 적이 있다.3) 그러나 앞에서도 언급하였듯이 사쓰마는 도공이 아닌 수많은 사람들이 연행되어 살았던 곳이다. 그러므로 이제는 그들에 관한 이야기와 유적 그리고 사쓰마측에 남아있는 왜란의 흔적을 찾아볼 필요가 있다고 생각한다. 그렇다면 그러한 것들을 찾는다면 과연 어떠한 것들이 있을까? 본 장에서 여기에 초점을 맞추어 현장조사 및 관련 문헌과 유적들을 통해 사쓰마에 남아있는 왜란의 흔적을 추적해 보고자 하는 것이다.

---

3) 노성환(2007)「나에시로가와의 조선도공 마을에 관한 일고찰」『일어일문학(35)』대한일어일문학회, 노성환(2007)「옥산신사의 제의와 조선가요에 대한 고찰」『일본언어문화(11)』한국일본언어문화학회, 노성환(2008)「만들어진 도공신화」『일본언어문화(12)』한국일본언어문화학회

2. 가고시마의 임란포로

사쓰마군대는 무엇 때문에 이렇게 많은 조선인들을 잡아갔을까? 그러한 단서를 알 수 있는 것으로 1597년(慶長2) 조선군에 포로가 된 후쿠다 간스케(福田勘介)는 다음과 같이 진술을 했다. "일본의 경작인 즉, 백성(농민)을 병사로 한반도에 투입하고, 나아가서 명나라를 칠 예정이므로 이로 말미암아 빠지는 노동력을 보충하기 위해 조선인 포로를 일본에 보낸다."고 한 것이다.[4] 여기에서 보는 것처럼 조선인 포로들은 확실히 그들이 필요한 노동력을 보충하는 중요한 자원이기도 했다. 그러므로 성인남녀들을 잡아가기도 하였을 것이다.

한편 이들은 어린아이들까지도 잡아갔다. 이를 구체적인 사료로서 볼 수 있는 것은 정유재란 때의 기록으로 시마즈군으로 조선침략에 참전한 오시마 타다야스(大島忠泰)가 고국에 있는 아내에게 보내는 문장이 바로 그것이다. 그 내용을 소개하면 다음과 같다.

> 이번 싸움은 격렬했다. 20만이나 되는 적을 상대한 우리 시마즈군은 3만여 명의 목을 베어 수총(首塚)에 묻었다. 나도 크게 싸워 적을 4명이나 베었다. 우리 모두 죽인 적의 품 속에서 500目, 300目과 금을 취하여 크게 벌었다.[5]...(생략)... 이번 부하인 카도에몬(角右衛門)가 일본으로 돌아가기 때문에 그 편으로 테루마와 카구세이를 선물로 보냈다. 무사히 도착하였을까. 그 중 코카구세이 1명은 딸에게 주어라. 나도 전장에서 11세의 아이를 손에 넣어 부리고 있는데, 굉장히 병약하여 난처하다.

---

4) 中野等(2005) 「풍신수길의 대륙침공과 조선인 도공」『한·일 도자문화의 교류양상』<한일문화교류기금. 한일관계사학회편> 경인문화사, p.62
5) 藤木久志(1995) 『雜兵たちの戰場 －中世の傭兵と奴隷狩り－』 朝日新聞社, p.60

아무튼 딸에게도 테루마를 1명 손에 넣어 보내마. 또 히로사에몬(拾左衛門尉殿)에게도 하녀가 될 만한 아이를 한명 얻어 다음 선물로 보내마.[6]

여기서 보듯이 그들은 전사한 자들의 품 속에서 돈과 금 등의 귀중품을 훔치기도 하고, 아이들을 잡아 전장에서 몸종으로 부리기도 할 뿐만 아니라, 이들을 고국에 있는 친지들에게 선물로 보내기도 하였음을 알 수 있다. 여기에서 나타나는 테루마, 카구세이, 코카구세이란 조선의 어린아이들을 가리키는 말이었던 것이다. 그들은 조선에서 노예사냥을 벌였던 것이다. 이들은 아마도 일본으로 보내져 하인으로 살아야 했을 것이다. 이렇게 잡혀간 조선인들은 노예로 다른 지역으로 다시 팔려가는 사람이 있는가 하면, 노예의 신분을 벗어나 농업, 상공업에 종사한 사람들도 있을 것이다.

한편 그 중 많은 사람들은 사쓰마 군대에 필요한 잡병이 되기도 했다. 그 예로『광해군일기』에 보이는 전이생의 서한이다. 그 내용을 소개하면 다음과 같다.

1611년 봄에 피로인 전이생 등의 서한을 얻어 보았는데 거기에는 "자신 이외에 30,700의 피로인들이 사쓰마에서 무술을 연마하고 있으니 우리들을 쇄환하면 국가에 큰 쓰임이 될 수 있으나 사절을 통한 쇄환이 아니고는 조국으로 돌아갈 방법이 없다"고 하는 호소 내용이 들어 있었습니다. 이번에 파견하는 제 2차 회답겸 쇄환사에게 그들의 쇄환을 명하여 주시길 바라오며, 전이생의 서한을 같이 올리오니 참고하십시오.[7]

부호군 정신도가 아뢰었습니다. 그 대략에 "저의 친척인 전이생과

....

6) 藤木久志, 앞의 책, pp.60-61
7)『광해군일기』9년 4월 계축조

박규동 등이 일찍이 왜적에 포로가 되어 잡혀갔었는데, 지난번에 대마도 왜인 편을 통하여 글을 보내 왔습니다. 거기에 쓰여 있기를 저희들은 고향을 떠나고 부모와 헤어진 채 지금까지 죽지 않고 있으면서 날마다 고국에서 좋은 소식이 있기만을 기다려 왔습니다. 제가 사쓰마주에 가서 보니, 그 주에는 포로로 잡혀온 사람이 총 3만 7백여 명이었는데, 이들은 모두 조총과 창검을 쓰는 재주를 잘 익혔으며, 모두 본국으로 쇄환되어 돌아가기를 기다리고 있습니다."고 하였습니다.[8]

이상의 내용에서 보듯이 많은 조선인들은 조총과 창검을 쓰는 재주를 익혔다고 했다. 이러한 사실은 사쓰마군이 임란과 정유왜란으로 말미암아 빚어진 병력의 손실을 조선인 포로로 보충하고 있었음을 알 수 있는 것이다. 그들이 정규군에서 보았을 때 어느 정도의 위치를 차지하였는지 알 수는 없지만, 그 수로 보아 상당부분을 그들이 담당하였을 것으로 짐작하고도 남음이 있다.

이러한 배경에서 나온 이야기가 제주도 공격설이다. 그 내용인 즉슨, 1617년 1월에 송환된 진주 유생 신응창의 보고에 의하면 사쓰마에는 이문장이라는 인물이 있는데, 그는 임천의 양반출신으로 처음에 사쓰마에 있을 때 흉당을 모아 병을 사쓰마에 청하여 제주도를 노략질하려 하였지만 시마즈씨는 이를 야단쳐 허락하지 않고 그를 오사카성으로 이송했다는 것이다.[9] 물론 이러한 사건이 진실인지 아닌지 알 수는 없지만 이문장이 병력을 이끌고 제주도를 공격하겠다는 이야기는 숙련된 조선인 병력을 배경으로 나온 것임은 충분히 예상할 수 있다.

이러한 포로들을 조선에서 쇄환하려고 힘썼다. 특히 1610년 4월에

8) 『광해군일기』 9년 5월 계사조
9) 『비변사등록』 광해 9년 정월 9일 을해조

송환된 진주출신 교생 정방경은 "자신은 정유왜란에 지리산 근처에서 왜군에 잡혀 사쓰마로 끌려갔었는데, 그곳에 포로가 가장 많다. 경상감사나 병사의 군관 한 사람만 보내도 수천 명은 충분히 찾아 송환해 올 수 있을 것이다."[10]고 하면서 그들의 송환을 촉구하고 나섰다.

그리고 사쓰마에서 탈출하는 조선인 포로들도 생겨났다. 특히 이러한 요소들이 조선통신사들의 기록에 자주 보인다. 가령 경섬의『해사록』에 은진출신 선비 김유생의 이야기가 서술되어있다. 그는 조선통신사가 일본으로 간다는 소문을 듣고 사쓰마에서 죽음을 무릅쓰고 나와 2개월에 걸쳐 교토로 도착한 것이다. 그리고는 사쓰마에 있는 양반 출신 포로들이 연명으로 슬픈 사정을 호소한 서한을 통신사에게 전하였다. 이에 통신사측은 그에게 예조의 유문 한통을 주어 이를 가지고 조선포로들을 데리고 오라고 권유하고 있다.[11] 이처럼 사쓰마에서 머나먼 길을 여행하여 자신들이 송환되기를 원하는 서한을 조선을 대표하는 통신사측에 전달하여 외교의 루트를 통하여 자신들을 구해달라고 하소연하는 경우가 있었던 것이다.

한편 이러한 사건도 있었다. 조선포로가 모시고 있는 주인과 함께 외지로 볼 일을 보러 갔다가, 조선통신사를 만나 귀국을 희망하는 사람도 있었다. 이경직의『부상록』에 의하면 사쓰마에 있던 가네구라(金藏)라는 조선인이 찾아와 귀국하기를 원했다 한다. 그는 주인인 왜인과 함께 교토에 왔다가, 조선사절이 온 것을 듣고 고국에 돌아갈 것을 요청해 허락을 받았다고 했다.[12] 이 때 가네구라는 사쓰마에는 조선포로들이 많다고 말하였다. 이에 통신사측은 그에게 유시문(諭示文)을 주면서

....

10)『광해군일기』2년 4월 을미조
11) 경섬,『해사록』윤6월 5일조
12) 이경직,『부상록』9월 9일조

포로들을 모집하여 오면 중상을 내리겠다고 하며 그에게 쌀 1섬을 여행경비로 주었다.[13]

이처럼 사쓰마에 있는 조선인 포로 가운데는 귀국을 희망하는 사람들도 많았을 것으로 생각된다. 그에 대해 조선 측에서는 송환하려고 노력한 흔적이 이상의 기록을 통해 엿볼 수 있다. 그러나 그들 가운데 얼마나 귀국을 하였는지 알 수는 없다. 함평의 선비 노인(魯認)처럼 여러 번 탈출을 시도하여 실패하다가 1599년 3월 17일에 중국으로 탈출하는데 성공하여 귀국하는 사람도 있었다. 그러나 많은 사람들이 귀국하지 못하고 사쓰마에 남았을 것이다. 고국에 전답을 두고 온 양반계층은 몰라도 그렇지 못한 서민들은 고국을 떠난 지도 오래되고, 생활기반이 사쓰마에 내려져 있었다면 귀국길은 더욱 힘이 들었을 것이다. 이와 같이 가고시마에는 어린아이부터 양반, 서민에 이르기까지 다양한 계층의 조선포로들이 있었던 것이다.

3. 임란포로가 남긴 유적과 유물

3.1. 고려정과 고려떡

가고시마현의 현청소재지인 가고시마에는 고라이마치(高麗町)라는 고려마을이 있다. 그리고 그곳에는 고라이바시(高麗橋)라는 오래된 고려다리도 있다. 이와 같이 고려라는 이름이 붙어있는 마을은 시마즈군에 의해 강제로 끌려온 조선포로들이 많이 살았던 곳이기 때문에 생

---

13) 이경직, 『부상록』 9월 9일조

겨난 이름이었다. 다리의 이름인 고라이바시도 그들이 사는 곳에 가깝
고 그것을 만들 때 많은 노동력을 제공하였기 때문에 생겨난 이름일
것이다.

조선인들이 세운 다리라면 세이노
가와(精ノ川)의 미가다바시(實方橋)도
빼놓을 수 없다. 이 다리는 유감스럽
게도 1993년 집중호우로 유실되어 지
금은 그 자취를 찾아볼 수 없지만, 기
록에 따르면 8미터 정도의 길이로 아
치형으로 되어있었다 한다.14) 『묘대

〈그림 40〉 고려다리

천연혁개요(苗代川沿革槪要)』에 의하면 조선인 차경산(車慶山)은 석공
의 대가로 사쓰마의 유명한 여러 돌다리를 가설하는데 공헌을 했다는
기록을 찾아볼 수가 있어, 이 다리는 차경산을 비롯한 조선의 석공들에
의해 세워졌을 것으로 추정된다.

한편 가고시마에는 고레모치(高麗餠)라는 고려떡이 있다. 이것은 아
마도 이곳에 살았던 조선인들이 만들어 판 것에서 생겨난 말임은 쉽게
짐작할 수 있을 것이다. 이것을 만들어 파는 아카시아(明石屋)라는
유명한 가게가 있는데, 그 가게가 무쿠 하토쥬(椋鳩十)라는 저명인사의
글을 빌려 고레모치의 유래에 대해 다음과 같이 소개하고 있다.

사쓰마의 나에시로가와라는 곳에는 정유재란 때 시마즈가와 더불어
온 도공들이 300년간 그 전통을 지키면서 도기를 만들고 있다. 지금도
그 중심을 이루는 도공집안은 심씨 성을 가지고 있다. 그 부락의 지역신

----

14) 尹達世(2003)『四百年の長い道』リーブル出版, pp.92－93

의 제문은 현재도 조선의 옛 말이며, 신에 바치는 공물은 선조를 기리는
고려떡이다. 고려떡 즉, 고레모치는 팥가루와 쌀가루를 섞어서 만든 「칸」
의 일종이다. 이것을 형태를 아름답게 하여 과자로서 판매하고 있는 것이
아카시야의 고레모치이다. 3백년의 역사를 지니는 과자이다.

떡이라고 하지만 떡과 질이 다르다. 카스테라와 닮아있기는 하지만
그것과는 또 다르다. 색채가 아름답다. 팥이 내는 참새와 같은 색깔이
다. 이즈미 쿄카(泉鏡花)가 좋아하는 색깔이다. 이 칸에 칼을 집어넣으
면 중앙에 뚜렷하게 한 획을 긋는 하얀선이 나온다. 선명한 선이다. 한
시에 연결되는 싯구와 같이 선명하고도 맑은 마음과 같은 훌륭한 흰
선이다. 이러한 고레모치도 내가 좋아하고 있는 과자 중의 하나이다.15)

여기에서 보듯이 고려떡은 조선인들이 조상과 신에게 제사지낼 때
바치는 떡에서 유래되었다. 그러므로 원래는 팥을 위에 얹은 시루떡이
어야 한다. 그러던 것이 변하여 팥가루와 쌀가루를 섞어서 만들고 있는
것이다. 그리고 맛도 일본식으로 변하여 떡이 아니라 카스테라(칸)에
가까운 과자로 변형되어 있는 것이다. 가고시마의 고라이마치에는 조

선인들의 후예를 만나기 쉽지 않다. 그
들은 모두 일본인으로 살아가고 있기 때
문이다. 그러나 그들이 남긴 고레모치
는 비록 그 형태와 맛은 달라졌다 해도
그 이름과 색깔을 통하여 고향의 흔적
을 남기고 있는 것이다.

〈그림 41〉 고려떡

15) 이 가게에서는 이 글을 상품의 색깔과 같은 붉은 종이에다 인쇄를 하여
    각 상품마다 넣어서 판매하고 있다. 이상의 내용은 그것을 그대로 옮겨본
    것이다.

3.2. 정종환과 장뇌제조

가고시마의 조선인 포로 가운데 일본 근대화에 결정적인 역할을 한 사람이 있다. 그는 다름 아닌 조선도공출신 정종환이다. 그는 일본 국내나 한국에서도 잘 알려져 있지 않지만 가고시마는 물론 일본과학사에서 매우 중요한 인물이다. 그러한 그를 1985년 일본인들은 그가 살았던 나에시로가와(苗代川)에 그를 기리는 기념비를 세웠다. 그리고는 그 기념비에 다음과 같이 그의 공로에 대해 자세히 설명했다.

1598년(경장 3) 조선으로부터 건너온 도공 정종환은 장뇌제조의 기술을 알고 있었다. 그리하여 사쓰마번으로부터 면허를 받아 나에시로가와에서 소출법(燒出法)으로 장뇌를 제조 창업했다. 장뇌는 4,5되 크기의 가마솥에 녹나무 토막을 채워 넣고 밑에서 불로 5일간 찌면 솥위에 있는 소소발(素燒鉢)에 장뇌가 들어붙는데, 이를 모았다. 장뇌는 17세기 초 동남아시아는 물론 인도, 페르시아와 네덜란드에 까지 수출되었는데, 그 태반이 이곳 사쓰마에서 만든 것이었다. 번정 시대에는 재정의 중요한 수입원으로서 전매제가 시행됐다. 그 후 1904년 이래 1962년까지 국가전매제가 실시돼 셀룰로이드 의약품 방충제의 원료로 사용되었으며, 세계 유일의 천연 장뇌로「동양의 白銀」이라고 불렀다. 이러한 선인의 공을 기리고 후세에 위업을 기리기 위해 기념비를 건립한다.

이 내용을 토대로 살펴보면 그는 일본에서 최초로 장뇌를 발명한 사람이다. 장뇌란 방충제로서, 기침과 중풍의 약제로서도 사용되었다. 그리고 장뇌는 향으로도 널리 이용되었다. 그러한 예가 성서나 코란에도 나오며, 7세기경 아리비아에서는 귀중약으로서 사람이나 물건을 청결히 하는 영약으로서 애용되었다. 특히 인도에서는 이것이 없어서는 생활이 안 될 정도로 필수적인 것이었다. 그들의 힌두교 의례에서 장뇌의 분말을 넣어 향으로 사용하였기 때문이었다. 그리고 이들은 시신에도 장뇌분말을 넣었다고 전해진다.[16]

이와 같이 장뇌가 인간생활에 대단히 중요한 위치를 차지하고 있었던 시대가 있었다. 그런 가운데 일본은 세계에서도 거대한 장뇌수출국 중의 하나이었다. 에도시대에는 주로 네덜란드를 통하여 수출을 했고, 『화란상관일지(和蘭商館日誌)』에 의하면 17세기 중반에서 18세기 초엽에 이르기 까지 해외로 수출한 양이 무릇 6톤 정도가 되었다고 한다. 네덜란드로 수출하는 품목 가운데 장뇌는 금은과 동에 이어 3번째를 차지할 만큼 중요한 수출품이었다. 사쓰마번에 있어서는 미시마(三島)의 설탕, 오키나와와의 무역과 더불어 번의 재정을 충당하는 데 큰 역할을 했던 것이다.

장뇌는 이러한 상품이었기에 사쓰마에서는 일찍부터 전매제로 했다. 그리고는 정종환에게 생산과 관리를 맡겼다. 또 그에 필요한 녹나무의 도벌자는 벌금형에 처했고, 도벌하는 것을 신고하면 포상을 했다.

이러한 상황이었기 때문에 다른 번에서도 이 기술을 탐내지 않을 수 없었다. 그리하여 사쓰마번에서는 다른 지역으로 기술이 유출되는 것을 막기도 했다. 그러나 어찌된 셈인지 1860년부터 시코쿠의 도사번(土佐藩)에서도 아메야요베(飴屋興平)에 의해 장뇌가 생산되기 시작한다. 일본전매공사에 따르면 "장뇌의 대생산지는 시마즈번과 도사번으로 이들 번들은 번의 직영사업으로서 제조판매를 하고 무역으로 거대한

....
16) 阿部桂司(1978)「樟腦の製造と鄭宗官」『季刊 三千里(16)』三千里社, p.115

이익을 남겼기 때문에 이 자금으로 유신의 대업을 이룰 수가 있었다"고 보고하고 있다 한다.[17] 다시 말하여 이들 지역이 장뇌무역수입금으로 군함을 구입하고 군사력을 증진시켰다는 것이다.

이 정도로 장뇌산업은 그야말로 큰돈을 벌 수 있는 사업이었다. 근대에 들어와 미국의 하이야트 형제가 셀룰로이드를 발명하자 그 원료인 장뇌의 수요는 더욱 늘어나 일본 장뇌무역은 더욱 활기를 띠었다. 장뇌수출로 큰 기업을 이룬 예도 나왔다. 도사출신 이와자키 야타로(岩崎彌太郎)는 장뇌의 무역을 통해 큰돈을 벌어 미쓰비시를 만들었고, 미쯔이물산(三井物産)도 장뇌수출에 깊게 관여하고 있었다. 그러나 1903년 합성장뇌가 발명되면서 장뇌산업은 활기를 잃고 말았으며, 오늘날에는 거의 대가 끊겨 생산하지 않고 있다.[18] 이처럼 조선인 포로 정종환은 사쓰마의 산업은 물론 일본의 근대산업사에 지대한 공헌을 하였던 인물이었다.

3.3. 타네가시마(種子島)의 이모토(井元) 집안

타네가시마에는 이모토라는 성씨를 가진 사람들이 살고 있다. 그들 가운데는 니시노오모테시(西之表市)의 시장을 배출하는 등 그 지역에서는 상당히 알려져 있는 집안이다. 그런데 이들은 조선포로의 후예들이다. 이들 집안에 보존되어있는「유서서(由緒書)」에 의하면 그들의 시조인 료잠(了潛)은 1593년(문록 2) 조선국에서 태어났으며, 어머니의 성씨는 모른다고 기록하고 있으나, 그의 아버지에 대해서는 남원성장 보국숭록대부(南原城將輔國崇祿大夫)이며, 1597년 정유재란 때 고니시

---

17) 阿部桂司, 앞의 글, p.115
18) 홍종필(1992.5.22)「방충제 장뇌제조법 전한 정종환」동아일보

유기나가(小西行長) 병사들에게 포로가 되었다고 적고 있다. 이를 두고 니시노오모테시장을 지낸 바 있는 이모토 세류(井元正流)씨는 당시 남원부사가 임현(任鉉)이었으므로, 임현이 그의 시조일 것으로 추정하고 있다고 한다. 그들의 시조인 료잠은 5살 때 포로가 된 셈이다.

임현의 본가인 풍천임씨 중앙종친회에서도 이를 인정하고, 현에게는 익지(翼之)와 계지(繼之)라는 2명의 자식이 있는데, 계지의 아들 공(鞏)의 후손들은 오늘날까지 건재하나, 계지의 아들 화(華)와 담(曇) 중 어느 한 사람이 일본군에 인질로 잡혀가 타네가시마의 이모토 집안의 시조가 되었을 것으로 보고 있다.[19]

이러한 가계의 이력을 가진 사람이었기에 료잠은 비록 포로가 되어서도 고니시 유키나가로 부터 무사대우를 받았다. 그러나 그들이 타네가시마로 본거지를 옮기지 않을 수 없었던 것은 고니시 가문의 멸망과 관련이 있다. 즉, 세키가하라 전투에서 고니시 가문이 멸망하자, 이들의 안위를 걱정한 고니시의 가신이 조선인들을 많이 데리고 있는 사쓰마번을 추천하였기 때문이다. 이로 인하여 그들은 카고시마로 거주지를 옮겼고, 다시 그곳에서 타네가시마가의 가신인 와타나베가(渡邊家門)에 몸을 의탁하게 되었다.[20] 이처럼 타네가시마에도 조선인의 후예가 살고 있었다.

· ·

19) 豊川任氏中央宗親會 「失われた血族井元家を發見して」<개인자료> p.2
20) 尹達世, 앞의 책, pp.96-97

4. 가고시마에 남은 임란의 상처

4.1. 소후렌(想夫戀)

센다이시(川內市) 구미자키쵸(久見崎町)에는 소후렌(想夫戀)이라는 전통춤이 있다. 그 춤은 매우 특이하다. 즉, 11명의 부녀자들이 「오고소즈킨(お高祖頭巾)」이라는 검은 색깔의 두건으로 얼굴을 가리고, 또 검은색의 상의를 걸치고, 옆구리에

〈그림 42〉 소후렌의 춤

는 단도를 차고 애조를 띠는 샤미센(三味線)의 음악에 맞추어 원을 그리며 천천히 추는 춤이다. 이러한 춤을 지역민들은 소후렌이라 부르며, 매년 음력 7월 16일에 추던 것을 현재는 8월 16일에 춘다는 것이다.

소후렌이란 원래 중국에서 비롯된 말이었다. 진나라 대신 왕검이 자신의 집 정원 연못에다 연꽃을 심고서 이를 매우 아꼈다는 것에서 생겨난 말이 상부련(相府蓮)이란 말이었다.[21] 이것이 일본에 전해지자 그 의미는 여인(부인)이 남자(남편)를 그리워하는 말인 상부련(想夫戀)으로 바뀌고 마는 것이다. 그 대표적인 예가 바로 헤이안(平安) 말기의 고전 소설인『평가물어(平家物語)』에 잘 나타나 있다.『평가물어』에 의하면 사쿠라마치 쥬나곤(櫻町中納言) 시게노리(成範)의 딸 코고(小督)에서 비롯된 것이었다.

코고는 미모와 거문고의 명수로 잘 알려져 있는데, 궁중에서 중궁(建

21) 市古貞次 校註, 譯(1975)『平家物語(1)』小學館, p.437

礼門院)을 섬기고 있는 궁녀이었다. 그녀의 주인인 중궁이 상심에 젖어 있는 다카구라 천황(高倉天皇)을 위로하기 위하여 그녀를 바친 것이 계기가 되어 천황으로부터 은총을 받는다. 이로 말미암아 당시 권력자인 타이라노기요모리(平清盛)가 자신의 두 딸과 결혼한 천황이 코고에게 마음이 빼앗겼다는 사실을 알고 분노하게 된다. 이를 안 코고는 자신으로 말미암아 천황이 위기에 빠지는 것을 염려하여 남몰래 궁궐을 빠져나와 몸을 숨기고 만다. 그녀의 행방을 알 수 없게 되자 천황은 비통의 눈물로 세월을 보내다가 어느 날 나카구니(彈正少弼仲國)를 불러 그녀를 찾아달라는 부탁을 한다. 나카구니는 그녀가 거문고를 연주할 때 언제나 피리를 불어서 상대를 해주었던 자이었다. 그러므로 그녀의 거문고 연주소리를 들으면 금방 알 수 있는 사람이었다. 나카구니는 그녀가 사가노(嵯峨野)의 어딘가에 숨어 있다는 소문을 근거로 이곳저곳 기울여 보았으나 좀처럼 찾아지지 않았다. 그가 찾아다니는 부분의 내용을 잠시 소개하면 다음과 같다.

가메야마(龜山) 부근 소나무들이 서있는 곳에서 희미한 거문고 소리가 들려온다. 산에서 부는 바람인가 소나무 바람소리인가 아니면 찾아오는 사람의 거문고 소리인가 반신반의하면서 말을 타고 그곳으로 다가가자 반쯤 열린 문 안쪽에서 맑은 거문고 소리가 들려온다. 말을 멈추고 들어보니 틀림없는 코고의 손톱에서 나는 소리이었다. 무슨 곡인가 하니 남편을 생각하고 그리워하는 소후렌(想夫戀)이었다. 역시 그랬던가. 천황을 그리워하며 많은 곡 중에서 이곡을 골라 연주했단 말인가. 그 마음을 헤아린 나카구니는 감동하여 허리에서 피리를 내어 한번 힘주어 불고 난 다음 문을 두드리자 그만 거문고 소리가 멈추었다.[22]

....

22) 市古貞次 校註, 譯, 앞의 책, pp.437-438

여기서 말하는 소후렌은 남편을 그리워하며 연주하는 음악을 말한다. 이야기는 계속되어 거문고 소리에 의해 코고를 찾은 나카구니는 그녀를 궁궐로 데리고 가서 천황을 만나게 했으며, 천황은 그 이후 매일 밤 그녀를 찾았다. 그 결과 여자아이가 태어났다. 나중에 이것이 발각되고, 이에 화가 난 기요모리는 다시 코고를 붙잡아 강제로 머리를 깎이고 승려로 출가시켜버린다. 그 이후 그녀는 사가노 부근에서 자그마한 암자를 짓고 그곳에서 생애를 마쳤으며, 다카구라 천황도 그녀와의 이별이 크게 영향을 주었는지 얼마 되지 않아 병에 걸려 사망했다는 것이다.

이같이 『평가물어』에서는 애틋한 사랑이 담긴 거문고의 연주가 소후렌이었다. 그러나 무엇 때문에 그와 똑같은 이름의 춤을 매년 이 지역 사람들은 추는 것일까? 이는 『평가물어』에서 비롯된 것이 아니라 히데요시가 일으킨 왜란과 관련이 있었다. 1597년 히데요시의 명에 의해 사쓰마군 약 1만여 명도 이곳 히사미사키 항(久見崎港)을 출발하여 조선으로 출병되었다. 그리고 그 다음해에 히데요시의 사망으로 인하여 전군이 철수하게 되어 시마즈 군사들도 고향으로 돌아왔다. "보인다. 보인다. 둥근 원 안에 열십자가 그려진 돛대가 보인다."는 가고시마의 민요에서 보듯이 원이 열십자 테두리를 두르고 있는 시마즈군대의 깃발을 보고 반가워 많은 사람들이 가족들을 맞이하기 위하여 해안으로 모였다.

그러나 그 중에는 돌아오지 않는 그들의 남편과 자식이 많았다. 전사한 숫자도 부지기수였던 것이다. 특히 이 지역 출신자들은 선원으로 동원되었다가 전사한 사람들도 많았다. 언제부터인가 선원의 미망인들이 자신들의 슬픔을 춤으로 표현하기 시작했다. 돌아오지 못하는 영혼을 위해 음력 7월 15일 우란분일(盂蘭盆日)에 해변에 모여 춤을 추었다.

그것이 가고시마의 소후렌이다. 일본인들은 우란분일에 죽은 조상의
영혼이 집으로 돌아와 머물다가 돌아간다고 믿기 때문에 이 날이 택하
여진 것이다.

이렇게 시작된 소후렌은 1866년(慶応 2) 선원제가 폐지됨에 따라 자
연스럽게 모습을 감추었다. 그러던 것이 1923년(大正15) 당시 가고시마
고등농림학교 교장이었던 다마요시 젠조(玉利善藏)가 86세의 가와소에
세이(川添世伊)씨를 비롯한 노인네들의 기억에 의거하여 복원시킨 것
이 현재의 소후렌이다. 그러므로 그 이전에도 그 춤의 명칭이 소후렌이
었는지는 확실하지 않다.[23]

현재 전해지는 소후렌의 노래가사도 채집자에 따라 조금씩 그 내용
이 모두 다르다. 가령 센다이시 향토사편찬위원회(鄕土史編纂委員會)에
서 낸 자료에 의하면 다음과 같다.[24]

> 高祖頭巾에 코시마키(腰卷) 하오리(羽織)
> 아내가 보아도 눈 아래로 흐르는 눈물
> 잘라 바친 검은 머리카락은
> 오늘 만남을 애절하게 기다리고 있구나
> 주군을 위해서라면 눈물이 나오지 않는다
> 영혼을 위해 추는 봉춤
> 23일에 달 뜨는 것을 기다리는 것은
> 한척의 배와 주군을 위함이다.
> 봉의 14일에 춤을 추지 않는 사람은
> 목련존자의 법도에 어긋난다.

....

23) 川內市歷史資料館編(1985) 『川內市文化財要覽』 川內市, p.227
24) 川內市鄕土史編纂委員會編(1980) 『川內市史(下卷)』 川內市, pp.832-833

한편 재일교포 사학자인 이진희씨가 소개한 노래 내용은 위의 것과 조금 다르다. 그 내용을 소개하면 다음과 같다.[25]

> 봄날이 왔는데도 춤추지 않는 사람은
> 목련존자의 법도에 어긋난다.
> 高祖頭巾에 코시마키(腰卷) 하오리(羽織)
> 아내가 보아도 눈 아래로 흐르는 눈물
> 잘라 바친 검은 머리카락은
> 오늘 만남을 애절하게 기다리고 있구나.
> 봄날은 기쁘다 헤어진 사람이
> 당당하게 이 세상을 찾아온다.
> 누워서도 생각하고, 앉아서도 생각한다
> 이 몸이 다할 때까지 님을 위해

이같이 채집자에 따라 그 내용이 조금씩 다르다. 전자의 향토사편찬위원회가 소개한 노래에서는 자신들의 영주인 주군을 위해서라면 눈물도 흘리지 않고 용감하게 전쟁터에 나간다는 다소 정치적인 색채가 들어있지만, 후자인 이진희가 소개한 것에서는 그러한 요소가 전혀 보이지 않는다. 그들이 신분적으로도 서민이고, 또 소후렌도 그들의 슬픔을 자발적으로 표현한 것이라 생각하면 후자의 것이 원형에 가까운 것으로 추정된다. 소후렌은 옛날에는 해변의 솔밭에서 추었던 것이 오늘날에는 솔밭 부근「정유재란(慶長の役) 기념비」앞에서 추며, 이 춤은 현재 가고시마현 지정 무형민속문화재로 지정되어있다.

이와 같이 가고시마인에게 있어서 소후렌이란『평가물어』의 코고와

25) 李進熙(1987)『江戸時代の朝鮮通信使』講談社, pp.82-83

는 달리 조선에서 출병하여 돌아오지 않는 남편을 그리워하며 추는 춤을 말하는 것이다. 남편을 그리워한다는 점에서는 『평가물어』의 코고나 가고시마의 센다이 사람들은 서로 일치된다. 이처럼 임진과 정유재란의 상처는 조선인 마을뿐만 아니라 일본인 마을에도 깊게 남아 있었던 것이다.

4.2. 임란에 참가한 가고시마 고양이

〈그림 43〉 고양이 신사

가고시마 시내에 이소테이엔(磯庭園)이라고 불리는 유명한 정원이 있다. 이는 킨코만(錦江灣)과 사쿠라지마(櫻島)를 배경으로 1만 5천평의 넓은 부지에 조성되어 있다. 사쓰마의 19대 영주 시마즈 미츠히사(島津光久)가 1658년부터 만들기 시작하여, 그 후손들이 대를 이어 조성사업을 하여 약 230여 년이 걸려 완성시켰다. 가고시마를 방문하는 사람들은 대개 이곳을 빠뜨리지 않고 본다고 할 만큼 이 정원은 가고시마를 대표하는 문화유산이다.

이러한 곳에 특이하게도 고양이를 신으로 모신 신사가 있다. 이 신사에 신으로 모셔져 있는 고양이가 우리나라와 관련이 있다. 안내판의 설명에 의하면 임진과 정유재란 때 시마즈 요시히로가 우리나라를 쳐들어 왔을 때 7마리 고양이를 데리고 왔다. 그 이유는 고양이의 동공이 열리는 상태를 보고 시각을 추측하기 위해서라고 전해진다. 아마도 7마리 중 5마리는 조선에서 죽었던 모양이다. 두 마리만 살아서 가고시마로 돌아가 살다가 죽었던 모양이다. 이 두 마리 고양이를 모시게 된 것이 이 신사의 유래라고 설명되어있다. 그 고양이들이 시각을 요시히로에게 알려주었듯이 죽어서 시간의 신이 되었다. 그리하여 매년 6월 10일 시계의 날이 되면 가고시마 시내 시계업자들이 이곳에 모여 고양이를 위한 제사를 지낸다고 한다.

이처럼 조선을 다녀간 고양이가 죽어서 시간의 신이 되어 현재 가고시마 사람들에 의해 모셔지고 있는 것이다. 이것 또한 가고시마에 남아 있는 임진과 정유재란의 흔적이라 하지 않을 수 없다. 이처럼 도요토미 히데요시에 의해 저질러진 임란과 정유재란은 가고시마인들에게도 깊은 상처를 남겼던 것이다.

5. 가고시마의 임란사료

한편 가고시마에는 임진과 정유재란에 관한 자료가 많이 남아있다. 조선에 와 있으면서 적은 일기류와 서한을 비롯해, 전쟁이 끝난 후 회고자료 그리고 전쟁사도 많다. 2003년 역사학자 김광옥에 의해 기본 자료에 대한 조사가 착수된 적이 있다.26) 그의 보고서를 토대로 문헌자료를 연대별로 정리하면 다음과 같다.

첫째는 1500년대의 기록이다. 여기에는 『면고연장방일기(面高連長坊日記)』, 『대도충태일기(大島忠泰日記)』, 『신납충증일기(新納忠增日記)』, 『조선일일기(朝鮮日日記)』 등이다. 『면고연장방일기』는 이치키(市來)지역에 거주하고 있던 준창(俊昌)이라는 승려가 기록한 것으로 1594년 시마즈 타다쯔네(島津忠恒)를 따라 임란에 참여했다. 일기의 내용은 1597년 7월부터 거제도를 떠나 고성을 거쳐 남해에 주둔하고, 같은 해 12월

고성의 새로운 왜성에 주둔하기까지의 상세한 기록이다.[27] 따라서 시마즈군의 동태를 살피는데 매우 유익한 사료이다.

『대도충태일기』는 오시마 타다야스(大島忠泰)가 쓴 일기로 『고려도기(高麗道記)』라고도 불리운다. 타다야스는 규자에몬(久左衛門)으로 알려진 인물로 1597년 정유재란 때 요시히로의 부대에 속해서 대마도를 출발하여 조선으로 향하던 도중 태풍 때문에 표류해 다시 향리로 돌아오기까지의 과정을 서술한 서적이다.[28]

『신납충증일기』은 니이로 타다마스(新納忠增)의 아들 니이로 야타우에몬(新納彌太右衛門)이 쓴 것으로 그는 아버지를 대신하여 임란에 참전하였는데, 요시히로와 함께 이동했다. 일기는 1592년 3월에서 7월까지 기록했다. 현재 도쿄대학 사료편찬소에 필사본이 있다.[29]

『조선일일기』는 임란 당시 기록이 아니라 사쓰마번의 무사가 전쟁의 진행을 연월로 나누어 정리한 회고록이다. 따라서 일반적인 각서사료와 일기의 중간 형태라 할 수 있다.[30]

둘째는 1600년대의 기록이다. 여기에는 『유신공어자기(惟新公御自記)』, 『화산소금자기(樺山紹劍自記)』, 『조선정벌기(朝鮮征伐記)』, 『정한록(征韓錄)』, 『조선정벌기추가(朝鮮征伐記追加)』 등이 있다. 『유신공어자기』는 요시히로가 1602년 번주(藩主)에서 물러난 이후 앞으로 번주의 자리를 맡을 후손을 위해서 자신의 성공담을 전승토록 하기 위해 한문체로 짤막하게 기술한 회고록이다. 특히 임란에 대해서는 오직 사천전투에 대해서만 서술하고 있는데, 자신의 덕으로 무사히 철수할 수

---

27) 김광옥, 앞의 논문, p.7
28) 김광옥, 앞의 논문, pp.7-8
29) 김광옥, 앞의 논문, pp.7-8
30) 김광옥, 앞의 논문, p.8

있었고, 그 때 거둔 승리는 일본 개벽 이래 어떤 것과도 비교할 수 없는 대단한 일이라 칭송하면서, 이러한 승리는 요시히로와 타다쯔네의 활약과 일본의 신불의 힘으로 이루어진 전공이라 강조했다.[31]

『화산소금자기』는 번의 유력가신인 가바야마 쇼켄(樺山紹劍:1540 - 1609년)이 66세가 되던 해인 1605년에 자신과 가문의 과거를 정리한 기록이다. 그것에 의하면 그의 아들인 가바야마 히사다카(樺山久高)와 가바야마 노리히사(樺山規久)를 비롯한 그의 일족들이 임란전쟁에 참가해 활약했다. 그들은 시마즈 모테히사(島津以久)의 휘하의 가신으로 함께 참전해 많은 전공을 세웠고, 그 중 노리히사는 1593년 8월 거제도에서 사망했다 한다.[32]

『조선정벌기』는 호리 교안(堀杏庵: 1585 - 1642)이 그의 말년인 1630년대에 시마즈가의 임란전공을 널리 알린다는 목적에 의해 편찬된 것이다. 그러나 발행은 그가 죽은 지 17년 후인 1659년에 교토의 니조도오리(二條通) 쯔루야쵸(鶴屋町) 다하라 니우에몬(田原二右衛門)에 의해 9권으로 간행되었다. 특히 중국, 조선, 그리고 일본의 관련 사서를 바탕으로 임란침략사를 서술하고 있는 특징을 보이는데다가[33], 특히 국가의 정도를 강조하고 있는데 주목을 끈다. 이 책명에서 보듯이 조선침략을 정벌로 나타내고 있으며, 그 이유는 다음과 같이 설명하고 있다.

조선국왕은 재위가 오래되어서 정도는 무너지고 흐트러졌다. 이 때문에 현신은 쫓겨나고 소인이 때를 만났다. 간신인 류영, 이충, 이덕형 등이 아첨하여 충심을 멀리하니, 국가는 전쟁을 몰랐고, 만민은 싸울

---

31) 김광옥, 앞의 논문, p.9
32) 김광옥, 앞의 논문, pp.9 - 10
33) 김광옥, 앞의 논문, p.13

줄 몰랐기 때문에 일본의 대군이 도착한 것을 듣고 군신은 속수무책으로 십방으로 숨고, 백성들은 산으로 숨었다.[34)]

여기에서 보듯이 조선은 정도가 무너져 간신들이 득세하고, 이로 인해 외적의 침입으로부터 스스로 지켜낼 수 없었다는 것을 지적하고 있다. 즉, 일본의 정벌대상이 된 것은 국가의 정도를 세우지 못한 조선의 잘못이라고 하고 있는 것이다. 이에 비해 일본은 그와 정반대로 정도가 바로 서있는 나라라고 다음과 같이 서술하고 있다.

관백 히데요시공이 수년간 천하를 석권하고, 사해 바깥까지 그 위력을 복종시키고는 1588년 쥬라쿠 성(聚樂城)을 쌓으니,... <중략>.... 백관을 복종시키는 정도도 그의 명령에 의하지 않는 바가 없었다. 그 해 여름에 쥬라쿠성에 천황이 행차했다. 존숭을 다하고 화려함을 다해 모셨다. 관백이 무장들을 그 능력에 따라 임관시키고 여러 영주에게 맹서문을 쓰게 해서, 대대손손까지도 임금을 때맞춰 돌보는데 소홀히 말라고 굳게 약속하도록 하여 천황에게 올렸다.[35)]

여기에서 말하는 국가의 정도란 군왕을 잘 섬기는 질서체계를 말한다. 히데요시는 이를 세우는 데 큰 역할을 하고 있음을 지적하고 있음을 알 수 있다. 이처럼 국가의 정도를 내세워 마치 정립되어있는 나라가 정립되어있지 않은 나라를 정벌해도 되는 것처럼 서술되어있는 것이다.

· ·

34) 박창기(2000)「17세기 일본 군기물에 나타난 임진왜란관」『일본사상(2)』 일본사상사학회, p.51
35) 박창기, 앞의 논문, p.50에서 재인용

『정한록』은 시마즈가(島津家)의 기록으로 1671년(寬文11) 요시히로
가 죽고 나서 50여 년이 지나서 성립된 것이다. 편자는 가로(家老)인
시마즈 히사미치(島津久通)이다. 히사미치는 시마즈가의 대학두(大學
頭)를 지내며 문필에 종사했던 인물로 에도 막부의 문사를 담당했던
하야시 가호(林鵝鳳)와도 교분이 있던 인물이다. 그가 쓴 『정한록』의
발문을 보면 다음과 같이 기록되어있다.

　　하루는 세자시종인 시마즈 쯔나히사(島津綱久)가 신을 불러 탄식하
　며 이르기를, 계보는 역대의 목록뿐이다. 나는 일찍부터 누대의 훈덕을
　기리고자 했다. 하지만 일이 번거로워 다 짓지 못했다. 가만히 생각해보
　니 근래에 우리 조상이 조선을 정벌하여 무위를 외국에 떨치고 공을
　일본에 세워 이름이 사해에 퍼졌다. 그런데 그 일이 지금은 다른 가문의
　비난을 받고, 틀린 곳이 많고 소홀한 것이 많다. 내가 듣건대 이름은
　덕과 함께 한다고 한다. 그러므로 사람이 스스로 덕을 분명히 하면 이름
　이 이를 타고 오르는 것이다. 이로써 멀리 있는 자가 오고 가까이 있는
　자가 편안해진다. 생각건대 훌륭한 이름을 남겨 후대에 전하는 것은 문
　이 아니면 안된다.[36)]

이처럼 『정한록』은 시마즈가의 명예를 더 높이고자 하는데 목적이
있기 때문에 그 내용이 다소 과장된 부분이 많다. 더군다나 히야시 가
호가 쓴 서문에는 조선이 신라 이래로 일본에 복속되어 조공을 했다고
하고, 임란을 히데요시가 삼한을 압살한 것으로 나타내고 있다.[37)]

----

36) 島津久通(1966) 『征韓錄』『戰國史料叢書 －島津史料集』 人物往來社, p.321.
　　박창기, 앞의 논문, p.44에서 재인용.
37) 박창기, 앞의 논문, p.51

　『조선정벌기추가』는 편찬과정과 그 내용에 대해서는 잘 알려져 있지 않다. 그러나 그것이 가와가미 히사구니(川上久國)가 쓴 것이라는 사실은 확인이 된다. 그는 임진왜란 때 직접 참가해 일찍부터 임진왜란사에 관심이 많았던 것으로 보인다. 번의 기록소가 그로부터『조선정벌기』를 빌려왔다는 기술에서 알 수 있듯이 그가 당시 간행된『조선정벌기』를 먼저 입수해 내용을 살펴보았던 것 같다. 그로 말미암아『조선정벌기추가』는『조선정벌기』를 수정 보완해 서술한 것으로 추정된다. 그는 1663년 사망하였기 때문에『정한록』보다는 앞서 완성되었음을 알 수 있다.[38]

　셋째는 1800년대에 성립된 문헌이다. 여기에는『도진국사(島津國史)』,『투징록(鬪徵錄)』,『정한실기(征韓實記)』,『정한무록(征韓武錄)』,『신납충원훈공기(新納忠元勳功記)』,『구기잡록(舊記雜錄)』등이 있다.『도진국사』는 야마모토 마사요시(山本正誼:1734－1808)가 1802년에 쓴 것으로 사쓰마번의 정통사서이다. 모두 32권 24책이다. 유학의 실증주의에 입각하여 번주를 중심으로 시마즈번의 사적을 연대기의 체제로 정리하였으며,『대일본사(大日本史)』의 서술방식과 비슷하게 원문에다 근거가 되는 전거를 모두 명기하고 있다. 특히 이곳에서는 임진왜란에 대해서 자세하게 서술하고 있는데, 자료를 검토하여 고증하면서 진행과정을 시마즈가의 무공을 중심으로 서술하고 있다. 사천전투와 철군과정을 자세히 서술하고 이 때의 전공으로 귀국 후 포상으로 5만석의 영지와 감사장을 받았다는 사실을 강조해 우리의 눈길을 끈다.[39]

　『투징록』은 사쓰마번의 합전유무학(合傳流武學)의 창시자인 도쿠다 유코(德田邑興)(1738－1804)가 쓴 것이다. 상, 하로 구성되어있는데, 상

---

38) 김광옥, 앞의 논문, p.20
39) 김광옥, 앞의 논문, pp.20－21

권은 규슈통일전쟁에 대해 다루고 있고, 하권이 임진왜란을 분석한 내용인데, 시마즈씨가 각지에서 벌인 전투를 간략하게 서술하고 있다. 특히 여기에서 시마즈 군대가 대철포(대포)를 사용해서 전승을 거두었음을 강조하고 있다. 예를 들면 벽제관 전투에서 일본군이 승리한 데에는 시마즈군이 소지한 대포가 큰 역할을 했고, 사천전투에서도 대포를 활용한 전술이 주효했다고 강조했다. 그는 또 여러 부분에서『정한록』을 비판하고 있다.『정한록』은 시마즈 히사미츠(島津久通) 선조들인 시마즈 다다나가(島津忠長)와 그 휘하 가신들의 활약만을 중점적으로 서술하고 있지만 자신은 이쥬인 타다사네(伊集院忠眞)의『고려진일기(高麗陣日記)』라는 객관적인 자료를 이용하여 군략과 전투상황을 정확하게 기술했다고 밝히고 있는 것이다. 그동안 내부의 반란으로 제거됨으로써 임진왜란 때 벌였던 타다사네의 활약상이 묻혀 있었던 것이 그로 인해 재평가되었던 것이다.[40)]

『정한실기』는 막부말기 때 활약한 고다이 토모아쯔(五代友厚)의 아버지인 고다이 히데타카(五代秀堯:?－1853)가 1814년에 9권으로 편찬한 순한문체로 된 사쓰마번의 임란서이다. 1589년부터 1607년까지의 역사를 편년체로 서술하고 있는데, 중요사항의 항목을 연월 순으로 정하고 이에 대해 자세히 설명하는 형식을 취하고 있다. 히데타카는 번의 유학자로 한학에 조예가 깊었고, 불교에 대한 지식도 높았다. 그리고 창검술에도 능해 그는 자신의 학문을 건곤독보학이라고 칭했듯이 여러 분야의 지식을 두루 섭렵했다. 또 마치부교(町奉行)와 기록부교(記錄奉行)를 역임했고, 사관을 지냈으며,『삼국명승도회(三國名勝圖會)』의 편찬을 주도했다. 그러한 그가 무엇 때문에 이를 편찬했는지 자세한 경위

----

40) 김광옥, 앞의 논문, pp.21－22

는 알 수 없다. 그러나 서문에 임진왜란을 다룬 서적들이 별로 없고, 있다 하더라도 내용이 부실하며, 특히 시마즈 번주인 요시히로가 세운 공이 다른 번주들에 비해 탁월함에도 불구하고 제대로 평가받지 못한 것에 불만을 가지고 번주들의 위업을 자세히 밝히기 위해 저술에 임한다고 밝히고 있는 것에서 알 수 있듯이 번의 제출용으로 보인다. 서문의 내용 가운데 특히 우리의 눈길을 끄는 것은 그의 임란에 대한 평가이다. 7년간의 임란은 일본의 무위를 해외에 떨친 전례가 없는 일이고, 조공을 하지 않는 조선의 대죄를 징벌했으며, 일본을 무시해온 중국에게 무위를 보여준 전에 없던 쾌거라고 평하면서, 도쿠가와(德川) 시대에 들어서 조선과 유구가 조공을 해오는 것은 히데요시의 정벌 덕분이라고 평하고 있다. 이처럼 그는 심지어 조선에서 보내는 통신사행도 조공으로 보는 착오를 저지르고 있기도 하다.[41]

『정한무록』은 1856년에 쇼부도 쇼묘(桑武堂正名)가 편찬한 임란서이다. 수권 1권과 제1권부터 9권까지의 9권(총 10권)으로 구성되어있다. 그가 중요하게 인식한 것은 종래의 임란서와는 달리 임진왜란을 패배한 전쟁으로 인식하고 있으며, 그 패배의 요인을 군사학의 입장에서 분석하고 있다. 그는 기존의 임란서적들이 재원과 병량에 대해 관점이 결여되어있다고 비판하면서 이 '金穀'의 부분의 분석을 중시한다고 밝히고 있다.[42]

『신납충원훈공기』는 니이로(新納) 가문이 1842-3년경에 편찬하여 번에 제출한 것이다. 그들의 선조인 니이로 타다모토(新納忠元:1526-1610)[43]가 번에 있어서 혁혁한 공을 내세웠는데, 당시 영주인 요시히로가 그 공을 인정하고 영지를 증액하려고 하였으나, 타다모토가 수용하지 않아 그 이후 오랫동안 재정적인 압박이 심해 번으로부터 재정적인 지원을 바란다는 의미에서 제출한 것이었다. 그것에 의하면 타다모토는 시마즈의 유력한 가신으로 임란 때는 노약으로 참가하지 않았지만, 대신 그의 아들 니이로 타다마스(新納忠增)를 보내는 한편 군량미 공급지원에 힘을 썼고, 타다마스는 요시히로의 측근으로서 조선에서 눈부신 활약상을 벌였다는 내용이다. 임란에 대해서는 타다마스의 일기와 각종 기록을 모아 서술했는데, 타다마스가 사천전투를 비롯한 여러 전투에서 세운 전공을 중심으로 서술하고 패배나 기타 일반사항에 대한 기술은 거의 없다.[44)

『구기잡록』은 『살번구기잡록(薩藩舊記雜錄)』이라고도 하는데, 사쓰마번의 기록담당자인 이지치 스에요시(伊地知季安:1762－1867)와 그의 아들 스에미치(伊地知季通:1818－1901)가 1840년부터 사쓰마번의 사료를 정리하기 시작하여 1890년대까지 모두 76권의 『구기잡록』을 편찬했다. 일부는 그 후에도 수정 보완이 지속되었으나, 1880년 스에미치가 편찬사료 1부를 필사해서 유신정부에 제출하는 시기에는 편찬내용의 대부분이 완성되었다고 볼 수 있다. 이들 부자는 번내에 존재하는 역사자료를 편년체의 형태로 재정리해서 수록하는 방대한 작업을 해낸 것이다. 그 가운데 임란사료는 1592년부터 1599년 사이의 항목과 『구기

....

를 지키도록 명받았다. 조선으로 출전하는 전별의 자리에서 그는 「あぢきなや 唐土(もろこし)までもおくれじと 思ひしことは昔なりけり」라는 노래를 남기고, 이에 대해 義弘은 「唐土(もろこし)や 倭(やまと)をかけて 心のみ かよう思うぞ深きとは知る」라도 답가를 짓고 있다. 특히 그의 노래는 태평양전쟁 중에는 일본문학보국회가 선정한 애국 백인일수(百人一首)로도 선정되었다. 이 노래가 새겨진 노래비가 타다모토 공원 안 忠元神社에 세워져 있다.

44) 김광옥, 앞의 논문, pp.25－26

잡록부록(舊記雜錄附錄)』에 실려져 있다.45)

이처럼 가고시마에는 임란과 정유왜란에 관련된 사료들도 풍부하게 남아있어 그 전쟁을 일본인들이 어떻게 인식하고 있는지에 대해 알기 위해서는 이러한 문헌들은 대단히 중요한 가치를 지니고 있다고 말하지 않을 수 없을 것이다.

6. 마무리

이상에서 살펴보았듯이 가고시마에는 임란과 정유재란의 흔적이 많이 남아있다. 조선인 포로가 3만 7백여 명이나 되었다고 하듯이 그 속에는 도공만 있는 것이 아니라, 다양한 부류의 사람들이 있었다. 그들 중 조선으로 돌아온 사람들은 얼마 되지 않는다. 그들 중 하인으로서 사는 사람이 있는가 하면, 병술을 익혀 군인이 된 자들도 있으며, 또 자신이 가지고 있는 기술을 살려 농상공업에 종사한 사람들도 있었다. 고려마을(고라이마치)과 고려떡(고레모치)은 그들에 의해서 생겨난 것이었다. 또 그 속에는 정종환과 같이 장뇌를 발명하여 일본의 산업발전에 크게 이바지한 사람들도 있었다.

이렇게 조선에 지대한 피해를 입힌 그들에게도 전쟁의 상처가 없을 수 없었다. 그 예가 바로 센다이시의 소후렌이라는 민속춤과 이소테이엔의 고양이신사일 것이다. 그리고 가고시마에는 왜란과 관련된 사료들이 많이 남아있다. 이상에서 제시한 것들 이외에도『고려입일장(高麗入日帳)』,『고려일기(高麗日記)』와 같은 문헌들도 있다. 이러한 일련의 사료들은 히데요시가 일으킨 조선침략전쟁을 일본인들이 어떻게 평가

---

45) 김광옥, 앞의 논문, pp.25-26

하고 인식하고 있는지를 아는데 소중한 자료들이 아닐 수 없다.

　가지키쵸(加治木町)의 향토사료관에는 임란당시 사용했던 조총과 화살이 전시되어있다. 화살이 붙여진 나무판에는 「조선정벌 때 사용한 활(朝鮮征伐時使用之矢)」이라고 씌어있다. 아직도 이들에게는 조선침략을 조선정벌로 보는 모양이다. 이러한 설명은 임란에 관한 자료를 풍부하게 가지고 있음에도 불구하고 제대로 이해하지 못한 것에서 생겨난 결과라 할 수 있을 것이다. 이를 바로 잡기위해서라도 가고시마의 임란관련 유적 및 유물에 관한 연구가 앞으로 보다 치밀하게 이루어질 필요가 있을 것 같다.

참고 문헌

김광옥(2005) 「일본 에도시대 임진왜란 기록물에 대한 연구」『한국민족문화
　　　　(27)』부산대학교 한국민족문화연구소

노성환(2007) 「나에시로가와의 조선도공 마을에 관한 일고찰」『일어일문학
　　　　(35)』대한일어일문학회

＿＿＿(2007) 「옥산신사의 제의와 조선가요에 대한 고찰」『일본언어문화(11)』
　　　　한국일본언어문화학회

＿＿＿(2008) 「만들어진 도공신화」『일본언어문화(12)』
　　　　한국일본언어문화학회

박창기(2000) 「17세기 일본 군기물에 나타난 임진왜란관」
　　　　『일본사상(2)』일본사상사학회

中野等(2005) 「풍신수길의 대륙침공과 조선인 도공」
　　　　『한・일 도자문화의 교류양상』
　　　　<한일문화교류기금. 한일관계사학회편> 경인문화사

하우봉(1989) 『조선후기실학자의 일본관 연구』일지사

홍종필(1992.5.22) 「방충제 장뇌제조법 전한 정종환」동아일보

阿部桂司(1978) 「樟腦の製造と鄭宗官」『季刊 三千里(16)』三千里社

李進熙(1987) 『江戸時代の朝鮮通信使』講談社

市古貞次 校註, 譯(1975) 『平家物語(1)』小學館

川内市歷史資料館編(1985) 『川内市文化財要覽』川内市

川内市郷土史編纂委員會編(1980) 『川内市史(下卷)』川内市

藤木久志(1995) 『雜兵たちの戰場 −中世の傭兵と奴隷狩り−』朝日新聞社

尹達世(2003) 『四百年の長い道』リーブル出版

제8장

구마모토의
임진유적

일본에 남은 **임진왜란**

제8장

구마모토의 임란유적

1. 머리말

도요토미 히데요시가 일으킨 임진과 정유왜란은 사람을 잡아가는 전쟁이었다. 그리하여 혹자는 이 전쟁을 노예전쟁이라고 정의를 내리기도 한다. 당시 종군했던 일본 측 기록에 그러한 일이 생생하게 기록되어있다. 분고(豊後) 우스키(臼杵)의 오오타 카즈요시(太田一吉)를 수행한 승려 경념(慶念:1536-1611)은 그의 저서 『조선일일기(朝鮮日日記)』에서 경상도 울산에서 인신매매에 열을 올리는 일본상인들의 모습을 기록하고 있다. 그것에 의하면 사람장사를 전문으로 하는 왜인들이 군세 뒤를 따라 생포된 조선의 남녀노소를 사들였으며, 그들의 목을 밧줄로 줄줄이 엮어서 묶고는 뒤에서 지팡이로 다그치면서 이동해 나가는 모습을 지옥의 옥졸과도 같았다고 표현했다.[1] 이처럼 강제연행된 조선인들은 일본에 필요한 노동력을 제공하였을 뿐만 아니라 나가사키, 히라도 등지에 와 있던 포르투갈 상인에게 팔려 동아시아와 인도, 유럽으로 팔려나가는 사람들도 있었을 것이다.

....

[1] 慶念(1997)『임진왜란종군기 - 朝鮮日日記-』<신용태역> 경서원, pp.121-122

그 수가 얼마나 많았는지 포로가 되어 일본에서 살다가 귀국한 강항과 정희득의 기록을 보아도 그 사실이 잘 드러나 있다. 강항은 왜군에 잡혀 무안현 바닷가로 끌려갔는데, 적선 600－700척이 그곳에 정박해 있었고, 조선인 남녀는 왜놈과 반반씩 되었다 했고,[2] 또 그가 억류되어 살았던 지역인 오즈(大津)에도 남녀 천여 명이나 되었으며, 새로이 잡혀온 사람들은 밤낮으로 거리에 떼지어 다니며 울고 있다고 했다.[3]

시코쿠의 도쿠시마(德島)에서 포로생활을 보낸 정희득도 그와 같은 기술을 남겼다. 그의 저서인 『해상록』에 의하면 "아와성(阿波城) 아래 긴 강이 있고, 그 위에 무지개 다리가 있는데, 다리 위에서 열사람 만나면 8－9명은 우리나라 사람이다."이라는 기사[4]와 함께 그 포로수가 무릇 남녀 1천명이나 된다고 하는 기록을 찾을 수 있기 때문이다.[5] 그뿐만 아니었다. 그가 귀국 도중 들른 규슈 나고야성과 대마도에서 마주치는 사람 중에 반 이상이 조선인이었다고 했다.[6]

이처럼 엄청난 숫자의 조선인들이 포로가 되어 일본으로 건너갔다. 이러한 포로의 수가 적게는 2－3만, 많게는 10만으로 추정하고 있다.[7] 이러한 포로들이 구마모토에 없을 수 없다. 특히 구마모토는 조선에서도 악명이 높은 가토 기요마사의 본거지이다. 가토는 울산에 성을 쌓고, 그곳을 거점으로 활약한 것은 사실이지만, 그가 휘젓고 다닌 조선의 영역을 생각하면 가히 전국적이라 할 수 있다. 그가 강제연행해 간 사람은 오로지 울산사람만 데리고 간 것은 아닐 것이다. 울산사람들을

2) 강항(1989)「간양록」『국역 해행총재(2)』민족문화추진회, p.114
3) 강항, 앞의 책, p.114
4) 정희득(1989)「해상록」『국역 해행총재(8)』민족문화추진회, p.239
5) 정희득, 앞의 책, p.295
6) 정희득, 앞의 책, p.263
7) 민덕기「임진왜란기 납치된 조선인의 이론잔류 배경과 그들의 정체성 인식」『한국사연구(140)』p.36

포함한 많은 조선인들이 포로로 잡혀갔을 가능성은 쉽게 짐작하고도 남음이 있을 것이다. 그 중에는 구마모토의 역사에 뚜렷한 족적을 남긴 사람들도 많이 있을 것이다.

　구마모토에 끌려간 포로에 관한 연구는 아직도 미진한 편이다. 그들 가운데 고려상인 일요로 불리우는 여대남에 대해서 비교적 많이 알려져 있지만, 그 밖의 사람들에 대해서는 거의 알려져 있지 않다. 이에 본고는 여대남을 제외한 비교적 우리에게 알려져 있지 않았던 구마모토의 조선인 포로들을 찾아 그들이 구마모토에서 어떠한 삶을 살았으며, 그들이 남긴 유적과 유물이 있다면 어떠한 것들이 있는지 구체적으로 살펴보고자 하는 데 그 목적을 두었다.

2. 구마모토에 남은 임란포로

2.1. 조선인 의사 이경택

　구마모토에는 조선인 의사 이경택(李慶宅)도 있었다. 기록에 의하면 그의 조부는 조선국산화벽진장군(朝鮮國山華碧珍將軍) 이총원(李聰元)이며, 경상도 인동현(仁同縣)의 태수이었다고 한다. 그리고 그의 부친은 이종한(李宗閑)인데, 임진왜란 때 난죠 모토키요(南條元淸 : ?-1614)에게 포로가 되어 부젠(豊前)에 연행되어 있었는데, 그 때 그 지역의 영주이었던 호소가와 타다토시(細川忠利)의 눈에 띄어 그의 아들 경택이 8살 때 대 다카모토(高本)라는 성씨를 하사 받았다 한다. 다카모토라 한 것은 고려의 '고'와 일본의 '본'을 따서 지은 것으로 한다. 당대 유명한 의사로서 100석의 봉록을 받았는데, 타다토시가 구마모토로 옮겨갈 때 그도 따라가 성의 부근에 살았다. 지금도 그 부근을 그의 이름을 따서 경택언덕(慶宅坂)이라고 한다.[8]

그의 후손들은 대대로 의사집안으로서 호소가와 집안을 섬겼다. 그러다가 4대 째인 현석(玄碩)에 이르러 자식이 없어 양자를 받아들여 그를 경순(慶順)이라 했다. 이 경순이 의업을 버리고 유학으로 바꾸어 번의 학교인 시습관(時習館)의 훈도로 들어갔다가 나중에 책임자인 3대 교수가 되었다. 시습관은 규슈의 번학의 효시로서 구마모토의 문교의 중심이었다. 시습관의 2대 교수는 퇴계의 성리학을 존숭했던 야부 코잔(藪孤山:1735-1802)이었다.[9]

경순은 당시 구마모토의 석학으로 일반적으로 "이선생"으로 불리며 추앙을 받았다. 그의 일본이름은 다카모토 시메이(高本紫溟)이었지만 이순(李順)이라고 했다. 이는 이퇴계의 성리학을 존숭하여 스스로 자신의 성을 퇴계와 같은 "이"라고 하였기 때문이었다. 그는 조선의 성리학으로 구마모토번의 정교에도 적지 않은 영향을 미친 인물로 알려져 있다. 한편 그는 생애의 후반기에는 국학에도 뜻을 두어 이세(伊勢)의 모토오리 노리나가(本居宣長)를 방문하고 사제지간의 맹약을 맺기도 하였다.[10] 이와같이 그는 유학자이자 국학자이었으며, 히고(肥後)의 근왕사상(勤王思想)에 중요한 역할을 한 것으로 알려져 있다. 그의 명성은 사가에 사는 홍호연과의 인척관계에 있었던 고가 세이리(古賀精里)도 그에 대해서 소상히 알고 있었다. 고가가 마지막 조선통신사의 접대역

8) 內藤雋輔(1976)『文祿. 慶長役における被虜人の硏究』東京大出版會, p.726
9) 하우봉(2005)「임란직후 조선문화가 일본에 끼친 영향」『임진왜란과 한일관계』<한일관계사연구논집 편찬위원회편> 경인문화사, p.486
10) 하우봉, 앞의 논문, p.486

을 맡아 대마도에서 조선인과 만났을 때 다카모토 시메이에 대해서 소
개하고 있다. 그는 조선의 이름이 이순이며, 고려와 일본의 글자를 하
나씩 따서 자신의 성씨를 삼고 있다는 사실도 파악하고 있었다.[11] 이처
럼 그는 구마모토의 지역에서만 유명한 것이 아니라 전국적으로 지명
도가 높은 사상가로 변신해 있었던 것이다.

2.2. 제지기술자 도경과 경춘

구마모토에는 뛰어난 첨단 기술을 가진 조선인들도 많았다. 그 대표
적인 인물이 도경(道慶)과 경춘(慶春) 그리고 존해와 후쿠다라는 조선
인들이다.

도경과 경춘은 형제이다. 그들에게는 도근(道勤)이라는 또 한명의 동
생이 있었는데, 그는 제지뿐만 아니라 토목기술자이었다. 그는 기요마
사를 수행하여 용수로를 파던 중 큰 바위가 떨어져 익사한 것으로 알려
져 있다. 그가 사망한 가와라타니(川原谷)의 저수지 이름이 그의 이름
을 따서 도근못(道勤淵)이라 불리고 있다. 그의 묘비는 가와라타니에
있다.

이들 삼형제 중 도경과 경춘은 뛰어난 제지기술을 가지고 있었다.
그들이 정유재란 때 포로가 되어 구마모토로 건너가 처음으로 살았던
곳은 구마모토시의 북쪽인 기요미즈(淸水) 가메이쵸(龜井町:현재 熊本
市八景水谷)이었다. 구마모토번에서도 이들을 우대하여 온카미스키야
쿠(御紙漉役)라는 직책을 부여하고, 쌀로 급여를 지불하여 생활에 어려
움이 없도록 했다.

....

11) 上田正昭, 辛基秀, 仲尾宏(2001)『朝鮮通信使とその時代』明石書店, p.298

그러나 이렇게 시작한 그들의 작업은 순탄치 않았다. 그곳은 물도 나쁘고 닥나무 사정도 좋지 않아 도경은 1615년에 타마나군(玉名郡) 코노하무라(木葉村:현재 玉東町)의 가마다타니(浦田谷)로, 경춘은 4년 후인 1619년에 5명의 직공들을 데리고 카모토군(鹿本郡) 히로미무라(廣見村)의 가와라타니로 이주하여 제지업을 했다.

도경의 종이를 세인들은 도경의 거주지 이름을 따서 가마타지(浦田紙)라 했다. 도경의 자손은 기요다(淸田), 기요나리(淸成) 등의 일본식 성씨로 바꾸어 종이 만드는 일에 종사하였으나, 세월이 흐르는 동안 가업은 끊어졌고, 지난 92년까지만 하더라도 가마다타니에는 도경의 13대손인 기모토(木本)라는 노파가 살고 있었다. 현재 그곳에는 1미터 정도의 도경의 묘비가 서있고, 그곳에는 「林譽道慶居士靈位」이라고 새겨져 있고, 오른쪽에는 「木本道慶妾碑」라고 새겨진 부인의 묘비가 서있다. 이로 보아 도경은 그의 조선 성씨가 "임(林)"이며, 그 성씨의 나무 목(木)을 살려 일본이름을 만들고 있음을 알 수 있다.[12] 기모토씨에 의하면 자신의 집에는 오동나무 상자 속에 보관해온 선조들의 기록이 있었으나 몇 년 전 정념사(正念寺) 스님이 감정해 준다고 해서 맡겼더니 절이 불타는 바람에 없어졌다고 한다.

그에 비해 아우인 경춘의 자손들은 마쓰야마(松山)라는 일본 성으로 바꾸고, 오랫동안 자손들이 가업을 계승하였다. 이 기술을 일본인들에게도 전했다. 그리하여 한동안 타마나군(玉名郡)의 여러 곳에서는 부업으로 종이를 만드는 일이 성행하였다 한다. 그들은 종이의 원료로 닥나무 껍질을 사용하였는데, 이를 모두 "조선 닥나무"라 했다. 구마모토에는 「야마가 등롱(山鹿燈籠) 축제」가 있다. 여기에는 반드시 경춘계의

12) 임연철(1992.6.24) 「제지기술을 전한 도경 - 경춘형제」 동아일보

기술로 만들어진 가와라타니의 종이를 사용한다고 전해지나, 오늘날에는 거의 사용되지 않고 있으며, 후쿠오카현의 야메(八女)에서 만든 종이를 사용하고 있다. 이처럼 경춘의 제지업도 단절되어 버리고 말았다.

현재 경춘의 자손들은 가와라타니를 떠나 현재 야마가시(山鹿市)에 살고 있다고 한다. 그러나 카와라타니에는 여전히 경춘이 살았던 집터가 있고, 거기에는 예전에 닥나무를 두드렸던 돌이 남아있다. 특히 이 돌은 마을사람들이 이를 마치 제지의 신인 것처럼 소중하게 다루고 있다고 한다. 또 그곳에는 경춘의 묘가 있고, 경춘을 기다리는 비(慶春待)가 있다. 이곳에서 매년 12월 7일에 마을사람들이 모여서 경춘에 대한 제사의례를 치른다고 한다.[13]

여기에 대해 다음과 같은 전설이 내려져 온다. 즉, "당시 농민들은 아주 비참한 생활을 하며 지정된 것 이외에는 농작물을 심을 수도 없어서 돈을 벌기 위해서는 땔감을 만들어 팔든지 노동력을 팔 수 밖에 없었다. 다행히 기요마사가 종이뜨기를 장려한 후 돈을 벌수가 있었다. 그러나 종이뜨기도 고생스러워 겨울 추운날씨에 강물에 들어가 원료인 닥을 밟아서 씻고 그것을 두들김 돌 위에 놓고 나무막대기로 두들겨 펴야했다. 그래도 일정한 수입이 있어서 농민들에게는 큰 도움이 됐다. 지금도 종이 뜨는 방법을 가르쳐준 경춘의 은혜를 잊지 않고 가와타니 사람들은 매년 경춘제를 지내고 있다. 그리고 경춘을 기다리는 비도 이곳 마을 사람들이 경춘의 이주를 환영하기 위해 마을입구에서 기다렸다는 데서 유래해 세워진 것이다."고 한다.[14] 이처럼 가와라타니 사람들은 자신들에게 가르쳐준 제지기술에 대한 고마움을 잊지 못하고 있는 것이다.[15]

13) 阿部桂司(1980)「手漉和紙と朝鮮」『季刊 三千里(24)』三千里社, p.172
14) 임연철, 앞의 글

현재 경춘의 묘비는 1미터 50센티정도의 크기인데, 그것에는「寬永十年 高麗國之住」등의 글씨가 보이고, 묘비의 왼쪽에는「御紙屋」이라는 글씨가 있다고 한다. 이로 보아 그는 1633년에 사망하였으며, 번 영주에 필요한 제지를 공급한 전문 기술자이었음을 알 수 있다.

전하는 바에 의하면 기요마사는 이들 형제를 우대하여 땅도 주고, 칼을 찰 수 있는 무사 대우를 하여 연초에는 구마모토성에 가서 세배도 할 수 있도록 특혜를 베풀기도 했다고 한다. 이 때문에『촌지(村誌)』에는 경춘의 자손 집에 기요마사로부터 받은 삼차창(三叉槍)과 탈(能面)이 있었다고 한다.16)

〈그림 44〉 경춘을 기념하여 만든 경춘공원

2.3. 구마모토의 조선도공

구마모토에는 야쯔시로야키(八代燒) 또는 코오다야키(高田燒)라는 조선계통의 도자기가 있다. 이것의 시조는 조선 도공 존해(尊楷)이다. 혹자는 그를 부산 사람이라고도 하고, 혹자는 사천의 도토키(十時) 사람이

〈그림 45〉 구마모토성

라고도 한다. 그의 아버지 이름은 존익(尊益)으로 알려져 있다. 그는 1593년 기요마사에 포로가 되었다고도 하고, 고쿠라(小倉)의 영주 모리 카츠노부(毛利勝信)에게 포로가 되었다고도 한다. 또 그의 이름이 그의 출신지 이름을 따서 도토키(十時)라 하였는데, 훗날 존해로 했다는 설도 있다.[17] 어쩌면 그의 아버지로 알려져 있는 존익도 훗날 만들어진 계보상의 이름일지도 모른다. 이처럼 그의 출자와 일본으로 건너가게 된 계기는 잘 알려져 있지 않다.

그는 또 조선도공 가운데서도 특이한 경력을 가지고 있었다. 그가 처음으로 일본으로 건너가 도공생활을 한 곳은 가라츠(唐津)이었다. 그러다가 그는 자신의 기술이 부족함을 느꼈는지 고국으로 돌아가 도자기 기술을 익힌 다음 다시 일본으로 건너가서 본격적인 도공의 길을 간 사람이기 때문이다. 그는 호소가와 타다오키(細川忠興)에 의해 가라츠에서 초청되어 부젠(豊前)의 아가노 마을(上野村)에서 살면서 도자기를 구웠다. 그러다가 호소가와가 히고(肥後)의 영주가 되어 자리를 옮기자 그도 따라 구마모토의 야쯔시로(八代)로 거주지를 옮겨갔다. 그

17) 中野等(2005)「풍신수길의 대륙침공과 조선인 도공」『한·일 도자문화의 교류양상』<한일문화교류기금. 한일관계사학회편> 경인문화사, p.49

때 아들로는 장남 츄베이(忠兵衛), 차남 후지시로(藤四郎), 3남 마고자
에몬(孫左衛門)이 있었는데,[18] 3남을 아가노에 남기고, 장남과 차남을
데리고 구마모토로 가서 도자기를 구웠으니 이것이 구마모토 도자기의
효시인 것이다.

존해는 일본이름을 아가노 키조(上野喜藏)라 했다. 아마도 이것은 아
가노에서 살 때 얻어진 이름인 것 같다. 그의 자손들은 가업을 이어
대대로 번의 어용 도공들이 되었다. 예를 들면 그의 장남 츄베이는 야
쯔시로군의 코오다에서 가마를 열었고, 5대손인 아가노 단지(上野丹次)
는 다시 자리를 옮겨 구마모토시 마츠오쵸(松尾町) 가미마츠오(上松尾)
에서 마츠오 가마를 열었다. 이들은 모두 번의 어용 가마가 되어 명치
유신까지 계속 유지했다.

이러한 전통 때문에 그들은 가문의 문양을 뱀 눈으로 했고, 집에는
도라지 문양으로 장식을 했고, 또 정원에는 기요마사를 신으로 모신 사
당이 있다. 이러한 것들은 모두 기요마사가 사용했던 문양들을 그대로
답습하여 사용하고 있는 것이다. 그만큼 그들은 기요마사와 밀접한 관
계를 맺고 있다는 것을 강조하였던 것이다.

명치유신 이후 그들은 어용의 도자기를 생산할 수 없게 되었다. 그로
말미암아 쇠퇴해진 것은 사실이나, 오늘날 그의 자손 아가노 사이스케
(上野才助)씨가 그 전통을 고수하고 있다고 한다.[19] 존해의 무덤은 코
오다야키의 가마유적지 부근 히라야마(平山) 신마치(新町)에 있다.

한편 히고(肥後)와 치쿠고(筑後)의 경계지역에 쇼타이산(小代山)의
중턱에 도자기를 생산하는 곳이 있다. 이곳에서 생산되는 도자기는 쇼
타이야키(小岱燒)라 했으며, 주로 일반서민들이 사용하는 생활도자기

18) 中野等, 앞의 논문, p.51
19) 矢野四年生(1991)『加藤淸正』淸水弘文堂, p.184

이었다. 다시 말하여 존해계통의 도자기가 어용 즉, 귀족용이었다고 한다면, 그와 반대인 서민들이 일반적으로 사용하는 일용잡기이다. 전하는 바에 의하면 기요마사가 조선도공 2명을 데리고 가서 이곳에 도자기를 생산케 한 것이 그 유래라고도 하며,[20] 그 중 한명의 일본 이름이 이도 신구로(韋登新九郎)라고도 한다.[21]

그들의 자손으로는 힌코오지(牝小路), 카쯔라기(葛城), 세노우에(瀬上)라는 세 집안이 오늘날까지 있는데, 그들이 간직하고 있는 문서에 의하면 그들의 시조는 부젠(豊前)의 아가노(阿賀野)에서 온 것으로 되어있다. 이것으로 미루어 보아 그들은 존해가 아가노(上野)에서 이곳으로 갈 때 함께 간 도공들의 일원으로 추정된다.

이처럼 구마모토에는 존해를 대표로 하는 아가노계통의 도자기가 주류를 이루고 있었다. 그런데 이와 전혀 다른 계통의 조선도공들이 우에무라(上村)의 나가야마(永山)에 있었다. 이들은 기요마사와 함께 출전한 소오라 나가쯔네(相良長每)가 조선에서 납치해간 도공들을 나가야마에 살게하며 도자기를 생산케 한 것이 그 시초라 한다. 이들이 생산한 도자기를 우에무라 도자기라 불리우며 생산되었으나, 현재는 가마도 폐쇄되고 생산도 끊어진 상태이다. 그러나 그들의 기술이 같은 지역의 잇쇼치(一勝地)라는 곳에 전해져 오늘날까지 그 전통이 이어지고 있다.[22] 이처럼 구마모토의 도자기 산업의 기초는 그들에게 납치된 조선도공들로부터 시작됨을 알 수 있다.

---

20) 森田誠一(1988) 『熊本縣の歴史』 山川出版社, p.161
21) 矢野四年生, 앞의 책, p.187
22) 森田誠一, 앞의 책, p.161

2.4. 조선의 와공과 상감 기술자

가토 기요마사는 1601년 구마모토성을 조성했다. 이 성을 만드는 데
는 막대한 숫자의 기와가 필요 했다. 그 때 활약했던 조선 와공이 후쿠
다(福田)이었다. 그의 본명은 지금까지 알려져 있지 않고, 다만 후쿠다
고우에몬(福田五右衛門)이라는 일본 이름만 전해지고 있다. 그는 오늘
날 구마모토시의 교외인 '오야마도시마(小山戸島)'라는 곳에 정착하여
살았다 한다.[23]

향토사학자 야노 요네오(矢野四年生)씨에 의하면 적어도 1930년대까
지만 하더라도 그 곳에는 기와를 굽는 집이 몇 집이 있었다 한다. 그러
나 현재에는 조선인의 후예 '후쿠다'라는 성을 가진 집은 없으며, 간혹
인근에 있는 묘지에 후쿠다라고 적혀있는 비석이 발견된다 했다.[24] 그
밖에 가미마시키군(上益城郡) 이이노무라(飯野村) 쯔치야마(土山)에서
도 조선와공들이 있었으며, 그들 자손들이 대정시대(大正時代)에 이르
기까지 기와를 굽는 일을 가업으로 하고 있었다 한다.[25]

지금도 기와 가운데 쵸센가와라(朝鮮瓦) 또는 쵸센노키(朝鮮軒)이라
는 기와가 있다. 그것은 다름 아닌 추녀 끝에서 내려진 삼각형을 띠고
있는 기와로 그 안에 문양이 새겨져 있는 것이 특징이다. 이러한 기와
가 구마모토 성 그리고 우토성(宇土城)의 천수각에서 찾아볼 수 있다.
이처럼 구마모토에는 조선와공들이 만들어낸 특수기와가 지금도 전해
지고 있는 것이다.

한편 구마모토에는 히고상감(肥後象嵌)이라 하여 상감이 유명하다.

23) 尹達世(2003)『四百年の長い道』リーブル出版, p.123
24) 矢野四年生, 앞의 책, p.188
25) 熊本市(1932)『熊本市史(5)』熊本市, p.372

이 상감에 대해 기술사 연구가인 아베 케이지(阿部桂司)씨에 의하면 히
고상감에는 하야시파(林派), 히라다파(平田派), 지수파(志水派), 니시가
키파(西垣派)라는 4개의 파가 있는데, 하야시파의 시조는 하야시 마타
시치(林又七), 히라다파의 시조는 히라다 히코잔(平田彦三), 지수파의
시조는 시수이 진베(志水仁兵衛), 니시가키파의 시조는 니시가키 간사
부로(西垣勘三郎)인데, 진베이는 히코잔의 조카이고, 간사부로는 히코
잔의 제자로 알려져 있다.[26] 여기에서 보듯이 히고상감에는 히라다파
의 세력이 주종을 이루고 있음을 알 수 있다. 그런데 히라다파의 시조
인 히코잔은 카지마 스스무(加島進)씨에 의하면 교토에 있는 히라다 토
진(平田道仁)에게 칠보상감기술을 배웠다고 하며[27], 그의 스승인 히라
다 토진은 1844년의 기록인 구리하라 시노부(栗原信夫)의『심공보략鐔
工譜略』에 의하면 경장연간(1596－1615) 조선인으로부터 칠보기술을
배웠다고 되어있다. 이에 대해 카지마씨는 토진은 임진과 정유왜란 때
조선에서 그 기술을 배웠다고 하지만, 사실은 그의 이름이 토진이라고
하는 것은 토진(唐人)과 발음이 같은 것으로 보아 외국인 즉, 그 자신이
조선인일 가능성이 높다고 보았다.[28] 그렇다면 히고상감의 원류는 조
선에 있는 것이 된다. 하야시파의 시조인 마타시치도 조선인일 가능성
이 있다. 그 이유로 그의 이름이 가라츠의 조선도공의 한 그룹인 나카
사토파(中里派)의 시조가 그와 같은 이름이기 때문이다. 즉, 그의 이름
인 마타시치는 조선의 서민적인 이름인 또칠이(又七)이었던 것이다. 일
본의 역사에서 칠보가 제작되는 것은 모모야마 시대(桃山時代)부터 돌
연히 시작된다고 한다. 이는 히데요시가 일으킨 전쟁으로 말미암아 일

---

26) 阿部桂司(1980)「七寶と肥後象嵌」『季刊 三千里(21)』三千里社, p.90
27) 加島進(. 年)『刀裝具』第一法規出版 阿部桂司, 앞의 글, pp.90－91에서 재
　　인용
28) 阿部桂司, 앞의 글, p.92에서 재인용

본으로 건너간 조선인의 기술자가 없이는 불가능하였을 것이다. 구마모토의 명품인 히고상감은 이러한 역사적 흐름에서 생겨난 것이었다. 오늘날에도 울산마치(蔚山町)가 있는 신마치(新町)에는 상감을 제작하는 몇몇 공방이 있다고 한다.

2.5. 일본의 잡병으로서 조선포로

조선인 포로들 가운데 매우 특이한 경우가 있었다. 그것은 임란 때 포로가 되어 일본에 가서 왜군의 잡병이 되어 정유재란 때 그들이 다시 조선을 침범할 때 다시 조선으로 들어와 일본군으로 싸우는 조선인들이 있었다. 이러한 사실이 『조선왕조실록』과 정희득의 『월봉해상록』 등에서 확인이 되는데, 구마모토와 관련지어서 그에 해당되는 예를 들면 전자의 선조 30년 10월 정축조에 나오는 김응려(金應礪)의 진술이다. 그는 그 해(1597) 10월 일본군 진영을 빠져나와 조선 측에 투항하여 다음과 같이 진술하고 있는 것이다.

임진년 5월에 용산에서 사로잡혀 왜적을 따라 개성에 가서 간자(間者) 군대에 소속되어 경상도 서생포로 내려갔다가 그 해 7월에 일본으로 건너가서 그 군대의 비장의 통인(通引)이 되어 안전의 사환 노릇을 했다......＜생략＞......금년(1597) 8월 군사를 동원할 때에도 간자를 따라 진천에 그의 분부를 받아 우리나라의 사로잡힌 사람들을 거느리고 오다가 뒤에 떨어지게 되어 도망하였다..＜생략＞..우리나라에서 사로잡혀간 사람 중 장정은 군변이 되어 이번에 나왔는데, 조선으로 다시 돌아온 사람 중 3분의 1은 도망치려 하지만 우리나라에서 죽일까 두려워하여 그러지 못하니 만약 죽이지 않는다는 명령만 있으면 모두 도망해 나올 것이다.29)

여기에서 보듯이 김응려는 서생포에 주둔하고 있던 가토 기요마사의 포로가 되어 구마모토로 끌려가서 일본의 잡병이 되어 정유재란 때 왜군으로 조선으로 돌아와 싸우다가 도망쳐 온 자이었다. 그의 진술에서 보듯이 그와 같이 일본의 잡병이 된 자들이 많이 있었다. 그들은 고향으로 와서 투항하고 싶어도 조선 측이 배반자로 몰아 죽일지도 모른다는 공포에서 투항도 못하고 다시 돌아간 사람들이 한 두명이 아니었다. 이처럼 일본 측이 포로로 잡아간 사람들 가운데는 전쟁으로 인해 미약해진 군사력을 보충하기 위한 인력들도 있었던 것이다. 이렇게 잡혀간 조선출신 일본군들은 그야말로 자기의 고국에 돌아와 동포들과 싸워야 하는 비극적인 삶을 살아야 하는 잡병이었다. 그런 사람들이 구마모토에는 많이 있었던 것이다.

3. 왜란의 유적과 유물

임란과 정유왜란을 통하여 조선으로 출병한 장수들 가운데 가장 대표적인 일본의 무장은 가토 기요마사와 고니시 유키나가이다. 이들 모두 자신의 영지는 구마모토 지역에 있었다. 전자는 현재 구마모토시를 중심으로 한 지역을 통치했고, 후자는 우토시 지역을 통치했다. 그러므로 구마모토현의 전역에 걸쳐 임란과 정유왜란과 관련된 유적과 유물이 많이 있다. 그 중에서도 가장 많이 산재해 있는 곳은 구마모토시이다. 그림 먼저 구마모토시부터 살펴보기로 하자.

---

29) 『선조실록(93)』 선조 30년 10월 경축조

3.1. 구마모토시에 남은 임란과 정유왜란의 유적

 구마모토시를 대표하는 것 중에 가장 으뜸으로 꼽는 상징적인 역사
적 유물은 아마도 구마모토성일 것이다. 그런데 이 성을 축조할 때 조
선에서 얻은 지식과 교훈이 가장 많이 활용된 것으로 알려져 있다. 그
에 대해 역사 소설가 카이온지 쵸고로(海音寺潮五郞)씨는 다음과 같이
매우 자세히 설명하고 있다. 즉, "기요마사가 울산에서 서생포성(임진
왜란)과 울산성(정유재란)을 쌓는데, 그 때 정교한 조선인들의 축성기
술을 보고 크게 감명을 받았다 한다.[30] 당시 일본의 축성은 거대한 돌
을 사용하는 것이었다. 바위와 같은 돌을 사용하면 일단 성은 위용이
있어 보이고 또 견고한 것도 사실이다. 그러나 그러한 거대한 돌이 그
렇게 많은 것도 아니고, 또 있다 하더라도 운반하는 데는 많은 인력과
경비가 소요된다. 그러므로 일본식의 축성방식이 반드시 좋다고만 볼
수 없는 것이다. 그러나 조선의 경우는 달랐다. 돌을 쌓을 때 흙을 그
틈 사이마다 메꾸어 넣어가면서 쌓는 방법이기 때문에 그렇게 큰 돌도
필요하지 않았으며 또한 견고함도 이만저만이 아니었다. 그리고 성벽
을 수직형이 아닌 반달과 같은 곡선형으로도 만들 수 있기 때문에 적이
벽을 기어오르는 것도 무척 힘이 든다. 그러므로 전쟁을 치르는 성벽으
로서는 조선의 것이 가장 이상적인 것으로 생각되었을 것이다. 그리하
여 기요마사 자신도 관심을 가지고 열심히 조선의 축성방법을 배웠지
만 그의 부하들에게도 명령을 내려 조선의 기술을 배우게 하였으며, 또
많은 축성 기술자들을 연행하여 만든 것이 바로 구마모토 성이라는 것
이다.

30) 海音寺潮五郞, 앞의 책, pp.318-319

그뿐만 아니다. 조선에서 얻어진 교훈도 구마모토성을 지을 때 그대로 활용되었다. 가토 기요마사는 특히 울산전투에서 고전을 면치 못했다. 그 때 뼈저리게 경험한 식량과 식수 고갈의 경험을 살려 구마모토성을 쌓을 때 성벽과 방바닥에 까는 다다미의 속에는 등겨 대신에 말린 박고지와 토란줄기를 넣어 만들게 하였으며, 그리고 성 안에 120여 개의 우물을 파도록 하였던 것이다. 그 우물들 중에는 지상에서 수면이 있는 곳까지 36미터 또는 21미터나 되게 깊게 판 것도 몇 개나 있었다. 오늘날처럼 장비와 기술이 발달하지 못했던 당시로서는 우물을 파는 것만 하더라도 대공사이었음을 짐작하고도 남음이 있다. 그뿐만 아니었다. 향토사학자 가와무라 아키라(川村晃)씨의 말을 빌리면 만일의 경우를 대비하여 열매를 식량으로 하기 위하여 기요마사는 성안에 은행나무를 대량으로 심게 하였다 한다.[31] 현재는 은행나무보다 녹나무가 많지만 기요마사 당시에는 구마모토성이 은행나무성이라고 불려졌을 만큼 그 수는 엄청난 것이었다 한다. 이와 같이 기요마사로 하여금 비상시를 대비하여 성을 축조하게 하였던 것은 바로 한국이 남긴 교훈을 빼놓고는 생각할 수 없는 것이다.

그리고 조선의 축성기술은 기쿠치가와(菊地川)라는 강의 치수사업과 간척사업에도 응용되었으며, 또 기요마사는 현재 타마나군(玉名郡)의 나베무라(鍋村)와 하라아카무라(腹赤村) 사이에 있는 바다에다 간척사업을 하여 공사가 끝나자 그곳에다 조선인들을 살게 했다고 한다. 그리하여 일본인들은 그곳을 쵸센야시키(朝鮮屋敷)라 했다고 한다. 구전에 의하면 그 때 기요마사는 매일 말을 타고 공사감독을 직접하였으며, 그 곁에는 항상 조선인 몇 명이 있었다고 한다. 이처럼 구마모토의 축성,

....

31) 川村晃, 앞의 책, p.100

간척, 치수 등 토목건설에는 기요마사의 측근에서 자신의 기술을 발휘했던 조선의 기술자를 배제하고는 이루어질 수 없는 것이었다.

그뿐만 아니다. 조금만 시야를 넓혀 구마모토의 지역사회를 들여다보면 임란과 관련된 유적과 유물이 도처에 흩어져 있음을 금방 알 수 있다. 그 중 가장 대표적인 것이 울산마치(蔚山町)라는 지명일 것이다. 일본에서는 울산의 蔚이라는 한자는 거의 사용하지 않는다. 그러므로 이 지명은 한국의 울산과 관련된 지명이라는 사실을 누구나 쉽게 추정할 수 있을 것이다.

〈그림 46〉 울산정

여기에 대해 대개 두 가지 설이 있는 것 같다. 하나는 기요마사가 조선의 울산에서 고전을 면치 못한 것을 잊지 않기 위해서 붙인 이름이라는 것이고, 또 하나는 기요마사가 울산에서 철수할 때 대거 울산사람들을 데리고 가서 그곳에 살게 했다는 것이다. 전자는 가와무라 아키라(川村晃),[32] 최관[33] 등이 그렇게 추정을 했고, 후자에는 향토사가들이 이를 추정하고 있는 실정이다. 가령 구마모토의 향토사가인 스즈키 다카시 씨는 그러한 견해를 가지고 있었고, 울산에서도 그렇게 생각하는 사람들이 있다. 그 증거로 구마모토에는 니시오(西生)라는 성씨를 가지고 있는 사람이 있는데, 이는 울산 서생에서 건너간 사람들의 후예라는 이야기를 지금도 울산의 향토사가들에게서 종종 듣는 말이다.

이처럼 정확히는 알 수 없지만 구마모토의 울산이라는 지명은 1965

---

32) 川村晃, 앞의 책, p.103
33) 최관(2003) 『일본과 임진왜란』 고려대출판부, p.123

년까지 사용되다가 그 후로는 새로운 동네라는 의미인 '신마치(新町)'라는 이름으로 바뀌었다. 현재 이곳에서 유일하게 울산의 흔적을 찾아볼 수 있는 것은 전차의 정류장과 버스정류장을 표시한 지명의 간판뿐이다. 또 구마모토 성 아래에 토진마치(唐人町)라는 마을에는 주로 조선인 수공업자들이 많이 살았다고 전해진다.[34]

그리고 구마모토시에는 고라이몬 도오리(高麗門通)라는 지명도 있다. 즉, 고려문이 있었던 곳이라는 의미이다. 그에 대해 기록한 문헌들이 제법 보인다. 가령 『조래집(徂徠集)』(8)에 의하면 이 문은 가토가 조선의 성을 함락시키고, 그 성문을 가져와 경관하기 위하여 세운 것이라 했고, 『묵제문집(默齊文集)』의 「조염초(藻鹽草)」(52)에서도 "옛날 도요토미씨가 삼한을 정벌할 때 가토씨와 고니시(小西)씨가 선봉에 섰는데, 특히 가토씨의 공이

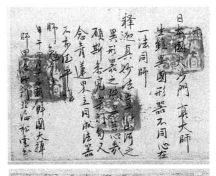

〈그림 47〉 사명대사의 친필(본묘사)

뛰어났다. 그리고 그는 돌아올 때 함락된 조선의 성문을 가지고 왔으며, 그것을 구마모토 성의 서쪽에 세워 많은 사람들에게 보이도록 하였다"는 기록이 있다.[35] 이처럼 이 문장들을 보면 고려문은 가토가 조선

---

34) 森田誠一(1988)『熊本県の歴史』山川出版社, p.174
35) 昔豊臣氏之伐三韓也, 肥之先鋒加藤氏, 小西氏爲先鋒, 加藤氏有殊功, 及其還師也, 取其門材而還, 以作城西郭門以爲京觀

의 성문을 뜯어서 가져가 자신들의 성문으로 사용하여 생긴 이름임을
알 수 있다. 현재에는 그 초석만 남아있다. 서울에서 가져온 성문의 초
석은 수전사(水前寺)의 성취원(成趣園)이라는 정원 내부에 있는 이즈미
신사(出水神社)에도 있는데, 그곳에서는 이 초석을 수반(水盤)으로 이용
하고 있다.

　또 일요스님이 주지로 있었던 본묘사에는 임해군의 글씨와 임해군
과 순화군이 함께 서명한 심정서가 보관되어있다. 이는 기요마사가 회
령에서 조선의 왕자 임해군과 순화군을 포로로 잡아 서울까지 압송하
였고, 도요토미의 명에 따라 석방하였을 때 두 왕자가 당시 심정을 문
장으로 토로한 것이다. 또 이곳에는 사명대사의 친필족자도 소장되어
있다. 그 내용은 "묘자는 스승을 만나게 되면 헤어지기가 가장 어렵
다."는 것이다. 역사학자 김문길은 이 족자를 기요사마가 강원도 강릉
의 유점사 혹은 경남 밀양의 표충사에서 가져갔을 것으로 추정했다.[36)]
그리고 기요마사가 신으로 모셔지고 있는 가토신사(加藤神社)의 정원
한쪽에는 조선에서 가지고 갔다는 돌다리가 전리품으로 놓여져 있다
한다.[37)]

3.2. 히토요시시(人吉市)와 야츠시로시(八代市)

　구마모토시에서 남쪽으로 위치한 곳에는 히토요시시와 야츠시로시
가 있다. 이곳에도 임란과 정유왜란의 흔적이 남아있다. 먼저 히토요시
시의 경우 토진마치(唐人町)와 이츠키의 자장가를 그 대표적인 예로 들
수가 있을 것이다. 이곳은 임란 당시 사가라 요리후사(相良賴房)가 지

....
36) 김문길(1995) 『임진왜란은 문화전쟁이다』 혜안, p.180
37) 최관, 앞의 책, p.190

배했던 곳이다. 요리후사는 임진과 정유의왜란 때 군사를 이끌고 가토 기요마사가 지휘하는 부대에 들어가 조선을 침략했다. 그들의 활동이 눈에 띄었는지 그 공이 인정되어 히데요시로부터 감장(感狀)을 받았다. 이 지역의 기록인『웅풍토기(熊風土記)』에 의하면 토진마치는 "조선진 에서 데리고 온 조선인들을 살게 하였다."고 기록하고 있다.[38] 즉, 이곳 은 임란과 정유왜란 때 사가라 요리후사 군대에게 납치된 조선인들이 살게 됨에 따라 생겨난 마을이었던 것이다. 지금은 나노카마치(七日町) 라는 이름으로 바뀌어 그 자취조차 찾아보기 힘들지만, 기록을 통하여 희미하게 그 흔적이 확인이 되고 있는 것이다.

그리고 이곳 이츠키무라(五木村)에는 이츠키의 자장가(五木의 子守 唄)라는 유명한 민요가 전해진다. 그 내용을 소개하면 다음과 같다.

> 나는 봉날까지 있기로 하고 이 집에 식모살이하러 왔다.
> 봉이 오면 집으로 돌아갈 수가 있네.
> 봉이여 빨리 오라.
> 나는 미천하고 가난한 칸진(勸進)의 가난한 딸.
> 저기 저 사람들은 요카슈(よか衆) 집에 태어난 사람,
> 좋은 옷, 좋은 오비를 입고 메고 있는 모습이 참으로 행복하구나.
> 내가 죽었다고 해서 아무도 울어주지 않고,
> 뒷산의 매미만 울어줄 뿐이다.
> 아니 매미만이 아니라 여동생도 진심으로 슬피 울어 줄거야.
> 우리와 같이 미천한 딸이 죽었다고 해서 묘지커녕

----

38) 服部英雄(2008)「前近代日本のチャイナタウン. コリアンタウン」『바다와 인문학의 만남, 동북아세아, 동아시아일본학회 연합 국제학술대회 프로시 딩』동북아세아문화학회. p.7

뒷산에 버려져 누구 하나도 찾아와 주지 않을 거야.

이상의 내용에서 보아 알수 있듯이 가사의 내용이 여느 자장가와 다르다. 즉, 아기를 재우는 목적이 아니라 자신의 신세한탄이기 때문이다. 그 내용만으로 본다면 이 지역의 사회구조가 가난한 칸진(勸進, 權進)계급과 잘 사는 요카슈 계급으로 양분되어있으며, 칸진계급의 딸이 입을 줄이기 위해 요카슈 계급의 집으로 식모살이 가서 그 집 아이를 재우며, 자신이 처해진 상황을 요카슈 아이(사람)들과 비유하여 한탄조로 노래를 부르고 있음을 알 수 있다.

이러한 배경에는 다음과 같은 전설이 전해진다고 한다. 즉, 옛날 겐페이전쟁(源平の戦い)에서 패한 헤이씨(平家) 일족들이 이츠키 무라의 옆 고카노쇼촌(五家莊村)에 정착하였기 때문에 승리한 겐지(源氏)는 카지와라(梶原), 도이(土肥)의 무사들을 보내어 이츠키무라에 살게 하며 헤이씨들의 동향을 감시하도록 했다. 이렇게 하여 겐지의 자손들은 지주계급 요카슈가 되었으며, 그와 반대로 헤이씨들은 소작인인 칸진 계급이 되었다는 것이다.

그러나 최근 이러한 역사적 사실과 관계없이 이 노래는 임란과 정유왜란 때 끌려간 조선인 포로와 결부시켜 해석해야 한다는 주장이 제기되고 있어 우리의 주목을 끌게 한다. 즉, 대부분의 일본민요는 2박자인데, 이 노래는 3박자로 되어있다는 점, 그리고 후렴에 "아로롱 아로롱 바이"에서 "바이"라는 말은 큐슈 지방의 사투리로서 "이요"라는 뜻이므로 "오로롱바이"란 즉 "아리랑이요"라는 말과 일치될 수 있으며, 그리고 "나는야 칸진 칸진"이란 말은 소작인(또는 거지)의 뜻이 아니라 조선인을 나타내는 한인(韓人)으로 보아야 한다는 것이다.[39]

만일 이것이 사실이라면 이 지역의 칸진은 헤이씨가 아니라 조선인

포로들을 말하는 것이며, 요카슈는 겐지가 아니라 일본인을 말하는 것
이 되는 동시에 그들의 생활은 400여 년간 소작인으로서 핍박받으며,
딸을 지주계급에게 내놓아야 하는 비참한 삶을 영위하였다는 의미가
된다. 그러나 그 노래의 가사가 우리의 아리랑과 같이 여러 종류가 있
어 특별히 꼬집어 조선인 포로들이 만들어낸 것이라고 단정하기는 어
렵지만, 그렇다고 해서 그럴 가능성이 전혀 없다고 보기도 어렵다. 왜
냐하면 이 노래의 발상지인 이츠키무라는 구마모토 성을 쌓는 데 수많
은 조선인 포로들이 동원되었고, 그 일이 끝나자 이곳으로 몰려 집단
거주케 했다는 구전도 있기 때문이다. 그러므로 여기에 대해서 시간을
두고 좀 더 치밀한 연구가 이루어질 필요가 있다.

한편 야츠시로(八代)에는 안동에서 가져간
하회탈 중 하나인 별채의 가면이 시립박물
관에 보관되어있다. 관계자의 말을 빌리면
그것은 임란 때 조선에서 가져간 가면이 키
타마츠에(北松江)마을의 어느 농가에서 발견
되었다고 한다. 또 이곳에는 과거에 「요쿠이
닌토오(苡忍糖)」라는 과자가 있었는데, 그것
은 조선에서 전래된 것이라는 전승이 있다.[40)]

〈그림 48〉
야쯔시로의 하회탈

그것은 쌀강정과 비슷하게 생겼는데, 쌀 대신 율무로 만든다고 한다.
소화기(昭和期) 이전까지 야츠시로에 히시야(菱屋)라는 과자점에서 제
조하여 판매하였다고 한다. 그러나 지금은 폐업을 하였으며, 그것을 제

39) 樗谷浩子(2003)「五つ木の子守歌」『日本語のこころ』<日本エッセイスト
　・クラブ編> 文芸春秋, 金京媛(1995)「日本民謠 이츠키자장가와 아리랑
　의 관계」『民謠論集(4)』 民謠學會
40) 森田誠一, 앞의 논문, pp.280－281

조하는 방법을 기재한 문서는 인척에게 보존되어있다 한다.[41]

그 밖에도 구마모토에는 지역과 관계없이 전역에 걸쳐 조선포로들의 흔적을 찾아볼 수 있는 것들이 많다. 가령 작물과 작물 사이에 있는 흙을 얕게 팔 수 있는 도구로 잡초제거에는 아주 효과적인 농기구인 조선쟁기(朝鮮鍬)가 있고,[42] 쵸센보(朝鮮棒)라는 기다란 막대기와 같이 생긴 과자가 있으며, 또 히고(肥後)의 아카자케(赤酒)라 불리는 술이 있다. 특히 아카자케는 이름처럼 술이 적갈색을 띠고 있기 때문에 그러한 이름이 붙여졌는데, 맛은 달삭지근한 청주와 같다. 그리고 제조할 때 재를 사용하기 때문에 회지주(灰持酒)라고도 한다. 그런데 이 술은 기요마사가 조선에서 그 제조법을 배워 만든 것이라는 전승이 있는 것이다.[43] 이러한 아카자케와 거의 비슷한 술이 시마네현 이즈모(出雲)에도 있다. 그런데 이곳에서도 조선에서 표류한 사람들이 만드는 방법을 전해주었다는 전승이 있다. 이러한 술이 지금까지 한국에서 발견되지 않아 이들의 전승을 그대로 믿을 수 없지만, 일본의 특이한 양조기술에 조선인들의 힘이 컸을 가능성마저 배제하기 힘들다. 이와 같이 구마모토에는 임진과 정유왜란에 의해 건너간 조선인들의 흔적이 곳곳에 깊게 남아있는 것이다.

----

41) 森田誠一, 앞의 논문, pp.280 - 281
42) 阿部桂司, 앞의 글, p.88
43) 荒木精之, 앞의 책, p.171. 적주의 원료도 요쿠이닌토오와 같이 율무이었으며, 잿물을 이용하여 소주로 만들었다고 한다. 당시 구마모토에서는 청주를 만들지 않았기 때문에 이 술을 인기는 대단히 높았으나, 오늘날에는 청주와 소주에 밀려 소멸되었다고 전해진다.

4. 마무리

이상에서 보았듯이 구마모토에는 임진과 정유의 왜란으로 말미암아 바다를 건넌 조선인들이 많았다. 그 대표적인 인물로는 지식계층 한의사였던 이경택을 들 수가 있고, 제지공으로 도경과 경춘의 형제, 도공으로는 존해 그리고 와공으로는 후쿠다라는 성씨를 가진 조선인들이 있었다. 그리고 조선의 기술을 가진 상감기술자들도 있었다. 그 밖에도 비록 이름을 남기지는 않았지만 일본의 잡병이 되는 사람도 있었고, 또 조선쟁기를 생산하는 사람도 있었고, 쵸센보(朝鮮棒)와 요쿠이닌토오라는 과자를 만들어 팔며 생활을 영위했던 사람도 있었다. 이들은 각자 처해진 상황에 따라 구마모토에서 뿌리를 내리고 살았다. 그러한 흔적들이 울산정, 고려정, 고라이야시키이라는 조선인 마을이었을 것이다.

한편 구마모토는 조선에서 가져간 물건들도 많았다. 서울의 성문과 초석을 가져가서 그들의 고려문을 만들기도 했고, 또 일부 초석은 신사의 수반으로 사용하고 있다. 그리고 조선에서 가져간 석조물을 신사의 정원을 장식하는데 사용하고 있기도 하다. 그밖에도 임해군과 순화군의 심정서, 하회탈과 같은 임란과 정유왜란과 관련된 유물들이 많이 보관되어있다. 그뿐만 아니다. 기요마사는 조선에서 얻은 경험을 살려 구마모토성을 짓고, 간척과 치수사업을 벌이기도 했다. 이러한 의미에서 구마모토는 우리의 임진과 정유의 왜란의 연구에 있어서도 중요한 의미를 지니는 장소가 아닐 수 없다.

오늘날 구마모토는 어두운 과거를 청산하고 밝은 미래를 위하여 울산시와 교류를 확대하고 있다. 울산에는 가토 기요마사가 세운 왜성이 있고, 구마모토에는 울산마치라는 울산마을이 있다. 이러한 두 도시가 교류를 확대하고 우정을 다져나간다면 새로운 한일관계에 좋은 본보기가 될 것임에 틀림없다.

참고 문헌

강항(1989)「간양록」『국역 해행총재(2)』민족문화추진회

김강식(2007)「임진왜란 당시 함경도 백성들은 왜 조선왕자를 일본군에 넘겼
　　　　　나?」『내일을 여는 역사(29)』내일을 여는 역사

김문길(1995)『임진왜란은 문화전쟁이다』혜안

김승한(1979)『일본에 심은 한국(1)』중앙일보, 동양방송

慶念(1997)『임진왜란종군기 － 朝鮮日日記－』<신용태역> 경서원

노성환(1997)『일본 속의 한국』울산대 출판부

민덕기(2004)「임진왜란에 납치된 조선인의 정보와 교류 」

　　　　　『사학연구(74)』한국사학회

＿＿＿(2004)「임진왜란 때 납치된 조선인의 귀환과 잔류로의 길」

　　　　　『한일관계사연구(20)』한일관계사학회

＿＿＿＿「임진왜란기 납치된 조선인의 이론잔류 배경과 그들의 정체성 인식

　　　　　『한국사연구(140)』

박덕규(2008.10.02)『사명대사를 따라서 <50>』

　　　　　　　　　『제1장 외짝 신발을 들고 풍랑 속으로 ⑤』국제신문

임연철(1992.6.24)「제지기술을 전한 도경－경춘 형제」동아일보

中野等(2005)「풍신수길의 대륙침공과 조선인 도공」

　　　　　『한・일 도자문화의 교류양상』

　　　　　<한일문화교류기금. 한일관계사학회편> 경인문화사

정희득(1989)「해상록」『국역 해행총재(8)』민족문화추진회

최관(2003)『일본과 임진왜란』고려대출판부

하우봉(2005) 「임란직후 조선문화가 일본에 끼친 영향」

　　　　　『임진왜란과 한일관계』

　　　　　<한일관계사연구논집 편찬위원회편> 경인문화사

服部英雄(2008) 「前近代日本のチャイナタウン. コリアンタウン」『바다와 인문학의

　　　　　만남, 동북아세아, 동아시아일본학회 연합 국제학술대회 프로시딩』

　　　　　동북아세아문화학회

阿部桂司(1980) 「七寶と肥後象嵌」『季刊 三千里(21)』三千里社

＿＿＿＿(1980) 「手漉和紙と朝鮮」『季刊 三千里(24)』三千里社

荒木精之(1972) 『熊本歷史散步』創元社

＿＿＿＿(1989) 『加藤淸正』葦書房

上田正昭, 辛基秀, 仲尾宏(2001) 『朝鮮通信使とその時代』明石書店

海晉寺湖五郎(1893) 『加藤靑正』文藝春秋

加島進(1971) 『刀裝具』至文堂

川村晃(1987) 『熊本城』成美堂出版

金聲翰(1986) 『日本のなかの朝鮮紀行』三省堂出版

熊本市(1932) 『熊本市史(5)』熊本市

熊本日日新聞社編集局(1990) 『新. 熊飽學』熊本日日新聞社

內藤雋輔(1976) 『文祿. 慶長役における被虜人の硏究』東京大出版會

中野嘉太郎(1909) 『加藤淸正傳』隆文館

松田甲(1927) 「肥後國志」「續撰淸正記」『朝鮮史話(1)』

森田誠一(1963) 「肥後の韓來文化」『韓來文化の後榮(下)』

　　　　　<金正柱編> 韓國資料硏究所

＿＿＿＿(1988) 『熊本縣の歷史』山川出版社

矢野四年生(1991) 『加藤淸正』淸水弘文堂

尹達世(2003) 『四百年の長い道』リーブル出版

제9장

일본에서
신이 된 임란포로

일본에 남은 **임진왜란**

제9장

일본에서 신이 된 임란포로

1. 머리말

일본에는 사람을 신으로 모시는 관습이 오래전부터 있다. 이러한 관습을 바탕으로 생겨난 신사가 전국적으로 분포되어있다. 그 중에서도 스가와라 미치자네(菅原道眞)를 신으로 모신 텐만궁(天滿宮), 도요토미 히데요시(豊臣秀吉)를 신으로 모시는 도요구니신사(豊國神社), 도쿠가와 이에야스를 신으로 모신 도쇼대궁(東照大宮), 사이고 다카모리(西鄕隆盛)를 신으로 모신 난슈신사(南洲神社) 등이 유명하다. 이처럼 사람을 신으로 모시는 것을 일본에서는 인신사상(人神思想)이라 한다.

일본열도에는 고대로부터 오늘에 이르기까지 한반도에서 건너간 수많은 사람들이 살고 있다. 고대를 제외하고, 한꺼번에 대거 집단으로 일본열도로 이주하는 것은 역사적으로 두 차례가 있었다. 하나는 임란과 정유재란 때의 일이고, 둘은 일제의 식민통치 때의 일이다. 이러한 불행한 사건으로 말미암아 한국인들은 대거 바다를 건너 일본으로 이동하여 정착했다. 이러한 사람들 가운데 일본에서 신이 된 사람은 없을까?

그러한 사람이 있었다. 일본의 저명한 민속학자이자 문화인류학자인 코마츠 카즈히코(小松和彦)는 그의 저서『신이 된 사람들』에서 조선인으로서 일본의 신이 된 사람으로 아리타의 이참평을 꼽고, 그것에 대해 자세히 분석한 적이 있다.[1] 그리고 일본 거주 한국인 유화준도 이참평을 꼽았다.[2] 이와 같이 일본에서 사는 조선인(한국인)들도 일본의 신이 된 경우가 있는 것이다. 그렇다면 이참평 이외에 일본에서 신이 된 한국인은 없을까? 만약 있다면 그들은 어떻게 신이 되었으며, 어떠한 성격을 가지고 있는 것일까? 지금까지 여기에 대한 관심을 가지고 본격적으로 연구한 사례는 없다.

이에 본 장에서는 여기에 착안하여 기존의 연구성과를 토대로 현장조사를 통하여 그에 대한 사례를 모으고 정리 검토하여 봄으로써 어떠한 논리에 의해 한국인들이 일본에서 신이 되며, 그리고 어떠한 특징이 있는지를 살펴보고자 하는 것이다. 이러한 의미에서 코마츠가 다룬 적이 있는 아리타의 이참평도 그 범주에 넣어 함께 고찰하고자 한다.

1) 小松和彦(2001)「李參平 陶山神社」『神になった人びと』淡交社, pp.180-181
2) 兪華濬(2003)「李參平 －日本の神になった朝鮮陶工－」『日韓の架け橋となった人々 』<東アジア學會編> 明石書店, p.14

2. 직능신이 된 조선인

2.1. 도조신사의 이참평

일본에서 신이 되는 사람들 가운데는 특히 도공들이 많았다. 그 대표적인 사람이 아리타의 조선도공 이참평이었다. 그는 어떤 사람이며, 어떤 공헌을 남겼기에 일본인들이 그를 신으로 모셨을까?

『다구가문서(多久家文書)』에 의하면 그는 아리타에 이주하기 전에 다쿠(多久)에 있었다. 나베시마 나오시게와 함께 조선으로 출병한 류조지 이에히사(龍造寺家久: 훗날 多久安順으로 개명)가 이참평을 맡아 자신의 거주지역인 다쿠에 살게 했다.

〈그림 49〉 아리타의 이참평비

이참평은 그의 본명이 아닌 것 같다. 앞에서 언급한 『다구가문서』에서는 이모(李某)라고 하고, 또 성씨도 없이 삼베이(三兵衛)라고도 하고 있기 때문이다. 이참평의 집안문서인 『금강가문서(金江家文書)』에는 출신이 금강(金江)이기 때문에 일본이름을 가네가에 산베이(金江三兵衛)

라고 했다고 한다. 그리고 그곳에도 산베이(參平) 또는 산베이(三平)이라고도 했다고 한다. 명치기(明治期)의 학자인 구메 구니타케(久米邦武)는 이씨참평(李氏三平)이라고 표현하기도 했다. 즉, 이참평이란 이름이 그 때까지만 하더라도 고착화되지 않고 있었던 것이다. 아리타 도자기의 연구가인 오사키 요코(尾崎葉子)에 의하면 이참평이란 말은 명치기의 연구자들에 의해 사용되기 시작한 표현이라고 해석했다.[3] 그러던 것이 1917년(大正 6)에 도조 이참평비(陶祖李參平碑)가 세워지면 그의 이름이 어느덧 이참평으로 통용화되었다는 것이다. 이처럼 그의 이름에 대해서도 명확하지 않은 부분이 있다.

이러한 그가 어떤 연유로 일본으로 건너가게 되었는지 『금강가문서』에 의하면 길을 잃고 방황하는 나베시마군대에게 길을 안내한 공로로 일본으로 건너가는 것으로 되어있다. 나베시마는 그를 그의 가신인 타쿠의 영주 타쿠 야스노리에게 맡겼다. 그리하여 그는 야스노리의 이야기 상대역을 맡는 등 대우도 소홀치 않아 무사와 같은 신분으로 인정을 받았다. 그러나 말이 제대로 통하지 않을 뿐만 아니라, 그의 신분이 원래 도공이었기 때문에 그 직책이 부담스러웠던 것 같다. 그리하여 그는 원래의 직업으로 돌아가고자 하였다. 이것이 받아들여져 도공 18명과 함께 아리타로 옮겼다는 것은 타쿠에 있으면서도 조선도공들을 관리하였던 것으로 보여진다. 아마도 이들은 귀국을 포기하고 일본에 터전을 잡고 자신의 일을 하고자 마음을 먹었던 것 같다.

이들이 무엇 때문에 아리타로 거주지를 옮기고, 그곳에서 도토를 찾았는지 이상의 기록에서는 자세히 기록하지 않았지만 이를 알려주는 기사가 있다. 그것은 다름 아닌 그들의 첫 정착지가 미다레바시라는 점

---

3) 吉永陽三(2002)「李氏朝鮮王朝の陶工たちの恩惠」『葉隱研究(48)』葉隱研究會, p.14

이다. 이곳은 앞에서 언급한 긴모산의 조선도공 마을인 당인고장요(唐人古場窯)와 고라이진바카(高麗人墓) 그리고 고라이진야시키(高麗人屋敷)가 있는 곳이다. 다시 말하자면 그들은 조선도공들이 거주하고 있는 지역으로 들어와 살면서 도토를 찾았던 것이다. 이는 바꾸어 말하면 이참평 일족은 다쿠에 살면서 고라이진야시키의 조선도공들에 관한 정보를 가지고 있었으며, 이를 바탕으로 아리타를 향해 거주지를 옮겼던 것으로 해석이 된다.

그뿐만 아니다. 그의 백토광산을 발견한 것도 우연이 아니다. 이에 나가잇키모리(家永壹岐守)의 자손 쇼에몬(正右衛門)이 사가번청(佐賀藩廳)에 제출한 문서에 의하면 이참평이 텐구다니에서 자리잡기 이전에 이미 그곳에는 긴모산 조선도공에서 도예기술을 배운 이에나가가 남경식(南京式:백자) 도자기를 생산하고 있었다고 기록하고 있다. 여기에서 보듯이 이참평의 백토발견은 그 이전부터 아리타에 거주하고 있던 조선도공들로부터 정보를 얻고, 텐구다니에서 도자기를 굽는 일본인 도공으로부터 실마리를 얻어서 백토의 광산을 발견하였음을 알 수 있다. 이처럼 그의 노력도 선인들의 경험과 지혜를 살린 것이었다.

이참평의 백토발견으로 말미암아 일본에서는 지금까지 도기뿐만 아니라 자기를 생산하는 시대를 맞이하게 된다. 이참평이 무엇 때문에 그토록 백토를 찾으려고 노력하였을까? 여기에 대해서는『명산대관구기각서(皿山代官舊記覺書)』에 중요한 단서가 남아있다. 즉, 그것에 의하면 타쿠 야스노리가 참평으로 하여금 도기제작을 명하여, 처음으로 설치한 가마가 앞에서도 언급한 당인고장요이다. 여기에서 어느 정도 만족할만한 그릇을 얻었으나, 참평은 만족하지 못하고 양질의 도토를 찾겠다고 청하여 야스노리는 이를 허락하고 사가 영지 내에서 흙을 찾고 마음대로 실험을 해보도록 했다. 그리하여 참평은 도토를 구하기 위해 단신으로 다쿠를 떠났다고 되어있다.

여기서 보아 알 수 있듯이 참평이 일본으로 건너가기 이전에도 일본에서는 도기를 굽는 기술은 가지고 있었다. 그들이 가지고 있는 모든 기술을 집결하여 굽는다 해도 도기에 불과하다. 참평이 만족하지 못했다는 것은 여기에 대한 불만이었다. 다시 말하여 그는 철분이 거의 들어있지 않은 흰 점토 혹은 그에 상응하는 백석을 으깨어 구워낸 자기를 추구하였을 것으로 추정된다. 이를 이루기 위해서는 백토가 있어야 했다. 그리하여 타쿠를 떠나 몇 년을 찾아다닌 끝에 드디어 텐구다니에서 순백색의 자기를 구워내는 흙을 찾았던 것이다. 그러므로 그의 불만은 자기를 구워내지 못한 것에서 생겨난 것이며, 그가 타쿠를 떠난 것은 자기를 생산할 수 있는 도토를 구하기 위해서였다. 이러한 사정으로 미루어 보더라도 그는 평범한 조선 도공이 아니었다. 당시 조선의 일반적인 식기는 90%이상이 사기로 불리는 도기이었다. 그러나 백자는 극히 일부 지배계급이 사용하는 그릇이었다. 이것들은 주로 정부에서 관리하는 관요에서 생산되는 것들이었다.[4] 그러므로 참평은 민간 도요지에서 일하는 도공이 아닌 관요에서 자기를 구웠던 도공이었을 것으로 추정되고도 남음이 있다.

이러한 고집스러운 성격으로 말미암아 일본은 그에 의해 최초로 자기를 생산하게 되었던 것이다. 이참평이 백자광산을 발견하고 자기를 구워내자 도공들은 이곳에 모여들기 시작하여 아리타는 명실공히 일본에서도 유명한 도자기 마을이 되었던 것이다. 이러한 이참평의 공로에 대해 봉건영주 나베시마는 크게 치하하였으며, 타쿠 야스노리도 자신의 하녀를 참평과 결혼시켜 부부까지 되게 하였다. 그 이후 참평은 '가

----

4) 倉田芳郎(1994)「肥前磁器創始者と佐賀, 多久唐人古場窯の工人」『磁器へのあこがれ』多久市教育委員會, pp.30-32

네가에(金江)'라는 일본성씨로 성을 바꾸어 일본인으로서 아리타에 정
착하여 살면서, 조선도공들을 중심으로 작업을 하고 싶다는 건의를 하
여 이것이 받아들여져 지금까지 그곳에 살던 일본도공들이 쫓겨났다.
일본인들이 조선인에 의해 역차별을 받은 셈이다. 이만큼 나베시마번
에서는 조선도공들이 생산하는 자기의 상품적 가치를 높게 평가했던
것이다.

이로 말미암아 이참평 집안은 자손대대로 번으로부터 부지(扶持)를
받았으며, 이시바(石場)의 쇼야(庄屋: 지역의 관리자)가 되었으며, 자석
광산의 채굴권도 부여받았고,[5] 또 그의 밑에는 150여 명의 조선도공들
이 있었다.[6] 그야말로 그는 대규모의 도공들을 관리하는 사람이 된 것
이었다. 이와같이 생활의 터전을 마련한 이참평은 1653년(承應 2) 가미
시라가와(上白川)의 자택에서 향년 75세의 일기로 생애를 마쳤다.

이참평이 도자기의 원료가 되는 흙인 도토를 발견한 이즈미야마에
서는 400년의 세월이 흐른 지금도 이곳에서 매년 수천 톤씩 흙을 파내
어 도자기를 만든다고 한다. 그러므로 이참평 없이는 아리타를 생각할
수 없다. 그런 까닭에 지역사람들은 이참평의 은공을 잊지 않았다. 그
를 도조로서 대접하고, 그와 관련된 유적지를 보존하고, 그에 관한 기
념물을 만들었다. 1656년(明曆2) 이곳 사람들은 니리무라(二里村)의 오
자토(大里)에 있는 하치만궁의 신체를 받아서 오타루(大樽) 언덕에다
아리타산소뵤하치만궁(有田山宗廟八幡宮)을 건립할 때 이참평과 나오
시게를 합사하여 모셨다.[7] 그리고 1760년경에는 이 지역 출신의 유학

5) 今泉元佑(1980) 「陶祖李參平と磁器の創始」『陶說(332)』日本陶磁器協會,
   p.41
6) 金達壽(1988) 「日本の中の朝鮮文化(9)－肥前ほか肥後(長崎縣, 佐賀縣, 熊本
   縣)－」『月刊 韓國文化(4)』自由社, p.9
7) 松本源次(1989) 「大樽 陶山神社」『皿山なぜなぜ』有田町敎育委員會, p.23

자 타니구치 시오다(谷口鹽田)는 "만산에 구름과 같이 돌이 종횡하고, 만국에 좋은 도자기 이름이 서로 다투며 전한다. 이백년전 이러한 일을 시작한 조선명수 이참평(滿山如雲石縱橫, 滿國爭傳良器名, 二百年前開此 業, 朝鮮名手李參平)"이라는 시를 지어 이참평을 칭송하기도 했다.[8]

그러나 이 신사는 1828년 대화재로 인해 건물과 기록이 소실되고 만다. 그리하여 조그마한 형태의 사당으로 이시바 신사(石場神社)의 경내로 옮겨져 안치되고 있었다. 그러다가 명치기(明治期:1867‒1912)에 접어들어 현재의 장소로 옮기고 이름도 도산신사(陶山神社)로 개칭하였다.[9] 그리고 1880년에는 건물을 새롭게 지었다. 정면의 편액은 당시 유명한 서예가 나카바야시 고치쿠(中林梧竹)가 썼다. 그리고 제일(祭日)은 10월 17일로 정하고, 순번을 정하여 각 지역이 맡아서 행하도록 했다. 1887년 아카에마치(赤繪町)가 하였을 때 이마에몬(今右衛門窯) 가마에서 만든 자기의 고마이누(狛犬) 한쌍을 바쳤고, 그 다음해에 맡은 히에코바(稗古場)는 이와오 큐키치(岩尾久吉)가 만든 자기의 도리이를 바쳤다. 그리고 그 이듬해는 나카노하라(中原)는 당시 명공 이데 킨사쿠(井手金作), 코야마 나오지로(小山直次郎), 가와나미 키사쿠(川浪喜作) 등이 합작하여 만든 커다란 물동아리를 바쳤다. 그 중 토리이는 1956년 태풍으로 상부가 피해를 입었으나 4년 후에 보수가 되었다.[10]

---

8) 신일철(1976)「임란 때 잡혀간 한국도공들」『문학사상(10)』 문학사상사에서 재인용. 또 도조신사 위 도조 이참평 기념비 부근에도 陶山이라는 한시의 시비가 있다. 그 내용을 잠시 소개하면 다음과 같다. 眼底家如櫛, 窯煙起脚間, 松風自萬古, 李祖鎭陶山 즉, 눈 아래 마을 집들이 즐비하고, 가마터 연기는 발밑에서 일어나고 솔바람은 옛날부터 푸르며, 이조(이참평) 도산에 진좌했다는 내용이다.

9) 小松和彦(2001)「李參平 陶山神社」『神になった人びと』 淡交社, pp.180‒181

10) 松本源次(1989)「大樽 陶山神社」『皿山なぜなぜ』 有田町敎育委員會, p.24

1917년에는 아리타 시내가 내려다 보이는 렌게이시산(蓮花石山) 정상에 '도조 이참평비(陶祖李參平碑)'를 세웠다. 물론 이를 세울 때 문제가 없었던 것은 아니다. 조선인의 기념비를 일본 신(하치만 신)을 모신 신사 위에 세운다는 것에 대하여 반대의견이 만만치 않았던 것이다. 그러나 아리타 사람들은 이를 감행했다. 이 때 구 나베시마의 후예들의 찬조를 얻어 이씨송덕회(李氏頌德會)를 조직하고, 그 회의 명예총재로 거물급 정치인 오쿠마 시게노부(大隈重信)을 추대했다. 그러자 순식간에 거액의 기부금이 모여져 그 해 12월에 이 기념비가 세워지게 된 것이다. 이 때 비문의 「도조이참평지비」라는 글씨는 후작 나베시마 나오미츠(鍋島直映 : 1872~1943)이 썼고, 이면의 찬문은 당시 사가중학교 교장으로 있던 센즈미 타케지로(千住武次郎)가 지었고, 이를 글씨로 옮긴 것은 사와이 죠스이(澤井如水)였다.

여기에서 그치지 않고 아리타 사람들은 또 이참평이 도토를 발견한 곳에 이삼평발견지자광지(李參平發見之磁鑛地)라는 대형 기념비를 세웠고, 또 이시바 신사(石場神社)의 경내에 이참평상을 만들어 모셨다. 그리고 이참평의 무덤을 찾다가 찾지 못해 히에코바(稗古場)의 보은사(報恩寺)의 묘지에다 그의 가묘를 세우기도 했다.11) 이처럼 이참평은 죽어서 아리타 도공들의 수호신으로 받들어 모셔졌던 것이다.

이와 같이 지역사람들은 200년이 지나도 이참평의 은공을 잊지 않던 것이다. 심지어 이참평이 도자기를 생산했던 텐구타니 유적을 발굴하고 그에 대한 조사보고서의 서문에 아리타의 군수는 "나는 여기 집대성되어 간행을 보게 된 이 보고서를 제일 먼저 도조 이참평 월창정심거사(月窓淨心居士)의 무덤 앞에 바치고자 합니다. 그리하여 우리 아리

---

11) 이참평의 무덤은 훗날 텐구타니가 있는 시라가와(白川)에서 발견되었다.

타군이 고래의 도자업으로 번영하였으며, 또한 장래에도 생생하게 발전해갈 터전을 열어준 도조 이참평에게 찬양과 경모의 성의를 다하여 바치고자 합니다."라고 쓰기도 했다.[12] 이처럼 조선인 이참평은 누가 뭐래도 아리타 도자기의 도요계에 있어서는 영원히 잊혀 질 수 없는 대은인(大恩人)이라 할 수 있는 존재이다.

이참평은 백토 광산을 발견하고 일본에서 처음으로 백자를 생산하였을 뿐만 아니라 아리타 지역을 도자기 산업으로 발전시킨 장본인이다. 다시 말하여 오늘날 세계적인 도자기 도시 아리타를 있게 한 것은 이참평 덕분이라고 해도 과언이 아니다. 이같이 아리타의 역사상에서 가장 크게 이름을 남긴 사람이 바로 이참평이었던 것이다. 그리하여 마을 사람들은 그를 아리타의 도조신(陶祖神)으로 모셨던 것이다. 이로 인하여 이참평은 아리타의 지역 수호신이자 도자기 관련 산업의 직능신으로 일본에 자리잡게 된 것이다.

2.2. 부산신사의 고려할매

임진과 정유의 왜란으로 인하여 바다를 건너 일본으로 가지 않을 수 없었던 조선도공의 수는 부지기수로 많다. 그들 중 한 명인 아리타의 이참평이 신이 되었듯이 다른 지역에서는 그러한 예는 없을까? 이러한 예가 나가사키현의 미가와치에서 있었다. 이곳도 사가의 아리타와 같이 도자기 생산지로 유명한 곳이다. 더군다나 이곳을 연 사람들도 조선도공들이었다. 이러한 점에서는 아리타지역과 매우 흡사하다. 이러한 곳에 부산신사(釜山神社)와 도조신사(陶祖神社)가 있는데, 이곳의 제신이 바로 조선인들이었다.

....
12) 김태준, 앞의 책, p.101에서 재인용.

부산신사의 제신은 조선여성이었다. 그 여성이 어떤 사람이었기에 여기서 신으로 모셔지고 있을까? 그녀의 이름은 정확하지 않다. 미가와치에서는 고려할매라고 하고, 또 그 이전에 살았던 나카노(中野)에서는 에이라고 불렸다. 그녀의 초기에 관한 기록이 없는 만큼 그녀의 성격에 대해서 지금까지 여러 가지 설이 나와 있다. 포로가 되었을 때 27세였다는 설부터 용모가 아름다웠다고도 하고, 그와 반대로 못생긴 추녀였다고도 하고, 또 도공이 아니라 부산의 신관(神官)의 딸이라는 설 등 매우 다양하게 제시되고 있다.[13] 그만큼 그녀는 출신과 성격에는 풀리지 않는 의문이 많은 인물이었다.

그러나 분명한 것은 그녀가 조선에서 건너갔으며, 그녀가 살았던 지역 중의 하나가 사가현의 시이노미네이었고, 그곳에서 그녀는 도공 나카자토 무에몬(中里茂衛門)과 결혼하여 자식을 낳고 살다가 남편이 죽자 그 자식을 데리고 1622년경에 미가와치의 나가요산(長葉山)으로 이주하여 가마를 열었다는 것이다. 그녀가 이곳으로 옮기게 된 계기에 대해서는 분명치 않으나, 시이노미네와 가까운 곳에 키시타케(岸嶽)가 있고, 그곳의 조선도공들이 미가와치 지역으로 이주해 살고 있었기 때문에 아마도 이들을 의지하여 미가와치로 옮겨갔을 가능성은 매우 크다.

어떤 이는 그녀의 슬하에 자식 5명이 있었다 하나[14], 이것은 사실과 다르다. 그녀에게는 무에몬(茂衛門)이라는 아들 한 명밖에 없었다.「부산신사기(釜山神社記)」에 의하면 그녀가 미가와치로 이주하였을 때 나이가 56세이며, 그녀의 아들은 29세이었다 한다.[15] 그녀의 아들은 아버지 이름을 그대로 이어받아 무에몬이라 하였는데, 그가 결혼하여 5

13) 中島浩氣, 앞의 책, p.217
14) 김문길, 앞의 책, p.214
15) 下川達彌씨가 쓴「三川內燒物語」

명의 자식을 낳았고, 그 중 장남은 사망하고, 차남은 나카자토(中里),
삼남은 요코이시(橫石), 사남은 사토미(里見), 오남은 후루카와(古川)라
는 성을 사용하였으며, 이들이 오늘날까지도 미가와치 도자기 산업에
있어서 중추적인 역할을 하고 있다.[16]

　미가와치로 옮긴 그녀는 1629년에 회색소(灰色燒)를, 1634년에는 주
니소(朱泥燒)를 창안했다. 그리고 도자기 견습소를 세워 기술자들을 양
성했다. 이처럼 그녀에게는 도자기 기술도 우수하였지만 경영수완에서
도 실력을 발휘하여 많은 제자와 공인을 고용하여 마가와우치의 도자
기산업을 일으켰다. 고려할매란 그 때 붙여진 그녀의 애칭이었다.

〈그림 50〉 부산대명신　　　　〈그림 51〉 고려할매의 묘비

　고려할매는 1672년에 세상을 떠났으니 그야말로 장수하여 106세까
지 살았다. 죽을 때까지 그녀는 "니무子明神"이라는 산신을 모시고 있
었다. 일종의 제녀적인 역할을 하였음을 알 수 있다. 죽기 전에 자신의

16) 大畑三千夫『平戶藩窯(三川內燒)と鶴峰園 三猿』개인출판, p.111

시신을 태우는 연기가 하늘 높이 올라가 조선으로 가면 이 신을 모시는 일을 그만두고 새로운 산신을 모시고, 만일 그렇지 않고 연기가 땅에 깔리면 오랫동안 이 신을 그대로 모셔라 하고 유언을 남겼다. 연기는 하늘 높이 올라가지 못하고 땅 밑으로 깔렸다. 이로 인하여 사람들은 고려할매의 영혼은 고향으로 돌아가지 못하고 미가와치에 그대로 남아 있다고 믿었다.[17]

그녀의 계명은 전념묘서대자(專念妙西大姉)이다. 그러한 그녀를 지역사람들이 부산대명신(釜山大明神)이라 하여 신으로 모셨는데 그 신사가 바로 부산신사(釜山神社)이다.

이처럼 그녀도 죽어서 일본 미가와치에서 부산신사에 모셔지는 신이 되었다. 부산이라는 이름이 많이 붙어있는 만큼 그녀의 고향은 부산일 가능성이 높다. 그녀의 후손들은 지금도 그녀를 신으로 모시고 있는 부산신사가 있는 마을에 나카자토라는 성씨를 가지고 도자기와 관련된 일들을 하며 살고 있다. 이들은 매년 4월 8일이 되면 고려할매가 모셔지고 있는 부산신사에 모여 참배하고 제사를 지낸다고 한다. 그리고 옛날에는 고려떡(高麗餠)이라는 시루떡도 신에게 바쳤다고 한다.[18] 이와 같이 그녀는 미가와치의 입향조적인 성격을 지닌 마을의 신으로서 모셔졌던 것이다.

2.3. 도조신사(陶祖神社)의 이마무라 죠엔

미가와치에는 신이 된 조선인이 한 명 더 있었다. 그의 이름은 이마무라 죠엔이었다. 그는 엄격히 말해 재일교포 3세이었다. 그의 조부가

---

17) 澤潟久(1980) 『長崎女人傳(上)』 西日本新聞社, p.32
18) 尹達世, 앞의 책, p.154

조선도공 거관이었고, 그의 아버지가 미가와치에서 이름을 떨친 명도
공 산노죠이었다. 이러한 가업을 이어 받은 그는 미가와치 도자기 산업
을 한층 더 발전시켰다.

〈그림 52〉 도조신사

그는 아마쿠사에서 나는 돌(天草石)과 미
즈노마타의 도석(陶石)을 조합하여 만든 원
료를 가지고 순백색의 백자를 만드는데 성
공한다. 이어서 그는 청색으로 그림을 그려
놓고 또 세공과 조각 그리고 변칙의 기법
등을 이용하여 뛰어난 작품을 탄생시켰다.
그러자 그의 이름도 알려져 그의 작품이
1664년(寬文4)에는 막부 쇼군가(將軍家)의
헌상품으로 명을 받았다. 그러자 번주인 마
츠우라시게노부(松浦鎭信)는 그를 오우마마와리가쿠(御馬廻格)이라는
직책과 봉록 100석을 주는 가신으로 삼았다.[19] 그리고 1699년(元祿12)
에는 천황의 조정에도 헌상품을 바치게 되자 마츠우라 시게노부는 그
의 용모가 마치 원숭이를 방불케 할 정도로 많이 닮아있다는 이유로
「죠엔(如猿)」이라는 호를 내리고 격려했다고 전해진다.[20] 그의 원래 이
름은 이마무라 야지베이(弥次兵衛正名)이었으나 이로 말미암아 죠엔이
라고 불리게 된 것이다. 그는 1717년 83세의 나이로 일기를 마쳤다.

그가 죽고나서 미가와치는 크게 발전했다. 1796년(寬政8) 아마쿠사
(天草)의 우에다가(上田家)의 기록에 의하면 당시 미가와치의 도요지에
는 커다란 두 개의 등요(登窯)가 있었고, 거기에는 무릇 45개의 소성실
(燒成室)이 있었다 했다. 그리고 그곳에는 300여명의 사람들이 일을 하

19) 中島浩氣, 앞의 책, p.224
20) 中島浩氣, 앞의 책, p.226

고 있었으며, 이들 가운데는 히라도번으로 부터 봉록을 받으며 무사와 동등한 대우를 받는 사람들도 많았다고 서술되어있다. 그리고 천보연 간(天保年間:1830－1844)의 기록을 보면 무사가 18명, 도예화가(赤繪師) 6명이 있었으며, 또 집이 미가와치의 경우 300호를 포함하여 기하라와 에나가의 호수까지 모두 합하면 전체 800여 호나 있었다고 한다. 이처럼 일본 근세에 있어서 미가와치 지역은 어용가마(관요)로서 크게 성장하고 있었음을 알 수 있다. 이렇게 발전의 기초를 닦은 사람이 바로 이마무라 죠엔이었던 것이다.

이러한 공헌을 잊지 않았는지 1842년 번주인 희(喜)는 죠엔의 공적을 칭송하여 각서(覺書)와 와가(和歌) 2통을 내리고 있다. 각서에는 "선조 죠엔으로부터 오랫동안 커다란 은혜를 입은 삼명산(三皿山)에 거주하는 사람(원문에는 氏子)과 자손들에게 이르기 까지 감히 이를 잊지 않도록 하기 위해 지금 도기만족기원소(陶器滿足祈願所)로서 여원대명신(如猿大明神)을 받들어 모시라"라는 내용이 적혀있다. 이로 말미암아 그는 부산대명신이 된 고려할매와 같이 여원대명신(如猿大明神)으로 이 지역의 도조신사(陶祖神社)에 모셔지게 되었던 것이다.

3. 지역신이 된 조선인

3.1. 당인신사의 이종환

사가현의 현청소재지인 사가시에는 토진마치(唐人町)이라는 지역이 있다. 여기에서 당인정이란 중국 당나라 사람들이 사는 곳이 아니라, 외국인들이 사는 곳 즉, 외인마을이라는 뜻이다. 이러한 마을에 당인신사라는 신사가 있는데, 이곳에 모셔져 있는 신의 이름이 이종환(李宗歡)이다. 그는 이름에서 보듯이 원래 인간이었다가 신이 된 사람이다. 사가시에 남아있는 기록에 의하면 그는 원래 조선인이었다. 그가 무엇 때문에 죽어서 이곳의 신사에 모셔지는 신이 된 것일까?

1991년 '토진마치'의 지역민들이 자체적으로 편집하여 낸『唐人町 Lifework Station 構想』이라는 책자에 그에 관한 기사가 자세히 소개되어 있었다. 그것에 의하면 이종환은 함경도 길주(吉州)의 죽포(竹浦) 천기(川崎)라는 곳에서 태어났으며, 당시 조선에서 상당한 지위와 학식을 갖춘 지배계급 양반으로 묘사되어 있다. 그러한 그가 1587년 어느 날 자신의 고향 앞바다에서 가족들과 함께 뱃놀이를 하다가 풍랑을 만나 바다에서 가족을 잃고 천신만고 끝에 자신 혼자만이 육지에 겨우 도착한 곳이 일본의 치쿠젠 구로사키(筑前黑崎), 즉 현재의 키타큐슈시(北九州市)였다 한다.[21]

이와 같이 일본에 표류한 그는 일본 땅에서 정착하여 살면서 일본의 역사와 문화에도 상당히 관심을 가지고 공부를 하였던 것 같다. 그가 일본에 정착한지 4년째인 1591년 어느 날 그는 후쿠오카의 '다자이후

---

21) 唐人町商店街, 앞의 책, p.9

텐만구(太宰府 天滿宮)'에 가서 열심히 그곳의 역사와 문화를 공부하고 있었다. 그 때 마침 사가 지역의 봉건영주인 나베시마 나오시게(鍋島直茂)의 가신이었던 류조지 이에바루(龍造寺家晴)와 나루토미효고 시게야스(成富兵庫茂安)가 오사카(大阪)에서 도요토미의 조선침략회의에 참석하고 돌아오던 길에 그 곳에 들려 조선인 이종환을 우연히 만나게 되는 것이다.[22]

　이러한 만남은 이종환의 인생에 있어서 일대의 전기를 맞게 해주었다. 왜냐하면 앞으로 도요토미의 명령을 받아 쳐들어가야 할 조선에 대한 정보가 전혀 없었던 그들이 그에 대해 남다른 관심을 보인 것은 어쩌면 당연하다 할 것이다. 그리하여 그들은 이종환을 자신들의 고장인 사가로 초빙하여 데리고 가서는 자신의 영주인 나베시마를 만나게 하였던 것이다. 나베시마는 이종환을 매우 극진히 대접하여 자신의 가신으로서 맞이하였다. 그리고 또 나베시마는 그에게 카와사키(川崎)라는 일본식 성을 하사하였을 뿐만 아니라 칼을 찰 수 있는 무사의 신분까지 주어 대접하였다. 봉록도 100석이나 부여했다. 이와 같이 사가의 영주인 나베시마가 그를 극진히 우대하였던 것은 조선을 공격할 때 여러모로 이용가치가 높을 것으로 판단하였기 때문이었다.

　아니나 다를까 1592년 임진왜란 때 도요토미의 명령에 따라 군대를 이끌고 조선으로 출병한 나베시마는 조선의 지리를 잘 파악하고 있는 이종환을 앞세웠다. 이렇게 다시 자신의 조국땅으로 돌아온 이종환은 일본군의 길 안내자로서, 통역자로서 철저히 일본군의 앞잡이 노릇을 하는 것이었다.

　그의 활약상은 1839년에 성립된 「御用唐人町荒物唐物屋職御由緖之次

....

22) 唐人町商店街, 앞의 책, p.10

第佐之通」이라는 아주 긴 이름을 가진 문헌에서도 잘 나타나 있다.23)
이 자료에 의하면 그는 임진왜란이 발발하자, 일본군과 함께 조선으로
들어와 간첩으로 활약하여 조선의 정보를 일본측에 제공한 인물이다.
그리고 그는 얼마나 위장술이 뛰어났는지 좀처럼 체포되지 않았으며,
만약 체포되었다 하더라도 뇌물을 주어 교묘하게 탈출을 했다고 한다.
이처럼 조국을 배반한 그는 도저히 조선에 머물러 있을 수 없었다. 그
리하여 그는 전쟁이 끝나고 퇴각하여 가는 나베시마의 군대를 따라 다
시 일본으로 건너갔다. 그 때 그는 혼자서 일본의 나베시마군을 따라간
것은 아니었다. 조선의 도공 6~8명을 데리고 함께 갔던 것이다. 그들은
금오산에 살았다고 전해진다. 어쩌면 이종환의 밀고로 그들이 일본군
에 잡혀 건너갔을 지도 모른다.

  이들 도공들은 사가의 도자기 생산에 있어서 원조가 되었다. 이종환
은 우리에게는 조국을 배반한 부정적인 인물에 불과하지만 일본측에서
는 위대한 업적을 남긴 인물이었다. 그러한 그의 공로를 나베시마도 인
정하여 그에게 일정한 토지를 주어 그가 데리고 온 조선인들을 집단을
이루며 살게 한 곳이 토진마치(唐人町)이라고 불리는 곳이다. 그리고
『종환문서』에는 금오산의 조선도공들을 끌고 간 이종환의 일본 생활에
대해서도 기록하고 있다. 그것에 의하면 나베시마는 이종환에게 주택
을 제공하고, 10명의 하인도 제공할 만큼 무사대우를 했으며, 외국과의
도자기무역은 물론 도자기의 국내 판매에 관한 일까지 모두 그에게 맡
김으로 이종환의 후손들은 대대로 무역 일을 맡아보면서 영화를 누렸
다고 한다.

  이러한 혜택을 그는 최대한 활용하여 섬유, 도자기, 금속류, 해산물,

---

23) 이 자료의 원문은 中島浩氣, 『肥前陶磁史考』에 수록되어있다.

세간 등 일본에서는 찾아보기 힘든 가정필수품 등을 외국에서 수입하여 판매함으로써 많은 경제적인 부를 축적하였다. 이로 말미암아 조선인들이 사는 마을에는 많은 사람들이 모여들었다. 이것이 오늘날의 토진마치의 기초가 되었던 것이다.[24]

일본인 향토사가 마쯔오 세이지(松尾淸次)씨가 제시한 자료에 의하면 그러한 그에게도 고향이 그리웠는지 매일 이 지역에 있어서 영산으로 불리우는 천산(天山)을 바라보고 합장을 하며 기도를 올렸다고 전하고 있다.[25] 이러한 생애를 보낸 이종환은 1655년 향년 96세로 세상을 떠났다.

이종환의 무덤은 사가시의 경원사(鏡圓寺)에 있다. 이 절은 그가 신으로 모셔져 있는 토진 신사의 인근에 있다. 이 절이 발행한 「경원사연기(鏡圓寺緣起)」에 의하면 1626년 이 근처에 사는 많은 조선인들의 필요성에 의해 경원이라는 이름을 가진 여승이 이 절을 창건하였기 때문에 그녀의 이름을 따서 경원사라 하였다는 것이다.

이종환의 묘는 경원사가 관리하는 묘역의 중앙 부분에 위치해 있었으며, 400여 년의 세월이 흐른 탓인지 뒤쪽으로 약간 기울어져 있었다. 그리고 그 주위에는 그의 후손으로 여겨지는 '가와사키(川崎)'라는 성을 가진 묘소도 몇 개 보였

〈그림 53〉 당인신사

다. 이처럼 이종환은 죽어서 경원사에 그 일족과 잠들어 있는 것이다.

지역민들의 말을 빌리면 이종환이 죽자 토진마치 사람들은 그의 공

---

24) 唐人町商店街, 앞의 책, p.10
25) 唐人町商店街, 앞의 책, p.12

로를 잊지 않고 당인정의 길가에다 공덕비(일명 宗歡碑)를 세웠는데, 그 길은 도시 근대화에 따라 확장하게 되어, 철거위기를 맞이하게 되었다. 그러나 마을 사람들은 이를 없애지 않았다. 1955년 7월 15일에 도로 확장공사가 완성이 되었고, 공교롭게 그날 마을에는 마을회관이 완성되어 낙성식을 거행하였다. 그 때 마을 사람들은 마을 회관 앞에 조그마한 사당을 지어 토진 신사라 하고, 그 비를 신사에 모셨고, 그 비의 주인공인 이종환을 이곳의 신으로 모셨던 것이다. 이로 말미암아 그는 사후 300년만에 자신이 건설한 마을사람들에 의해 신이 되었던 것이다. 마을사람들은 그 이후 매년 7월 15일에 토진신사의 제일로 정하고 제사와 함께 축제를 벌이고 있다.26)

여기에서 보듯이 이종환은 비록 고국을 배반한 조선인이었지만, 사가에서는 크나큰 공헌을 남긴 인물이었다. 조선도공들을 납치하여 사가의 산업에 이바지했을 뿐만 아니라 토진마치를 건설하여 무역을 통하여 상업지역으로 번성시킨 인물이었다. 따라서 이러한 공헌을 남긴 이종환을 마을 사람들은 잊지 않았던 것이다. 그리하여 그를 위하여 기념비를 세웠고, 이것이 철수하게 되자 그를 대은인으로서 마을의 수호신으로 승격시켜 모시게 되었던 것이다. 그리고 어느 제과점에서는 종환이라는 이름의 과자를 개발하여 지역의 특산물로서 인기리에 판매하고 있다. 그러므로 그는 마을에 처음으로 정착한 입향조의 수준을 넘어선 존재라고 할 수 있다. 이와같이 일본에서는 지역민을 위해 큰 공헌을 남긴 자라면 신이 될 수 있는 기회가 있는 것이다.

....

26) 唐人町商店街(1991)『唐人町 Lifework Station 構想』唐人町商店街振興組合 事務局, p.12

3.2. 가토신사의 김환

구마모토에는 가토 기요마사를
신으로 모시는 가토신사가 있다. 이
신사는 원래 기요마사만을 모시는
신사이었는데, 1871년에 이르러 그
와 더불어 오오키 가네요시(大木兼能
1561 - 1611)와 조선인 김환이 함께
합사되어 신으로 모셔지고 있는 것
이다.27) 즉, 주신은 기요마사이고,
이를 보좌하는 부신으로서 모셔지
고 있는 것이다. 그리하여 1929년부

〈그림 54〉 김환의 묘(구마모토 본묘사)

터 시작된 가토 신사(加藤神社)의 신
행식(神幸式)에는 3개의 가마(神輿)가 나오는데, 첫 번째가 기요마사의
것이고, 두 번째의 것이 오오키 가네요시, 세 번째 것이 김환의 것이다.
이처럼 김환은 완전히 구마모토의 지역신이 되어있는 것이다. 그는 어
떤 사람이었기에 신으로 모셔지게 되었을까?

지금까지 김환이 어떤 계기로 일본의 구마모토로 갔는지에 대해 정
확히 밝혀져 있지 않다. 혹자는 그를 기요마사가 데리고 간 석공이었다
고 하는 사람도 있다.28) 그러나 이러한 설명은 맞지 않는 것 같다. 왜냐
하면 그가 일본에서 한 행위를 보면 노동자라기 보다는 지식인에 가깝

---

27) 가토신사의 역사는 그다지 오래되지 않는다. 1868년에 시작되었으나, 본
    격적으로 신사로 출발하기는 1871년부터이다. 그 때 이름은 錦山神社이었
    다. 그 때 김환이 신으로서 합사되어 여름축제가 되면 그를 신으로 모신
    가마가 등장하여 시가행렬을 벌이는 것이다.
28) 熊本出版文化會館編(1990)『肥後の淸正』亞紀書房, p.178

기 때문이다. 오히려 그것보다도 그를 가토 기요마사가 함경도의 회령에서 조선의 왕자 두 명을 포로로 잡았을 때 조선왕자의 신하(侍臣)이었다는 나카노 키타로(中野嘉太郞)[29]와 아라키 세이시(荒木精之)[30] 등의 해석이 더 설득력이 있다. 만일 그렇다면 그는 당시 함경도 백성들이 조선의 왕자 두 명을 일본군에 넘긴 사건과 연루되었을 가능성이 높다. 회령의 유배자인 국경인은 국세필과 함께 기마병 500명을 이끌고 두만강 쪽으로 도망치려는 두 왕자와 왕자의 아내와 종, 그리고 그들을 따르는 관리와 가족들을 잡아서 가두고는 일본군에게 투항하는 사건이 있었다. 역사학자 김강식은 이에 대해 이 지역민들이 조정에 대한 반감이 높았으며, 게다가 여기에 피난 온 임해군과 순화군이 지역민에게 부리는 행패가 심해 이에 분노한 민심이 그러했다고 해석하고 있다.[31] 김환이 바로 이곳에 있었으며, 그가 스스로 가토에게 투항을 하였다면 그 사건에 연루되었을 가능성도 배제할 수 없다.

이 때 왜군에 투항해 협조하여 적이 주는 벼슬을 받고서 그 지역을 위탁 관리하는 사람들이 적지 않았다. 종성부사 정현룡은 왜군에 투항하면서 "나를 어루 만져주면 임금이요, 나를 학대하면 원수이니, 누가 부린들 신하가 아니며 누구를 섬긴들 임금이 아니랴."는 말을 남겼다. 이처럼 임란 때 함경도 사람들은 왜군에 투항하여 살아남기를 도모한 사람들이 일본군이 물러나면 그들의 위치는 역전될 수밖에 없다. 이 때 이들이 택할 수 있는 길은 왜군을 따라 일본으로 건너가는 것이다. 김환도 이러한 대열에 끼여서 일본으로 건너갔을 것이다.

----

29) 中野嘉太郞(1909)『加藤淸正傳』隆文館, p.547
30) 荒木精之(1972)『熊本歷史散步』創元社, p.35
31) 김강식(2007)「임진왜란 당시 함경도 백성들은 왜 조선왕자를 일본군에 넘겼나?」『내일을 여는 역사(29)』내일을 여는역사, pp.149-150

소설가 박덕규는 여기서 상상의 나래를 펴서 김환이라는 이름에서 보듯이 내시 즉, 환관을 의미하는 것으로서 그는 환관으로서 포로가 된 왕자들을 모시기 위해 일본진영에 들어간 인물이라고 하면서 두 왕자가 방면되어도 그는 일본 군 진영에 남아서 전쟁이 끝나고, 가토 기요마사를 따라 구마모토로 간 사람으로 보았다. 즉, 제대로 모시지 못해 관복에게 붙잡혀 적에게 넘겨지게 한 죄만으로 이미 처형당할 목숨이기 때문에 가토 기요마사를 따라 일본으로 건너갔다고 한 것이었다.[32]

1920년대 학자인 마츠다코(松田甲)에 의하면 그의 본명은 양보감(良甫鑑)이었다 한다.[33] 양은 아마도 楊이거나 梁을 잘못 표기한 것인지도 모른다. 그러한 그가 어찌하여 김환이 되었는지 알 수는 없다. 여하튼 그는 기요마사의 휘하에 들어가 길 안내역할을 하여 왜군에 공헌을 했다. 그러한 기요마사를 따라 일본 구마모토에 간 것은 어쩌면 당연하다 하겠다. 그는 기요마사의 회계업무를 관장하는 근습역(近習役)이 되었으며, 그의 봉록은 200석이었던 것으로 전해진다.

그러한 그가 1611년(경장 16)에 가토 기요마사가 죽자 '하루라도 기요마사 없이는 살 수 없다.'하며 마치 그의 아비나 죽은 것처럼 순사하고 마는 것이었다. 그 죽음의 방법도 아주 일본적인 방법인 배를 가르고 죽는 할복의 수단을 택하고 있는 것이다. 처음에는 그가 자살할 줄 알고 자식 둘은 칼을 빼앗고 감시하는 바람에 실패하나 그들이 잠시 한눈을 판 사이에 낫으로 할복하여 죽었다. 그것도 할복방법 중에서도 가장 어려운 것으로 알려져 있는 열십자의 모양으로 배를 갈라 자살하였다.[34]

· ·

32) 박덕규(2008.10.02) 『사명대사를 따라서 <50>』「제1장 외짝 신발을 들고 풍랑 속으로 ⑤」국제신문
33) 松田甲(1927)「肥後國志」「續撰淸正記」『朝鮮史話(1)』

외국인이면서도 순사를 한 김환은 구마모토에서도 그의 죽음을 이용할 가치가 있었는지 그의 장례를 기요마사와 가로인 오오키 가네요시[35]와 합동으로 성대하게 치렀다. 그리고 기요마사의 보리사(원찰)인 본묘사의 묘역에다 그의 무덤을 만들었다. 그의 무덤은 절의 정문에서 왼쪽에 위치해 있다. 그의 묘비는 유달리 크게 되어있어서 눈에 금방 드러난다. 즉, 조선인이 주군인 기요마사의 은공을 잊지 않고, 순사라는 형태로 충과 의리를 지킨 사람이니까 선전하기에 아주 좋은 인물이었던 것이다. 이러한 목적 하에 구마모토의 지배자들은 그를 죽어서도 주군을 보필하는 상징적인 인물의 신으로 모셨으며, 이로 말미암아 조선인 김환은 죽어서 구마모토의 신이 될 수 있었던 것이다.

· ·

34) 荒木精之(1989)『加藤淸正』葦書房, p.162

35) 駿河守의 적자이며, 그의 아내는 기요마사의 부인의 여동생이다. 그러므로 기요마사와는 동서간이다. 처음에는 사사키 나리마사(佐々成政)의 가신으로 3천석의 영지를 받았으나, 나리마사의 실각 후에 같은 대우로 기요마사의 가신이 된다. 임란과 정유왜란 때 조선에서 무공을 여러 차례 세웠으며, 또 세키가하라 전투 때에는 梶原景俊와 더불어 지혜를 짜내어 大坂의 진지에서 기요마사의 부인을 무사히 구마모토까지 탈출시키기도 했다. 기요마사가 죽자 그도 1611년 6월 25일에 기요마사를 따라 순사했다. 당시 나이 50세. 그의 할복에 대해 다음과 같은 이야기가 전해온다. 즉, 그가 배를 갈랐을 때 피가 흘러나왔다. 이를 지켜보던 미야케 카쿠자에몬(三宅角左衛門)이 그 피를 손바닥에다 담고서 "무운이 있는 자이다. 국내외에 걸쳐 수차례의 충공을 다하고 주군으로부터 두터운 은공을 입고, 또 지금 주군과 함께 저승길을 함께 간다는 것은 정말 부럽도다"하며 그 피를 혀로 핥는 엽기적인 행위를 보였다고 한다.<荒木精之(1991), 앞의 책, pp.35－36>. 그의 묘는 기요마사의 묘가 있는 본묘사에 있으며, 법명은「堯心院殿道了日解居士」이었다. 그리고 그의 영혼은 명치시대에 가토신사에 합사되었다.

3.3. 고오즈시마(神津島)의 여신 오다 쥬리아

오다 쥬리아는 임란 때 적장인 고니시 유키나가(小西行長)에게 포로
가 되어 그의 양녀가 된 조선여인이다. 고니시의 영향으로 천주교도가
되었고, 고니시가 숙청당한 다음에는 도쿠가와 이에야스의 시녀가 되
었다. 도쿠가와 막부가 천주교를 금지시키고, 천주교도들에 대한 박해
를 시작할 때 토구가와로부터 몇차례나 유혹과 개종의 권유를 뿌리치
고 신앙을 지켰던 인물이다. 이러한 인물이기에 도쿠가와는 그녀를 이
즈열도의 오오시마(大島)와 니이시마(新島)등지로 전전하면서 유배생
활을 하다가 잠시 그곳에서 탈출하여 육지로 나와 천주교를 위해 헌신
하지만 다시 발각이 되어 최남단의 고오즈시마(神津島)로 보내져 결국
그곳에서 생을 마감한 조선여인이다.

그녀가 섬들을 돌아다니면서 유배생활을 하면서도 매우 평화스럽고
자비스러운 얼굴로 섬사람들을 대하였고, 덕망이 높았고, 또 독실한 신
앙생활을 바탕으로 봉사활동을 하였기 때문에 지역민들이 크게 감동하
여 그녀에 대한 인상이 깊게 남았다고 한다. 그리하여 그녀의 흔적이
유배생활을 했던 섬 지역에 아직까지 남아있는데, 가령 오오시마에서
니이시마로 가기 위해 배를 타는 해안을 그녀의 이름을 따서「오다 해
변」이라고 하고, 그 해안의 동산 위에 오다아네 명신(織田姉明神)이라
는 사당을 세워 쥬리아를 신으로 모시고 있다고 한다.[36] 이것이 오다
쥬리아를 신으로 모신 신사라는 사실이 뒤늦게 밝혀지자 1958년에 오
오시마의 선착장에 6미터 높이의 하얀 십자가가 세워졌고, 허술했던
사당도 석조로 고쳐졌다.[37]

....

36) 김옥희(1983)「임란 때 피납된 조선여성들의 일본에서의 순교와 신앙생활」
  『사학연구(36)』 한국사학회, p.126

　이러한 그녀와 그녀의 묘비를 지
역사람들은 호쿄사마(寶篋님), 호토
사마(寶塔님)라고　부르며,　그녀를
섬의 수호신으로 모시고 있다. 그
녀의 묘 앞에 치성을 드리면 자궁
병과 같은 부인병이 없어지고, 또
묘소를 참배하기만 해도 병이 없어

〈그림 55〉 고오즈시마의 오다 쥬리아 묘

지고, 자식복도 생긴다고 한다.38) 그리하여 여성들이 많이 참배하고 있
다고 한다.39) 1년 내내 그녀의 묘소에는 생화가 끊이지 않고 바쳐지고
있다고 한다. 이처럼 오다 쥬리아를 부르며 지역민들은 천주교와는 아
무런 관계없이 민간신앙화 되어 신으로 숭상되고 있는 것이다.

3.4. 타쿠의 고려콘겐

　사가현의 중앙부에 위치한 다쿠시(多久市)에는 매우 특이한 이유로
신으로 모셔지는 조선인이 있었다. 이 신은 나이도 어린 동자신이다.
그런데 무엇 때문에 일본인들은 나이도 어린 조선소년을 신으로 모시
고 있는 것일까? 여기에 대해 한문설화집인『금제해(今齊諧)』(卷4 第33
話)에 적혀있는데, 이를 소개하면 다음과 같다.

　풍신수길이 조선에 침공하였을 때 지금 초대 사가번주인 나오시게공

37) 박양자, 앞의 책, p.294
38) 김승한(1979)「神津島의 성녀 오다 줄리아」『일본에 심은 한국(1)』중앙일
　　보, 동양방송, p.209
39) 박양자(2008)『일본 키리시탄 순교사와 조선인』도서출판 순교의 맥, p.113

은 가끔 전공을 올렸다. 그 때 가로(家老)인 다쿠다유(多久太夫)도 여기에 종군했다. 그 다구씨의 가신이었던 소에시마(副島) 모씨가 조선의 소년을 잡아서 일본으로 데리고 갔다. 소년은 나이가 어림에도 불구하고 똑똑하고 영리하며, 게다가 학문을 좋아하여 문학에도 뛰어나서 많은 기예들을 익히고 있었다. 이에 소에시마 모씨는 기뻐하여 이 소년을 아끼며 키우더니 이윽고 자기의 자식으로 삼았다. 소년은 어느 정도 나이를 먹자 자신의 재능을 뽐내고 거만해졌으며, 자기 마음대로 행동을 하여 언제나 남들을 무시했다. 주위의 사람들은 이를 막으려고 이 소년을 멀리했다. 그러자 소년은 스스로 자신이 아버지의 사랑을 잃어버린 것을 알고 항상 만족하지 않고 즐거워하지 않는 모습이었다. 그러나 그 나쁨과 흉폭함은 멈추지 않았고, 끝내는 재앙이 자신의 몸에 닥치는 것이 분명했다. 어느 날 밤 잘 자고 있었을 때 그의 몸이 꽁꽁 묶여 매달려지고 칼에 찔려 죽고 말았다. 이런 일이 있고 난 후 그 소년은 원귀가 되어 원한을 품고 3대에 걸쳐 소에시마의 당주(當主)를 일찍 죽게 만들었고, 4대째 가문이 이어지는 어느 날 낮에 귀신이 바깥에서 문을 열고 안으로 들어왔다. 이를 보니 그 귀신은 다름 아닌 죽은 조선의 소년이었다. 흐트러진 머리카락은 등줄기까지 내려져 있고, 얼굴은 새파랗고, 몸에는 죽었을 때의 옷을 그대로 입고 있었으며, 피는 여전히 뚝뚝 땅에 떨어지고 있었다. 주인과 마주하더니 말하기를 "나는 너의 조상에게 살해당한 조선의 소년이다. 나의 원한은 억울한 죄가 언제까지 사라지지 않는 점에 있다. 이미 너의 조부 등 3명을 죽였다. 이처럼 사람을 죽여 보아도 기분이 풀릴 기미가 보이지 않는다. 아마도 사람들은 이러한 것을 믿지않고 여우나 너구리, 혹은 백귀(百鬼)가 저지른 일이라고 생각할 것이다. 조부 등 3명을 빨리 죽게 하는 것만으로는 나의 마음을 천하에 알리는 것이 충분하지 않다는 것을 알았다. 내일 내가 한번 더 이곳에 오고자 하니 너는 반드시 제물로 한 명의 소년을 골라 놓아라. 그러면 내가 그 아이에게 빙의하여 마음에 담아있는 분한 마음을 털어놓겠다."하며 이내 사라지고 말았다. 이를 들은 집 안 사람들은 크게 놀라고 그 귀신의 뜻을 거슬러 화를 입는 것을 두려워하여 다음날 아침 모든 친척들이 모여 마을의 아이들 가운데 가장 어리석은 아이 한명을 골라 제물로 삼았다. 그리고 모두가 그 아이를 둘러싸고 보고 있었더니 갑자기 그 아이의 다정한 눈빛이 사납게 바뀌더니 흥분된 상태로 일일이 오랫동안 품어온 원한을 말하기 시작했다. 그 변설은 마치 흐르는 강물처럼 유창하여 그 상태는 도저히 어제의 시골 소년이라고 볼 수가 없었다. 잠시 후 동자는 울부짖으며 자신의 노여움을 말하고, 주먹을 불끈 쥐고 들어올리고 "나의 원한은 쌓일대로 쌓이고, 분노는 점점 깊어져 입으로는 도저히 다 표현할 수가 없다. 그러므로 즉시 붓과 벼루를 가지고 오라."고 했다. 집 식구들은 공포에 떨면서 명령에 따랐다. 동자는 붓을 잡는 순간 즉시 물이 흐르는 것처럼 엄청난 문자를 빠르게 적더니 그것을 사람들에게 던졌다. 사람들이 이를 주워보니, 그 필적은 약동하고, 말은 비장감에 차있으며, 모든 것이 원한을 호소하고 자신의 무실을 말하는 것이었다.

그 내용의 요지는 다음과 같았다. 나는 고원한 삼한의 누대의 거가에서 태어났으나, 포박되어 여기 일본에 왔다. 원래부터 출세를 하고자 하는 마음도 없었으며, 민간에서 생활하기로 마음을 먹고 있었다. 왜냐하면 사람은 반드시 죽기 때문이다. 나는 결코 죽음을 두려워하지 않는다. 그렇지만 증오하는 것은 나를 기르며 자식으로 삼으면서도, 이번에는 거짓으로 계략을 꾸며 나를 죽이려고 한다. 이 거칠고 비정한 짓은 도저히 인간다운 마음을 가진 것이라 할 수 없다. 다시 말하여 개나 돼지와 같은 짐승들이 할 짓이다. 나를 죽이려고 하였다면 어찌하여 나에게 칼을 잡을 기회를 한 번도 주지 않았단 말인가. 내가 이 사태를 충분히 이해하고 괜찮았다고 칭찬받을 훌륭한 죽음을 할 수 없었다. 게

다가 이 때문에 험악하고 악의로 가득 찬 함정을 파놓고 또 거짓으로
가득 찬 계략을 꾸미고는 죽음으로 몰아넣은 것은 용서할 수 없다. 나는
나의 진심을 천제에게 호소하고, 이를 인정받았기 때문에 너의 가족 3
대를 모두 죽일 수 있었다. 그러나 이것만으로 아직 나의 분노가 충분히
풀리지 않는다. 몇월 몇일 몇시 나는 반드시 주인의 목숨을 끊고 소에시
마의 자손에게 오랫동안 한줌의 살점을 남기지 않도록 하겠다는 것이
었다.

　이러한 문장을 다 읽고 나니, 그 동자는 원래 어리석은 소년으로 돌
아왔으며, 여태까지 있었던 상황에 대해서는 전혀 기억하지 못하고 있
었다. 집의 식구들은 공포에 떨며 온갖 수단을 다하였지만 그 귀신은
나가지 않았다. 동자가 말한 날짜가 오자 즉시 주인은 죽고, 그 자식,
그리고 손자들도 오래 살지 못했다. 따라서 양자를 맞아들여 대를 이어
소에시마 가문을 단절시키지 않으려고 노력하였지만 끝내 단절되고 말
았으며, 그 후 시간이 많이 흘러 버렸다. 그 동자가 처음으로 호소하였
을 때의 문장은 오랫동안 소에시마 집안에 보관되어있었기 때문에 촌
노들 가운데 이를 본 사람이 있다고 하나, 최근 화재로 말미암아 소실되
어 버렸다고 한다. 이 이야기는 다쿠의 사람 쿠사바 아키라(草場韡)가
나에게 해준 것이다. 이를 내가 정리한 것은 문화 8년(1811) 초 사일(巳
日)의 이틀 뒤이다.[40]

이 문장에서 보듯이 임란 때 소년으로 잡혀와 일본인 집안에서 양자
로 들어가 살다가 양부모에게 살해당한 조선 소년의 슬픈 이야기이다.
사람들은 그의 살해를 정당화하기 위해 그가 영특하지만 거만하고 흉

----

40) 志波深雪(2002)「多久に伝わる韓國少年の傳說」『葉隱硏究(48)』葉隱硏究會,
　　pp.25-26에서 재인용

폭한 행동을 일삼았다고 했다. 그
러나 이것이 그를 죽일 만큼 위협
적인 행위였다고 보기는 힘든
다. 다른 이유가 있었을 것이다.
더군다나 그가 어리석은 일본 소
년에게 빙의하여 말하기를 그는
조선의 거가(양반) 출신이지만 출

〈그림 56〉 고려콘겐 사당

세하고자 하는 욕구도 없으며, 다만 평범하게 보통사람으로 살아가기
를 원했다고 했다. 그리고 자신이 조선의 포로출신이라는 것도 잘 알고
있었다. 그가 원한을 품었던 것은 한 때는 애지중지하며 자식으로 키우
다가 마음을 바꾸어 자신을 죽이는 몰인간적인 행위때문이었다. 이러
한 것을 그는 개, 돼지와 같은 짐승들이나 하는 것이며, 도저히 인간이
할 수 없는 것이라 하며 스스로 저주의 귀신이 되어 소에시마의 집안의
씨를 말려버린 것이었다. 이처럼 그의 죽음은 그의 교만하고 흉폭한 행
위로 말미암은 것으로 보기 힘드는 것이다.

　그렇다면 그의 죽음은 영특함 때문에 생겨났을 가능성이 높다. 비상
한 머리와 뛰어난 재주를 가진 그는 조선을 침략하여 많은 사람들을
살해한 일본인의 만행들을 기억하고 있었을 가능성도 있다. 만일 그렇
다면 그가 훌륭하게 성장하면 할수록 조선침략에 참가했던 지역의 유
지들은 그에 대한 두려움을 느끼게 되었을 가능성이 높다. 그리하여 그
는 자신을 길러준 양부모로부터 살해당하는 비극적인 죽음을 맞이하게
되었는지도 모른다. 실제로 그의 사당을 지은 오쯔카씨 집안에 전해지
는 구비전승에는 그의 교만함에 대한 이야기는 없고, 그의 죽음은 그가
지니고 있는 비상한 영리함 때문에 이를 두려워한 당시 권력자들이 장
래의 화근을 없애기 위해 살해한 것으로 되어있다 한다.[41] 이처럼 그의

죽음의 직접적인 원인은 오쯔카씨 집안의 전승처럼 그의 뛰어난 재능에서 기인한 것일 가능성이 높은 것이다.

이와같이 불행히 살해당한 조선소년은 그 후 신이 되어 모셔지고 있다. 그를 신으로 모신 사당은 오쯔카씨(大塚氏) 묘역에 있다. 그 이유는 그 소년의 저주 때문인지 오쯔카씨 집안에서는 수대에 걸쳐 남자아이가 태어나지 않았다. 그리하여 그 소년을 위해서 사당을 짓고 이름을 고려콘겐(高麗權現)이라 하며 그를 신으로 모시기 시작했더니 여기에 영험이 있어서 오쯔카씨 집안에서는 아들이 태어나기 시작했으며, 근년에는 그들 가족 가운데서 공부를 잘하여 도쿄대학에 입학한 남자아이도 나오자 모두들 이 신 덕분이라고 좋아했다고 전해진다. 이처럼 고려콘겐은 매우 개인적인 차원의 신이었다. 그러나 이러한 일련의 행위 속에는 그를 죽였다는 죄의식과 함께 그가 내리는 저주로부터 피하고자 하는 의식이 저변에 깔려 있다. 그것으로 말미암아 원령이 자식을 점지해주고, 또 그 자식으로 하여금 공부를 잘하게 해주는 학문의 신으로 변질되어 있었다. 즉, 재앙을 일으키는 원령을 행운을 가져다 주는 행복의 신으로 바꾸어놓은 것이다. 이처럼 죽어서도 불행한 죽음을 당한 조선소년이 다쿠에서 신으로 모셔지고 있었다.

4. 무엇 때문에 신이 될 수 있었을까?

이상에서 살펴보았듯이 일본에서 신이 되었던 사람들 중 일제 때 바다를 건너 일본에 간 사람들은 거의 없었으며, 사가의 이종환을 제외하면 대부분이 임진왜란 때 포로로 잡혀간 조선인들이었다. 이러한 조선

41) 志波深雪, 앞의 글, p.24

인들의 특징을 살펴보기 위해 크게 나누어 보면 다음과 같이 세 가지로 정리할 수 있을 것 같다. 첫째는 직능신이다. 이참평, 고려할매, 이마무라 죠엔과 같은 인물은 그 지역의 산업인 도자기 산업을 처음으로 일으킨 도자기 시조로서 모셔지는 것이다. 이러한 성격에 걸맞게 그들이 모셔지는 신사의 이름도 도조신사이다. 고려할매를 모신 신사도 비록 그 이름이 부산신사이지만, 성격은 도조신사에 가깝다. 이처럼 이들은 직능신이자 지역의 시조신적인 성격이 강한 특성을 지니고 있다.

둘째는 지역에 크게 위업을 달성한 위인을 기리기 위해 만든 현창신이다. 여기에는 당인신사의 이종환과 가토신사의 김환, 그리고 오다 쥬리아가 있다. 이들 가운데 오다 쥬리아가 가장 먼저 신이 되었다. 이종환과 김환은 엄격히 말해 근대 초기 명치기에 신이 된 사람들이기 때문이다. 그리고 이종환과 김환은 한국에서 본다면 조국을 배반한 자이지만, 일본에서는 당인정을 건설하고, 그 지역의 산업을 발전시켰고, 또자신을 거두어 준 주군에 대한 충과 의를 지켜낸 위인에 속하는 인물이다. 이러한 점이 높이 평가되어 그들을 현창하기 위해 지역민들이 신으로 모셨던 것이다. 이에 비해 오다 쥬리아는 독실한 신앙생활과 인자한 봉사생활로 지역민들에게 감동을 주어 지역민들로부터 존경심이 생겨신이 되었다.

그리고 셋째는 원령신으로서 사람들로부터 억울하게 죽임을 당함으로써 저승에 가지 못하고 지역민들에게 저주를 내리는 불행한 원령을 모시는 경우이다. 여기에는 다쿠의 고려콘겐이 있었다. 이 경우는 존경에서 우러나는 신앙이 아니라 그가 저지르는 저주(원한)의 공포에서 벗어나기 위해 생겨난 신앙이다.

이러한 조선계 신들은 여러모로 일본의 신사와 다르다. 한마디로 그들이 모셔지는 신은 다른 신사들에 비해 매우 초라하다. 아리타의 이참평은 도조신으로 모셔지면서도 자신의 고국을 침략한 신공황후와 응신 천황과 함께 모셔져 있고, 가토신사의 김환은 주신인 가토 기요마사를 보필하는 부신으로 모셔져 있으며, 또 고려할매의 부산신사도 미가와 치 사라야마 텐만궁(三川內皿山天滿宮)의 경내에 있다. 그리고 오다 쥬 리아도 오오시마 해변의 조그마한 사당에 모셔져 있으며, 저주의 신인 고려콘겐도 자신의 땅이 아닌 오쯔카씨(大塚氏) 묘역에 있다. 다시 말 하자면 그들은 일본신 또는 토지를 빌려 더부살이를 하고 있는 셈이다. 그리고 독립된 신사를 가지고 있다 하더라도 당인신사, 미가와치의 도 조신사, 오오시마의 오다아네명신과 같이 매우 작고 초라하다. 따라서 이들을 별도로 모시는 신관도 있을 수 없다.

그럼에도 불구하고 이들이 신이 될 수 있었던 것은 무엇때문일까? 여기에 대해 일본민속학의 창시자로 불리우는 야나기다 구니오(柳田國 男)는 죽은 자를 신으로 모시는 것에 대해 다음과 같이 언급한 적이 있다.

> 사자를 신으로 모시는 관행은 분명히 지금으로 부터 옛날이 더욱 성 행했다. ..<생략>..사람을 모신다고 믿는 경우에는 이전에는 특히 몇 가 지 조건이 있었다. 즉, 나이가 들어 자연스럽게 생애를 마감한 자는 우 선 첫째로 여기에 들지 않았다. 유념여집(有念餘執)이라는 것이 사후에 있어서도 상상됨에 따라서 종종 저주라는 방식을 통하여 노여움과 기 쁨의 정을 표시할 수 있는 자가 새로운 신으로 모셔지는 것으로 되었다.

여기에서 보는 것처럼 야나기다 구니오는 사람이 신으로 모셔지는 경우의 저변에는 저주하는 원령을 진혼하는 행위에서 나온 것이라는 해석이 짙게 깔려 있다. 즉, 탈을 일으키는 존재라고 본 것이었다. 그의 말처럼 다쿠의 고려콘겐은 그러한 형태의 신이었다. 그러나 이를 제외한 나머지 조선인들은 탈을 일으키는 존재는 아니었다. 그들은 야나기다 구니오의 표현처럼 늙어서 자연스럽게 죽은 보통사람들은 아니었다. 그들의 생애는 지역사람들이 잊지 않고 기념할만한 위대한 업적을 남긴 사람들이었다. 즉, 위인들이었던 것이다.

여기에 주목을 끄는 해석을 내린 사람이 있었다. 그는 코마츠 카즈히코(小松和彦)이다. 그는 일본인들이 신이 되는 데는 다음과 같은 두 가지 이유가 있다고 했다. 하나는 저주계열의 신으로 이는 주로 원한을 품고 비운의 죽음을 맞이한 사람으로 이들의 저주로부터 벗어나기 위해 이들의 영혼을 달래기 위해 사당을 짓고 신으로 모시는 것이다. 이는 원령을 모시며 제사로서 위로함으로써 재앙에서 벗어나고자 하는 욕구에서 생겨난 것임에 틀림없다. 둘째는 현창계의 신으로 이는 생전에 걸출한 업적을 남긴 사람으로 그의 업적을 칭송하고 기리기 위해 신으로 모시는 경우이다. 즉, 기념하고 기억하려는 의지에서 위인을 신으로 모시는 것이었다.42)

이러한 관점에서 보았을 때 일본에서 신이 된 한국인들도 그것에서 크게 벗어나지 않는다. 일본 도자기 산업에 크게 이바지한 이참평, 고려할매, 이마무라 죠엔, 그리고 당인정을 건설한 이종환, 주군에 대한 의리와 충을 다한 김환, 자신의 신앙을 끝까지 지켜낸 오다 쥬리아 등은 지역민들이 그들의 업적을 잊지 않기 위하여 신으로 모신 현창계 신이다. 그에 비해 다쿠의 고려콘겐은 자신을 죽인 사람들에게 복수를 가하는 저주계의 신이다. 그야말로 그들은 코마츠의 표현처럼 탈을 일으키는 존재이었고, 또 지역민들이 현창할만한 위인들이었기 때문에

---

42) 小松和彦(2001) 『神になった人びと』淡交社, pp.11-12

일본에서 신이 될 수 있었던 것이다. 비록 그들이 모셔지는 신사의 규모가 작고, 또 더부살이 형태로 모셔진다고 하더라도 그들이 신이 될수 있었던 것은 인간을 신으로 모시는 민속논리가 그들에게도 똑같이 적용되었기 때문이다.

이러한 일본인의 논리에서 바라다본다면 인간들에게는 얼마든지 신이 될 수 있는 길이 열려있다는 것을 알 수 있다. 그러므로 이상에서 제시된 인물만 신이 될 수 있는 것이 아니다. 일본에서 신이 될 뻔한 한국인과 앞으로 신이 될 가능성이 있는 한국인들이 얼마든지 있을 수 있다.

먼저 신이 될 뻔한 인물로는 논개를 들 수가 있다. 논개는 너무나 잘 알려진 인물이기 때문에 새삼스럽게 설명할 필요가 없지만, 1976년 어느 일본인이 자기 토지에 논개의 무덤과 사당을 만들어 모신 일이 있다. 우리의 상식을 빌리면 이 때 논개는 당연히 탈을 일으키는 저주의 신이어야 한다. 그럼에도 불구하고 논개는 그러한 성격 보다는 부부원만과 자손번창이라는 새로운 성격을 띠는 신으로 변질되고 있었다. 마치 그것은 앞에서 본 다쿠의 고려콘겐과 같이 저주에서 행복의 신으로 바뀌는 것과 같은 것이었다. 그러나 논개는 일본에서 신이 되지 못했다. 논개가 일본에서 신이 될 수 없었던 가장 큰 이유는 그녀를 독립된 신으로 보지 않고, 어디까지 전승이긴 하지만 그녀와 함께 죽었다는 적장 게야무라 로쿠스케와 합사하였기 때문이다. 이러한 사실을 알게 된 한국인들은 논개를 로쿠스케와 사후결혼시켰다고 오해하고는 크게 분노하여 거칠게 항의한 결과 폐지되었던 것이다. 그로 말미암아 논개는 신이 되는 과정에서 중단되고 말았던 것이다.

둘째는 앞으로 신이 될 가능성이 높은 사람으로는 이수현을 들 수가 있다. 이수현은 일본에 유학을 갔다가 2001년 도쿄 지하철역에서 선로에 떨어진 취객을 구하려다 숨진 사람이다. 그의 희생은 일본열도를 감동시켰다. 그뿐만 아니었다. 한국인에 대한 일본인의 인식을 개선하는 데도 크게 기여했다. 일본인들은 그를 추모하기 위해 대대적으로 행사를 벌였고, 그가 죽은 신오쿠보역(新大久保驛)에는 그를 추모하는 동판이 만들어졌다. 그리고 2008년에는 다시 그를 추모하기 위해 '너를 잊지 않을 거야'라는 영화가 한일합작으로 만들어져 양국에서 인기리에 상영되기도 했다. 이러한 추모행사가 거듭되고, 또 그를 기리는 기념물이 자꾸 만들어지면 어느덧 그는 지하철에서 벌어지는 사건을 예방해주는 수호신으로 섬겨질 가능성이 매우 높다. 현대인들도 얼마든지 일본에서 신이 될 수 있다.

실제로 그러한 예가 사가에서 있었다. 1953년경에 이 지역에 콜레라가 유행하였을 때 마스다 케이이치로(增田敬一郎)이라는 순사가 마을을 돌아다니며, 병자들을 간호하다가 결국 본인도 목숨을 잃는 사건이 있었다. 사람들은 그를 기리기 위해 세운 것이 신사이었고, 그를 그곳의 신으로 모셨다. 그 신사의 이름도 그의 이름을 따서 마스다 신사(增田神社)라 했던 것이다. 이처럼 얼마든지 현대인들도 신이 될 수 있는 길이 있는 것처럼 한국의 이수현도 지하철 안전의 신이 될 수 있다. 그러한 의미에서 앞으로 한국인들 가운데 일본의 신이 되는 사람이 있다면 누구보다 이수현이 제일 먼저 될 것으로 생각된다.

5. 마무리

이상에서 살펴보았듯이 일본에서 신이 된 조선인들이 많았다. 이참평, 고려할매, 이마무라 죠엔, 이종환, 김환, 오다 쥬리아, 나이 어린 조선소년 등 이들 대부분이 임란과 정유의 왜란 때 일본군에 잡혀간 포로들이었다는 점에 있어서 주목을 할 필요가 있다. 즉, 그들은 포로로서 일본에서 생활을 시작하여 남들과 다른 삶을 살다가 간 사람이었다. 인류학자 코마즈 카즈히코의 이론에 따르면 그들은 탈을 일으키는 저주계와 사회에 위대한 업적을 남긴 현창계 신들이었다.

이들이 신이 될 수 있었던 것은 일본 민속 가운데 사람을 신으로 모실 수 있다는 인신사상이 있기 때문이었다. 이러한 사상은 사람들에게 신이 될 가능성이 얼마든지 있음을 보여준다. 그리하여 한국인들 가운데 논개와 같이 신이 될 뻔한 사람도 있고, 또 이수현처럼 신이 될 가능성을 가지고 있는 사람도 있다.

신이 되는 데는 그를 모시는 신자들이 없으면 불가능하다. 그러나 한 가지 유의할 사항은 논개의 경우와 같이 모시는 자의 논리가 너무 일방적이어서는 곤란하다. 모셔지는 측의 입장도 고려하여 적과의 동침은 피해야 하는 것이다. 그럼에도 불구하고 도쿄 시내 한 복판에는 그러한 일들이 벌어지고 있는 곳이 있다. 그곳은 다름 아닌 야스쿠니 신사(靖國神社)이다. 이곳에는 징병으로 끌려가 죽은 조선인들이 그들을 끌고 간 전범들과 함께 신으로 모셔지고 있는 것이다. 이를 모시는 일본인들은 인간을 신으로 모실 수 있다는 입장에서 설명할 수 있을지 모르지만, 죽음을 당한 자와 유족들의 입장에서 본다면 이는 참을 수 없는 적과의 동침으로 해석되어질 수밖에 없다. 따라서 사람들로부터 존경받는 참다운 신이 되기 위해서는 상호 공통된 인식이 전제되지 않으면 안되는 것이다. 이러한 점이 인신사상에서 가장 중요한 요소라고 생각된다.

참고 문헌

김강식(2007) 「임진왜란 당시 함경도 백성들은 왜 조선왕자를 일본군에 넘겼
　　　　　　나?」『내일을 여는 역사(29)』 내일을 여는역사

김승한(1979) 『일본에 심은 한국(1)』 중앙일보, 동양방송

박양자(2008) 『일본 키리시탄 순교사와 조선인』 도서출판 순교의 맥

金達壽(1988) 「日本の中の朝鮮文化(9)－肥前ほか肥後(長崎縣, 佐賀縣, 熊本
　　　　　　縣)－」『月刊 韓國文化(4)』 自由社

小松和彦(2001) 『神になった人びと』 淡交社

志波深雪(2002) 「多久に伝わる韓國少年の傳説」『葉隱研究(48)』 葉隱研究會

荒木精之(1989) 『加藤淸正』 葦書房

松田甲(1927) 「肥後國志」「續撰淸正記」『朝鮮史話(1)』

荒木精之(1972) 『熊本歷史散步』 創元社

中野嘉太郎(1909) 『加藤淸正傳』 隆文館

熊本出版文化會館編(1990) 『肥後の淸正』 亞紀書房

澤潟久(1980) 『長崎女人傳(上)』 西日本新聞社

唐人町商店街(1991) 『唐人町 Lifework Station 構想』
　　　　　　　　　　唐人町商店街振興組合 事務局

大畑三千夫 『平戸藩窯(三川內燒)と鶴峰園 三猿』(개인출판)

松本源次(1989) 「大樽 陶山神社」『皿山なぜなぜ』 有田町敎育委員會

吉永陽三(2002) 「李氏朝鮮王朝の陶工たちの恩惠」『葉隱研究(48)』 葉隱研究會

倉田芳郎(1994) 「肥前磁器創始者と佐賀, 多久唐人古場窯の工人」
　　　　　　　　『磁器へのあこがれ』 多久市敎育委員會

今泉元佑(1980) 「陶祖李參平と磁器の創始」『陶説(332)』 日本陶磁器協會

松本源次(1989) 「大樽 陶山神社」『皿山なぜなぜ』 有田町敎育委員會

有田町歷史編纂委員會(1985)『有田町史 商業編(2)』有田町

兪華濬(2003)「李參平 －日本の神になった朝鮮陶工－」

　　　　　　「日韓の架け橋となった人々』<東アジア學會編> 明石書店

吉永陽三(2002)「李氏朝鮮王朝の陶工たちの恩惠」『葉隱研究(48)』葉隱研究會

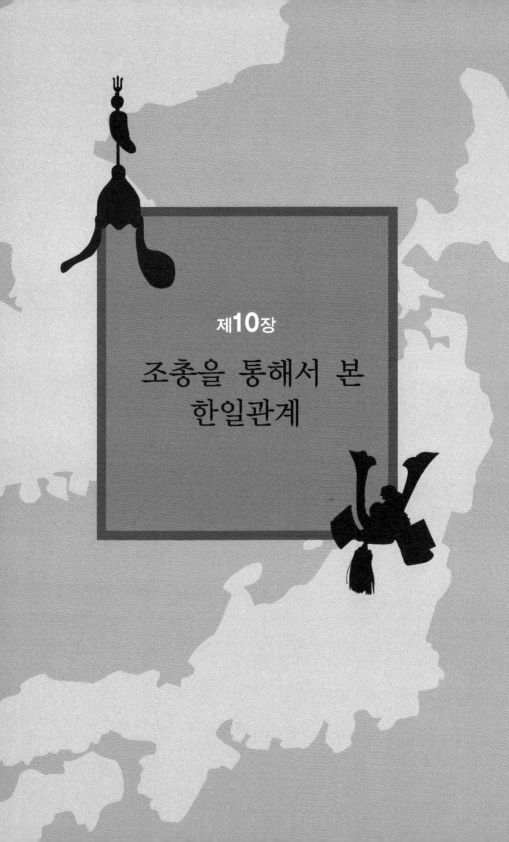

제**10**장

조총을 통해서 본
한일관계

일본에 남은 **임진왜란**

제10장

조총을 통해서 본 한일관계

1. 머리말

조총으로 사람을 쏜 사람들이 있었다. 다름 아닌 임란과 정유의 왜란 (이하 임란으로 줄임) 때 조선을 침략한 일본인들이 그러했다. 그들은 조총이란 신식무기로 무장하여 활과 창 그리고 칼 등의 재래식 무기로 무장한 조선군을 초토화시켰던 것이다. 그러므로 임란을 연구할 때 무기의 부분에서 조총에 관한 연구가 매우 중요한 의미를 지닌다. 그럼에도 불구하고 우리의 학계는 조총에 관한 연구가 활발하게 이루어졌다고 할 수 없으나 역사학계의 유승주,[1] 김호종,[2] 하우봉[3] 등에 의해 조금씩 연구가 되고 있다. 유승주는 조총을 통하여 조선후기의 군수산업 발전에 관하여 규명하고 있고, 또 김호종은 전술론의 입장에서 조총의 도입에 관해 밝히고 있고, 하우봉은 임란을 통해 우리에게 전해진 문물의 하나로서 꼽고 있다.

이러한 일련의 연구에서 보듯이 주된 관심은 조총이 전래된 후 조선

---

1) 유승주(1969)「조선후기 군수 광공업의 발전 -조총문제를 중심으로-」『사학지』단국사학회, pp.1-35
2) 김호종「서애 유성룡의 전술론」『퇴계학(6)』pp.75-103,「서애 유성룡의 일본에 대한 인식과 그 대응책」『대구사학(78)』대구사학회, pp.1-29
3) 하우봉(2000)「임진왜란 후 조일 간의 문물교류」『일본학(20)』동국대 일본학연구소, p.136

에서 이를 어떻게 수용하고 발전시켰는가에 있으며, 또 문물교류의 상
징으로 파악되고 있다. 다시 말하여 어디까지 그들의 관심은 조총을 통
해 한국을 이해하려고 하는 것이지 일본을 이해하고자 하는 것은 아니
었다. 그러나 조총은 그렇게 간단한 문제가 아니다. 더군다나 한국, 중
국, 일본 가운데 군대를 조총으로 무장한 것은 일본이 제일 먼저였다.
그리고 그들은 이를 바탕으로 조선을 침략하여 조총으로 심대한 피해
를 입혔다. 그러므로 우리는 그들이 조총을 어떻게 가지게 되었으며,
또 그것이 어떻게 확산되어 일본의 역사적 변화를 가져다주었는지를
알 필요가 있다. 그리고 조총을 통한 한일관계를 살펴보았을 때 이것이
조선에 어떠한 영향을 끼쳤으며, 또 조선의 조총제작에 일본인들이 관
여하지 않았는지 등에 대해서도 살펴볼 필요가 있다. 즉, 조총을 통한
한국과 일본을 모두 이해하려는 자세가 필요한 것이다.

이에 본 장에서 여기에 목적을 두고 조총을 매개로 일본인의 조총도
입과 제작, 그리고 역사적 의의에 대해 살펴본 다음, 그것이 우리나라
에 영향을 끼쳐 어떤 인식을 가지게 되었으며, 조총제작에 일본인 기술
의 참여여부에 대해서 검토해 보고자 하는 것이다.

2. 조총을 일본인들은 어떻게 손에 넣었을까?

조총의 원래 이름은 철포(鐵砲) 또는 화승총(火繩銃)이었다. 그러한
총이 우리나라에서 조총으로 불려지게 된 것은 날아다니는 새도 명중
시킬 수 있다 하여 붙여진 이름이었다. 이같은 조총을 일본인들은 어떻
게 손에 넣을 수 있었을까?

1606년에 성립된 『철포기(鐵砲記)』에 비교적 소상하게 적혀 있다. 그

것에 의하면 1543년 8월 25일 타네가시마의 니시무라(西村)의 작은 포구에 1척의 큰 배가 모습을 드러냈다. 어디에서 온 배인지 몰랐으며, 타고 있는 사람의 모습도 매우 낯설고 말도 통하지도 않았다. 그 중에 명나라 사람이 있어서 마을사람들이 모래 위에 문자를 적어 그 사람과 필담을 나누었다. 그 결과 그 배에 타고 있는 사람은 서남만(西南蠻)의 상인이며, 그 상인의 우두머리가 손에 이상한 것을 들고 있었다. 그것은 길이가 2,3척(70-90센티)이 되는 무거운 막대기로 안에는 구멍이 뚫려있고, 한쪽 끝은 막혀있는데, 그 구멍 안에 묘약을 집어넣고 작은 납으로 만든 구슬을 함께 넣었다가 그 막대기를 들어 올려 몸에 붙여 한쪽 눈을 감고 표적을 향해 불을 품으면 일순 뇌광과 같은 빛과 소리를 내며 빠져나가 표적을 놀랍게도 적중시킨다. 이것이 일본인이 처음 본 철포이었다는 것이다.[4]

사실 이 배는 융극선(戎克船)으로 불리는 중국배이었다. 그 배의 주인은 중국인 왕직(王直)이었다. 그는 안휘성 출신으로 남동중국해를 무대로 밀무역에 종사하던 상인으로 알려져 있고, 이들은 훗날 일본의 큐슈 서쪽 해안 고도(五島)를 근거지로 삼고 지금의 나가사키 히라도 지역의 영주인 마츠우라 다카노부(松浦隆信)와 결탁하여 활약한 해적의 우두머리였다.

그러한 그가 중국이 아닌 일본의 고토로 본거지를 옮기지 않을 수 없었던 것은 명나라가 왜구의 침입에 대비해 국비의 태반을 투입, 금산위(金山衛), 창국위(昌國衛), 태창위(太昌衛) 등 일련의 해안 요새를 만들어 해안경비를 강화했기 때문이었다. 이렇게 단속이 강화되는 상황에서 왕직 등이 명나라 연안에 기지를 두기 어려워졌다. 그리하여 일본

---

4) 岡田章雄外 2人(1968)『日本の歴史 (7) -天下統一-』讀賣新聞社, p.54

의 고도로 옮겼으며, 더군다나 그 지역의 영주인 마츠우라씨(松浦氏)
도 협조적이어서 큰 어려움이 없었다. 그는 조카 왕여현(王汝賢), 양자
모해봉(毛海峰)을 심복으로 삼고 36개의 섬 왜인을 지휘하여 그 세력
을 해상에서 떨칠 수가 있었으며, 스스로 휘왕(徽王)이라고 하기도 했
다. 그리고 그의 호가 오봉(五峰)이었던 것도 고도에서 유래된 것으로
보인다.[5]

이러한 왕직을 태운 배가 샴(태국)을 출발하여 중국으로 가던 도중
태풍을 만나 타네가시마의 해안에 표류하였던 것이다. 당시 타네가시
마의 니시무라에는 오리베노죠(織部丞, 時貫)라는 한문을 해독할 수 있
는 지식인이 있었다. 그가 나타나 왕직(五峰)과 필담을 나누었는데, 그
때의 내용에 관해 당시 영주 집안이었던 타네가씨(種子島氏)의 계보에
서도 확인이 된다. 그 내용을 소개하면 다음과 같다.

1543년(天文12) 계묘(癸卯) 8월 25일 니시무라우라(西村浦)에 한척의
큰 배가 표착해 왔다. 어느 나라 사람인지 모르겠고, 그 사람들의 얼굴
형태도 지금까지 본 적이 없다. 말도 통하지도 않고, 정말 괴기한 사람
들이다. 니시노무라(西野村)의 재주(宰主) 니시무라 도키누키(西村時
貫)가 막대기로 모래 위에 「船中之客不知何國人也 何模形之異哉(배 안
의 손님은 나로서는 알 수 없는데, 도대체 어느 나라 사람인가. 왜 모습
과 형태가 이상한 것인가)」라고 썼다. 그러자 대명국(大明國)의 유생 오
봉이라는 자가 있어서, 모래 위에 문자로 대답했다. 「此是西南蠻種之
賈胡也 非可怪矣(이들은 서남방 미개국 종족의 상인들로서 별로 괴이
할 정도의 사람은 아니다)」. 그러자 니시무라 도키누키(西村時彦의 시

5) 佐久間重男(1979) 「王直と徐海 －倭寇の巨魁－」 『人物 海の日本史(3) <遣
明船と倭寇>』 每日新聞社, p.94

조)는 곧 타네가시마 토시토키(種子島惠時 : 제13대 도주)에게 이를 알렸다. 토시토키(惠時)는 가신에게 명하여 작은 배로 예항을 시켰다.[6]

이상에서 보듯이 중국인 해적 왕직이 이끄는 배에는 서양인들이 많이 타고 있었던 모양이다. 그러한 서양인을 보고 "어느 나라 사람인지 모르겠고, 그 사람들의 얼굴형태도 지금까지 본 적이 없다. 말도 통하지도 않고, 참으로 괴기한 사람들이다."라고 표현했다. 이처럼 그들에게는 서양인의 모습이 매우 인상적이었다. 그리하여 오리베는 경계성과 호기심어린 눈으로 왕직에게 색다른 이민족인 서양인에 대해 질문하기 시작했다. 그러자 스스로 자신을 명나라 유생이라고 소개한 왕직은 "서남방 미개국 종족의 상인들로서 별로 괴이할 정도의 사람은 아니다."고 대답하며 사람들을 안심시켰다. 이 부분에 대해 역사학자 하야시야 타츠사부로(林屋辰三郎)에 의하면 그 때 오봉은 "이 사람들은 서남만종의 상인들이다. 그들은 다소 군신의 의를 알고 있는 것 같기도 한데, 새삼스럽게 예의가 있는 것 같은 얼굴은 찾아볼 수가 없다. 따라서 그들은 마실 때에는 잔으로 하나, 잔을 손에 쥐지 않는다. 그리고 먹을 때는 손으로 먹고 젓가락을 사용하지 않는다. 오로지 마음이 가는 대로 행동할 뿐 그 이치를 통하기 위한 문자 등도 알지 못한다. 보통 상인들이 한 장소에 익숙해지면 그곳에 머물듯이 그들도 그와 같은 류의 사람이다. 그리고 가지고 있는 물건으로 필요한 물건과 바꿀 뿐이다. 이상한 사람들이 아니다."고 대답했다고 한다.[7]

이에 오리베는 자신의 마을에서 감당할 수 없다는 것을 알고 또 모래 위에 막대기를 들어 "이곳에서 13리 정도 떨어진 곳에 아카오기(赤尾木)

6) 種子島氏系譜 第十三代 種子島惠時の譜に曰く
7) 林屋辰三郎(1974)『日本の歷史(12)』中公文庫, pp.16-18

이라는 항구가 있는데, 그곳에 내가 모시고 있는 도주가 있는 곳이며, 또 수천호의 집들이 있다. 그 집들은 번창하여 남에서 북까지 많은 상인들이 오고가고 있다.”고 하며 아카오기 항이 자신이 사는 곳보다 바다가 깊고, 파도가 치지 않는 것 등 조건이 훨씬 좋다고 하며 그곳으로 이동하기를 권하였다.[8] 그리고는 이 사실을 영주인 타네가시마 토키타카와 은거중인 토시토키에게 알렸다.

이 소식을 접한 도주 토키타카는 수십척의 배를 보내어 왕직의 배를 아카오기로 예인했다. 당시 그곳에는 휴우가의 용원사(龍源寺)의 승려 충수좌(忠首座)가 법화종을 열기 위하여 와 있었다. 그는 경서에 통달해 있어서 왕직과 필담을 나누는 데 큰 어려움이 없었다. 왕직도 그와의 만남을 “同聲相応 同氣相求”라 하며 크게 기뻐했다. 이 때 충수좌가 관심을 보이기 시작한 사람이 있었다. 그들은 다름 아닌 포르투갈인으로 항상 손에 긴 막대기를 지니고 있는 것이 신기하게 보였던 것이다. 그는 그 막대기에 대해 다음과 같이 서술하고 있다.

길이가 2,3척이 되었고, 몸체는 안이 뚫려있고 바깥으로 쭉 뻗어있다. 질은 실로 무겁다. 그 안은 항상 비어있는데, 그 밑은 밀새(密塞)를 요한다. 그 옆에는 한 개의 구멍이 있는데, 불이 지나가는 길이다. 그 형상은 비유할 물건이 없다. 사용방법은 묘약을 그 안에 넣고, 또 소단연(小團鉛)을 넣어서 사용한다. 우선 일소백(一小白)을 연안에 두고 스스로 한 물건을 손에 들고 몸을 가다듬고 눈을 좁혀서 그 구멍으로부터 불을 뿜어내면 곧 맞지 않는 것이 없다. 그것이 나갈 때에는 전광을 만들어내는 것 같고, 그 울림은 우레와도 같아서 듣는 사람은 귀를 막지 않을 수 없다. 일소백을 놓는 것은 쏘는 자가 백조(鵠)를 표적에 두는 것과

같다. 그리하여 이 물건을 한번 쏘면 은산도 깨뜨리고, 철벽도 뚫을 수
가 있다. 다른 나라 사람에게 복수하는 간사하고 아첨(姦佞)하는 자도
이것에 맞으면 즉시 그 혼을 잃어버린다. 하물며 묘상(苗床)에 화를 입
히는 사슴(麋鹿)등은 문제가 되지 않는다. 세간에 이용한다면 이용법은
모두 헤아릴 수 없다.9)

여기에서 말하는 막대기는 조총이었다. 조총을 처음 본 일본인은 이
렇게 서술했다. 이러한 효능에 대해 토키타카가 놓칠 리가 없었다.『종
자도씨계보(種子島氏系譜)』에는 그 부분을 다음과 같이 묘사했다.

　서양인(賈胡)은 두 명이 있었다. 이 두 명은 손에 기묘한 물건을 지니
고 있었다. 그 형태로 말할 것 같으면 무엇에 비유해 설명하면 좋을지
모를 정도로 사용방법도 실로 묘했다. 그 이름을 「철포(鐵砲)」라 했다.
토시토키와 그의 아들 토키타카는 이것이 우수한 병기라는 사실을 알
고 만인(蛮人)의 철포 두 자루를 구입했다. 그리고는 섬의 대장장이에
게 만들 것을 명하였으나 형태는 비슷했으나 아직 완성에는 이르지 못
했다.10)

이처럼 토키타카는 이들로부터 철포 두 자루를 구입했다. 기록에는
포르투갈인이 두명으로 되어있지만 실제로는 3명이었다. 조총을 판 포
르투갈인은 프란시스코(牟良叔舍) 세이몬드, 크리스트페로 다 모다(喜
利志多伦孟太)이며, 또 한명은 페르난 멘데스 빈트인 것으로 알려져 있
다. 이들은 일본인들에게 그냥 준 것이 아니라 총값으로 영락전(永樂

---

9) 林屋辰三郎, 앞의 책, pp.18－19
10) 種子島氏系譜 第十三代 種子島惠時の譜に曰く

錢) 2000疋(필)을 받고 양도했다. 영락전 2천필이라면 오늘날의 엔화로 환산하면 2억 엔 정도의 가치라 한다. 이처럼 조총은 그들이 거금을 주고 구입할 정도로 그 가치를 높게 평가했던 것이다. 조총의 효능을 간파한 것이었다.

토키타카는 섬의 대장장이에게 그것과 똑같은 것을 만들기를 권했고, 또 가신인 사키가와 고시로(篠川小四郎)에게는 화약(탄환)제조법을 배우게 했다. 그러나 "형태는 비슷했으나 아직 완성에는 이르지 못했다"고 표현했을 만큼 결코 쉽지 않았던 모양이다. 이러한 문제를 해결하지 못하고 고민에 빠져있었을 때 그 이듬해 도착한 포르투갈선에 타고 있었던 조총 기술자에게 배워서 완전한 조총제작기술을 익혀 약 1년 뒤에는 수십 정의 철포를 만들 수 있었다.[11]

조총생산에 성공한 토키타카가 죽고 나서 그의 장남인 토키쯔기가 15대 도주로 취임하지만 요절해버리고 만다. 그리하여 토키타카의 차남인 히사토키(種子島久時)가 제16대의 타네가시마의 도주가 되었다. 그 때 시마즈 요시히사(島津義久)가 에보시오아(烏帽子親) 역할을 하였다 하여 그의 이름을 받아 "久" 자를 사용하게 되었다. 그 후 그는 시마즈씨의 가신으로 오키타나와테(沖田畷)의 전투나 오오토모씨(大友氏)와와의 전투에도 참전을 한다. 또 1590년에는 오다와라(小田原) 전투에도 참전하였으며, 그 때 히데요시에게 조총 200자루를 헌상하기도 했다. 그리고 그는 임진왜란 때에 시마즈 요시히로(島津義弘)를 따라 조선에 출병했으며, 또 조총을 다루는 솜씨가 탁월하여 시마즈군(島津軍)이 막강하다는 이미지를 구축하는데도 일익을 했다.

---

11) 岡田章雄外 2人, 앞의 책, p.54

3. 킨베이와 와카사히메의 전설

그들이 완벽한 조총을 만들어내기 까지는 많은 실패와 좌절이 있었다. 그 일화로 조총을 완성해내는 야이타 킨베이(矢板金兵衛淸定)의 딸인 와카사히메에 관한 전설이 있다. 지금도 섬사람들에게 회자되고 있는데, 그 내용을 잠깐 소개하면 다음과 같다.

〈그림 57〉 조총을 만드는 킨베이의 동상

야이타 킨베이는 원래 쿄토 본능사(本能寺)에 필요한 물건을 만들어 조달하는 대장장이였다. 그러한 그가 조총 전래 6년 전인 1537년에 현재 키후현(岐阜縣) 세키가하라(關ケ原)에서 법화종 탄압을 피하여 아내 카메와 딸 와카사, 그리고 동생인 키요요시(淸賀)와 함께 이곳 타네가시마로 왔다. 그의 딸 와카사는 와카(和歌)도 지을 줄 아는 재녀이었다. 또 그녀의 이름은 그녀의 외조부의 고향 와카사(若狹國: 현재 福井縣)에서 따온 이름이었다. 그녀의 외조부 또한 칼을 만드는 장인이었다.

도주 토키타카로부터 명을 받은 장인 킨베이는 모든 정력을 쏟으면서 조총을 만드는 데 열중했다. 그 결과 겨우 조총다운 것이 완성되었으나, 풀리지 않는 문제가 있었다. 그것은 앞에서도 잠시 언급한 총신의 밑바닥 강도를 어떻게 하느냐 하는 것이었다. 탄환을 총신에 밀어넣고, 화약에 불을 붙이면 탄환은 앞으로 튀어나가지만 총신 밑받침의 강도가 확보되지 않으면 총신이 파괴되고, 폭발하여 사수가 큰 상처를 입고 만다.[12] 이러한 문제점을 킨베이도 잘 알고 있었다. 이것은 총신

---

12) 平山武章(1990)『鐵砲傳來考』和田書店, p.22

(銃身)의 밑받침을 수나사와 암나사로 막는 것이었다. 그러나 킨베이는 암나사 깎는 법을 알지 못해 그냥 붙이는 방식을 고안해 냈던 것이다.

이러한 초보적인 기술을 해결하지 못하고 고민하고 있던 차에 그 다음 해인 1544년에 앞에서도 언급한 포르투갈선이 다시 타네가시마를 찾았다. 이 배에는 조총에 대해 잘 알고 있는 포르투갈 사람이 타고 있었다. 선장은 조총의 기술을 가르쳐 주도록 했다. 그러나 여기에는 조건이 있었다. 자신이 애지중지하며 키웠던 와카사를 그 선원에게 주는 조건이었다. 킨베이는 괴로워했다. 그러나 그는 조총을 완성시키기 위해 딸을 그 배에 태우지 않을 수 없었던 것이다.

1545년(天文14) 3월 11일 포르투갈선「아이리스호」는 타네가시마를 떠날 때 그 배의 선상에는 와카사가 있었다. 이렇게 포르투갈 상인으로부터 전해진 조총기술이 킨베이에게 전해져 불과 2년이라는 짧은 기간 동안에 완성시킬 수가 있었다. 그러나 그것은 나사의 기술과 와카사의 몸과 바꾼 결과이기도 했다.[13]

그 후 와카사는 태국의 상관에서 일을 했다고도 전해지며, 또 외국에서 중병에 걸려 죽었다고도 하며, 또 그 후에 타네가시마로 돌아왔다는 설도 있다. 이 설에는 다음과 같은 이야기가 덧붙여져 오늘날까지 전해져 온다.

포르투갈인에 의해 멀리 이국으로 가버린 와카사는「달도 해도 부모님이 계시는 것을 생각하면 일본의 것이 더욱 그립다. (月も日も大和の方そなつかしき 我二親のあると思えば)」라는 노래를 지어 부르며 부모님을 그리워했다고 한다. 그 다음해인 와카사를 태운 포르투갈선은 다시 타네가시마로 기항하여 오랜만에 그리운 부모와 재회를 할 수 있었다.

. . . .
13) 德永健生(2006)『たまゆらの海』丸山學芸図書

2.3일이 지나자 부모는 도저히 딸을 다시 이국의 배에 태울 수가 없었다. 그리하여 한 가지 계책을 세웠다. 즉, 와카사는 급병에 걸려 죽었다고 소문을 퍼뜨리고 해변에서 장례를 치렀다. 죽었다고 하면 포르투갈인들도 어떻게 할 수 없을 것이라고 생각했던 것이다.14) 여기에 대해 야이타씨(八板氏)의 계보15)에는 다음과 같이 서술하고 있다.

> 천문 13년(1544)에 서양배 1척이 왔다. 그리하여 부녀상봉을 했다. 수일후 와카사가 큰 병이 나서 죽었다고 속이고 관을 준비하고 장례를 치렀다. 서양인들은 이를 보고 울지 않았다.

여기에서 보듯이 포르투갈인들이 와카사히메가 죽었다는 말을 듣고 눈물을 흘리지 않았다는 것은 그들도 킨베이의 계략을 충분히 이해하고 있었을 것으로 생각된다. 또 이로 인해 문제를 일으키면 앞으로 무역에 지장이 있다고 생각하였는지도 모른다. 아무튼 그들은 아무런 문제를 일으키지 않고 타네가시마를 떠났다. 그 후 와카사는 결혼도 하지 않고 홀로 생애를 마감했다고 전해진다. 이처럼 조총을 완성시키는 데는 와카사의 슬픈 이야기가 숨겨져 있는 것이다. 야이타씨의 가계도에는 그녀에 대해「女子若狭大永七年四月十五日生母楢原氏女法名妙宥」라고 적혀 있다. 그리고 오늘날 니시노오모테市의 구모노시로(雲之城) 묘

----

14) 日本伝説拾遺会(出版年代不明)『日本の伝説(15) <南九州, 沖縄>』山田書院, p.126
15) 현재 야이타킨베이의 계보는 킨베이 당시의 것이 아니라 에도시대에 만들어진 것으로 니시오모테시 거주 16대손인 야이타 하루키치(八板春吉)씨가 보관하고 있다. 그의 말에 따르면 부친의 대까지 가업을 계승하였다 하며, 제2차 대전 때 정부로부터 철의 통제가 있어서 15대나 이어온 가업을 그만두었으며, 자신은 니시오모테시 공무원이 되었다 한다.

지에는 와카사의 충효비가 세워져 있다. 이처럼 지금까지 타네가시마에서 전해지고 있는 와카사히메 전설은 당시 타네가시마 사람들이 조총의 효능에 대해 알고 그것을 만들기 위해 얼마나 많은 노력을 기울였는가를 단적으로 알려주는 이야기로 볼 수 있을 것이다.

4. 조총의 위력을 간파한 오다 노부나가

포르투갈인들이 타네가시마인들에게 전해준 조총은 말라카형의 순발식 점화 기구를 가진 동남아시아제의 화승총이었다. 다시 말하여 그것은 유럽총이 아니다. 흔히 말하는 말라카형의 조총이다. 당시 유럽총은 아르카브스(arcabuz)라 불리는 완발식 점화기를 가지고 있는 구조의 무기이었다. 이처럼 조총에는 순발식과 완발식이 있었던 것이다. 일본으로 전래된 조총이 말라카형이라는 사실에 대해 우다가와 타케히사(宇田川武久)는 조총을 일본에 전한 사람은 포르투갈인이 아니라 동남아지역에서 활동하는 해적단일 것으로 추정하는 근거로 삼기도 했다.[16]

여하튼 이 두 종류 조총에는 각기 장단점이 있었다. 순발식은 명중률이 높지만, 안전성과 조작성이 떨어지고, 완발식은 그와 반대이었다. 주로 완발식은 유럽이나 중국처럼 평원에서 싸우기 위해 편성된 군대 조직에서 채용되었다. 그러나 동남아시아나 일본과 같이 지형이 좁고, 집단전투를 벌이기 어려운 지역에서는 명중률이 높은 순발식이 인기를 끌었던 것이다.[17] 특히 순발식은 개량된 점화장치에 의해 습기와 비에

16) 宇田川武久(1990) 『鐵砲傳來』 中公新書, p.9
17) 所壯吉(1988) 「鐵砲」『國史大辭典(9)』 吉川弘文館, p.904

도 강한 장점이 있었다. 이러한 특징이 습기와 비가 많이 내리는 풍토에 사는 일본인들이 선호하게 되었던 것으로 보인다.[18]

그러나 이러한 조총을 타네가시마인들이 자체 생산하기까지는 와카사히메 전설이 생겨날 정도로 평탄한 것이 아니었다. 무릇 2년이란 세월이 걸렸던 것이다. 자체개발에 성공한 그는 그 중 한자루를 시마즈씨(島津氏)를 통하여 쇼군인 아시카가 요시하루(足利義晴)에게 헌상을 했다. 이 때부터 조총은 타네가시마총(種子島銃)이라고도 불리웠으며, 전국시대에 커다란 영향을 끼치게 된다.

토키타카가 가보로 소중하게 여기던 두 자루의 조총 가운데 한 자루가 타네가시마에 와있던 쯔다 카즈나가(津田算長)이라는 무사의 손에 들어가게 되고, 또 그를 통하여 키슈(紀州: 현재 和歌山縣) 네고로데라(根來寺)의 스기노보(杉坊)라는 승려에게 전해졌으며, 스기노보는 다시 절 앞 동네에 사는 장인 시바쯔지 세에몬(芝辻淸右衛門)에게 다시 넘겨 조총의 제작에 성공한다. 이로 말미암아 네고로는 조총의 생산지로 유명해졌고, 승려들도 조총사용에 능숙하여 훗날 네고로 철포중(根來鐵砲衆)이라는 이름으로 명성을 날리게 된다.[19]

이와는 별도로 사카이(堺)의 상인 타치바나야 마타사부로(橘屋又三郎)가 타네가시마를 직접 찾아가 킨베이로부터 조총제조법을 배웠다.[20] 타치바나는 훗날 「텟포마타(鐵砲又)」라는 별명이 붙여질 정도로 조총에 심혈을 기울이고 있었다. 훗날 사카이가 일본 최대 조총의 생산지가될 수 있었던 것도 바로 이 때문이다. 그리고 1544년 막부 쇼군 아시카가 요시하루는 관령인 호소가와 하루모토(細川晴元)를 통하여 오우미

....

18) 有水博(1993)「鐵砲傳來異說について」『大阪外大論集(9)』大阪外大, p.261
19) 朝尾直弘外 3人(1986)『日本の歷史 －戰國の爭い－』小學館, p.46
20) 岡田章雄外 2人, 앞의 책, p.55

의 쿠니토모무라(國友村)의 장인들에게 타네가시마의 조총을 만들 것을 명한다. 바로 그 해 조총생산에 성공을 거두어, 이것이 쿠니토모 조총의 출발이 된다.[21]

이렇게 해서 키이(紀伊)의 네고로(根來: 和歌山縣岩出町), 이즈미(和泉)의 사카이(堺), 오우미(近江)의 쿠니토모(國友:滋賀縣 長浜市)가 일본 조총의 3대 생산지가 되는 것이다. 조총의 제조법은 일본제철사에도 크게 기여했다. 조총의 보급은 일본의 전국시대에 큰 영향을 주고, 전투 방법과 축성 기술 등에 새로운 방법이 요구되게 되었다.[22]

〈그림 58〉
조총으로 무장한 일본군

특히 중요한 것은 조총이 타네가시마에 전래된 당시 일본사회는 각지에 군웅들이 할거하는 전국시대(戰國時代)라는 사실이다. 이 때 조총의 위력을 간파한 오다 노부나가(織田信長)는 1575년(天正3年) 5월 21일 나가시노(長篠) 전투에서 수백 정의 조총부대를 편성하여, 타케다 가츠요리(武田勝賴)의 기마병과 격돌하여 대승을 거두었다.

전투가 벌어진 나가시노는 미카와 동쪽의 이마가와(今川), 다케다(武田), 오다(織田), 도쿠가와(德川)씨가 인접해 있는 지역이었다. 나가시노 성은 원래 이마가와씨의 소유였는데, 1560년 이마가와 요시모토가 전사한 후 이에야스에게 넘어갔다. 그러나 1572년 전국시대의 제일 무장이라 일컫는 다케다 신겐(武田信玄)의 공격을 받

21) 朝尾直弘외 3人, 앞의 책, p.46
22) 『日本全史』(講談社. 1991년)

고 다케다씨가 소유하게 되었다. 신겐은 계속 공격하여 이에야스를 궁지로 몰아넣었는데, 불운하게도 이에야스군이 쏜 조총에 맞아 중상을 입고 본거지 고슈(甲州)로 회군 중 사망했다. 이때도 조총의 위력은 유감없이 발휘된 것이었다.

신겐의 사망 후인 1573년 신겐의 아들 가츠요리는 아버지의 뜻을 이어 서쪽 영지의 확대를 위해 공세를 벌였다. 1575년 가츠요리는 1만8천명의 기병을 이끌고 다시 이에야스의 소유가 된 나가시노 성을 공격했다. 이에야스는 노부나가에게 구원을 요청, 3만 8천명의 연합군이 형성되었다. 노부나가군은 마방책(馬防冊)으로 진지를 굳힌 나가시노 들판으로 가츠요리의 기마대를 유인했다.

〈그림 59〉 조총부대

당시 조총은 한번 쏘고 나면 다음 발사까지 시간이 걸리고, 비가 오면 화승이 젖어 사용할 수 없는 불편한 점이 있어서 전투의 주된 무기가 못되었다. 그럼에도 불구하고 노부나가와 이에야스의 연합군은 3천정의 조총부대를 편성하여 3열로 배치하여 차례로 일제 사격을 가하는 방법을 사용한 것이었다. 이로 인해 천하의 무적을 자랑하는 타케다군은 처절하게 패배하고 말았다.[23] 신식무기 앞에 기마대는 무릎을 꿇었던 것이다.

이 전투로 인하여 조총의 위력은 만방에 알려졌으며, 지금까지의 전투방식을 버리고 새로운 전법을 택하는 전환점이 되었다. 그리하여 많은 무장들은 서둘러 조총을 구하려고 혈안이 되어있었다. 이로 말미암아 일본은 조총제작기술이 눈부시게 발전하게 된 것이다.

타네가시마로부터 철포(조총)의 제조방식을 전수해 양산체제로 들어간 지역은 사카이(堺), 쿠니토모(國友) 등 킨키(近畿)지역이었다. 사카이와 쿠니토모를 장악한 노부나가가 신무기 확보에 유리했음은 물론이다. 이것을 기반으로 그는 일본 전역을 통일하는 데 이르게 되는 것이다.

일본에서는 앞뒤 생각 없이 무턱대고 저지르는 경솔함 또는 무모함을 나타내는 낱말로 무뎃뽀(無鐵砲)라고 표현한다. 즉, 조총(鐵砲)도 없이 전투에 임한다는 것은 경솔하거나 무모하다는 뜻으로 사용되고 있는 것에서도 알 수 있듯이 조총은 이미 그들에게 빼놓을 수 없는 귀중한 무기가 되어 있었던 것이다.

5. 임진왜란과 조총의 위력

도요토미 히데요시에 의해 시작된 임진왜란 때 조선으로 파견된 일본군은 조총으로 무장을 했다. 그들의 주요무기는 조총, 활, 칼, 창이었다. 그 중에서 조총이 단연 으뜸이었다. 예를 들면 카고시마의 시마즈 군대는 전체 1만 5천 명 중 조총은 1,500정이 있었고, 그리고 가토 기요마사는 임란 때 조선으로 출병하기 이전에 조총부대원이 2천 명이라도 부족하다고 하여 더 많은 조총을 확보하기 위해 히라도(平戶), 아리마

23) 고영자(2001)『일본역사』탱자출판사, p.183

(有馬) 등지의 조총기술자를 고용하여 제조시켰으며, 그것도 모자라 사카이에서 매입하도록 지시하고 있다. 또 아사노 나가마사(淺野長政)는 임란 때 조선으로 출병할 때 도요토미 히데요시로부터 조총 한 자루라도 더 많이 가지고 갈 것을 권고 받기도 했다.[24)]

당시 일본군의 기본적인 편제를 보면 크게 나누어 기사와 보병이 있었고, 보병에는 조총병, 창병, 궁병의 3개조로 편성되어 있었다.[25)] 이들을 좀 더 살펴보기 위해 다치바나 무네시게(立花宗茂) 군대의 예를 들면 조총병은 350명, 창병은 640명, 궁병은 91명이었다. 숫자로만 본다면 조총병은 창병의 절반 정도에 불과하지만 이들의 전법에서 발휘하는 조총은 그 숫자보다 능력을 훨씬 더 많이 발휘하는 것이다. 즉, 적과의 대치상태에서 먼저 조총병이 사격을 하고 난 후 2선에 물러나 재장전을 하면, 이어서 궁병이 활을 쏘아 조총병의 사격장전 시간을 메웠고, 그 후 조총병이 계속적으로 사격을 하여, 적의 전열을 흐트려 놓으면 기마병이 돌격하고, 그 뒤를 창병이 따라가 백병전을 벌임으로써 승패를 결정짓는 전법이었다. 그러므로 일본군의 주력부대는 다름 아닌 조총병이었음을 알 수 있다.[26)] 그들은 이러한 조총의 위력을 믿고 조선으로 쳐들어 왔던 것이다.

그 위력은 정말 대단했다. 1592년 4월 13일 저녁 무렵, 고니시 유키나가(小西行長)가 이끄는 제1군 1만 8천명이 8백척의 배에 분승, 부산포에 상륙했다. 그 다음날인 4월 14일, 고니시군은 부산진성을 공격, 3시간 만에 함락시켰다. 그리고 4월 15일, 동래성은 공격개시 후 2시간

---

24) 宇田川武久(1993) 「日朝の主力火器 鐵砲と銃筒」『歷史群像シリーズ(35) －文祿, 慶長の役』學硏, p.134

25) 하우봉, 앞의 논문, p.136

26) 박재광 「우리나라의 화약병기 제조와 발달」『국방품질(17)』, p.117

남짓 만에 함락되었다. 그 길로 일본군은 파죽지세로 북상하여 충주에서 신립과의 싸움에서 승리를 거두고, 그 해 5월 3일 고니시군은 서울에 입성할 수 있었다. 부산에 상륙한 지 불과 20일 만에 서울에 입성했고 당시 임금 선조는 북으로 피신해야만 했다.

이렇게 일본군이 빨리 한반도 전역을 누빌 수 있었던 것은 조총의 위력 때문이었다. 조총으로 무장된 그들은 철포대라 하였는데, 이미 일본은 여러 번 전쟁을 통해 조총의 위력을 익히 잘 알고 있었고, 조선 침략에서도 유감없이 실력을 발휘하였던 것이다. 조선군이 쏜 화살은 맞아도 즉사하지 않는 것이 보통이었지만, 일본군이 쏜 철포, 즉 조총에 맞으면 그대로 즉사했다. 처음 보는 조총의 위력 앞에 조선군의 사기는 여지없이 떨어졌다. 1592년 11월 이항복이 일본군의 선봉에는 조총과 칼이 있으므로 접근전을 벌여서는 안된다고 경고하였던 것은 조선의 전법이 전통적인 원거리 전투에 맞춘 장병전술이었기 때문이다. 이러한 조선군은 일본의 조총 위력에 속수무책으로 당할 수 밖에 없었던 것이다.

조선 정부도 조총에 대해서 전혀 몰랐던 것은 아니다. 유성룡(柳成龍)의 『징비록(懲毖錄)』에 의하면 임진왜란이 일어나기 2년 전인 1590년 3월, 대마도의 도주 소오 요시토모(宗義智)가 사신으로 와서 통신사 황윤길, 김성일과 함께 일본으로 떠나면서 선조(宣祖)에게 공작 두 마리와 조총, 창, 칼 등을 바쳤는데, 공작은 남양의 해도로 날려 보내게 하고, 조총은 군기사(軍器寺)에 두게 했다고 하면서 이것이 우리나라에 조총이 처음으로 전래된 것이었다고 말하고 있다.[27] 그러나 조선 정부는 이에 별다른 관심을 갖지 않았다. 그리고 시사(試射)를 해본 결과

....
27) 유성룡(1974) 『징비록』<이민수역> 을유문화사, p.19

다음과 같은 결론을 내렸다.

　　발사음이 크고 탄환이 200m쯤 날아갔지만, 50m의 지근거리가 아니
면 치명상을 가하지 못한다. 더욱이 비 오는 날이나 습도가 높으면 화약
의 조합(調合)이 어렵고, 발사까지에 시간이 너무 소요된다는 약점이
있다. 반면 조선의 활은 200m 상거한 적의 가슴을 꿰뚫을 수 있으며
20~30발의 화살을 계속 날릴 수 있다.

　이와 같이 조총의 약점을 지적하면서 그 효력이 활보다 못하다고 판
단하였던 것이다. 이러한 점은 명나라의 관료들도 거의 비슷한 시각을
가지고 있었다. 가령 명의 유황상과 원황이 조선측에 보낸 글에는 "왜
노들이 믿는 것은 오직 조총입니다. 그러나 세 발을 쏜 뒤에는 즉시
계속 쏘기 어렵고 그들의 군사가 비록 많기는 하나 굳센 자가 거의 없
어 앞줄의 1-2백 명만 죽이면 나머지는 모두 바람결에 도망할 것이니,
이것은 모두 이길 만한 기회이며 바로 지사(志士)가 공을 세울 때입니
다."[28]하면서 조총의 약점을 지적하면서 크게 두려워할 것이 못된다고
하고 있는 것이었다. 이러한 사고가 당시 조선에 많았음은 유성룡의
『징비록』에서도 잘 나타나 있다. 그와 관련된 기사를 잠시 소개하면
다음과 같다.

　　나(유성룡)는 그(신립)를 보고 물었다. "가까운 시일 내에 큰 변이 일
어날 것 같소. 그렇게 되면 그대가 군사를 맡아야 할 터인데, 오늘날
적의 형세로 보아 넉넉히 막아낼 자신이 있으시오?" 그러나 그는 대수
롭지 않게 대답했다. "그까짓 것 걱정할 것 없소이다." 나는 다시 말했

28) 선조 34권, 26년(1593 계사 / 명 만력(萬曆) 21년) 1월 7일 임술 6번째기사

다. "그렇지가 않습니다. 전에는 왜병이 다만 짧은 병기만 가지고 있었지만, 지금 와서는 조총이 있는데, 어떻게 만만히 볼 수가 있단 말이요." 그러나 신립은 끝까지 태연한 말투로 대꾸했다. "왜병들이 조총은 가졌지만 그게 쏠 적마다 맞는답디까?" "나라가 오랫동안 아무 일도 없을 때는 사졸들이 모두 겁약한 법이요. 그러다가 일조에 변이 생기고 보면 이것을 감당하기가 몹시 어려운 법입니다. 내 생각으로는 몇 해 뒤에는 우리 군사도 모두 병기에도 익숙해져서 난을 수습할 수도 있을 것이요. 하지만 지금 같아서는 매우 걱정이 되는 바 올시다." 그러나 신립은 내내 내 말을 옳게 여기지 않고 그대로 자리에서 일어섰다.[29]

여기에서 보듯이 무관인 신립은 일본군이 조총으로 무장한 것에 대해 과소평가를 하고 있다. 그 반면 문관인 유성룡은 조총의 위력을 높이 평가하며, 경계를 늦추지 않고 있음을 알 수 있다. 그 후 신립은 탄금대 전투에서 다수의 기병으로 구성된 기동력을 앞세워 원거리에서부터 일본군을 포위하려고 하였으나 근거리에서 이루어진 일본군의 집중적인 조총사격과 장검의 장병과 단병의 배합전법에 제대로 대적도 하지 못하고 패배하고 만다.[30]

한편 조총의 위력을 간파한 유성룡은 임란 이전에 왜국에서 헌납한 조총을 실전에 쓸 수 있도록 상소하여 훈련부정 이봉으로 하여금 서울에 상번 군사들을 통솔하여 조총쏘는 법을 훈련시키도록 하였으나 관계자들이 헛된 일로 생각하여 시일이 지나자 흐지부지 되어 실효를 거두지 못하고 말았다.[31]

· ·

29) 유성룡, 앞의 책, pp.32－33
30) 노영구(2001) 「임진왜란 이후 전법의 추이와 무예서의 간행」『한국문화 (27)』서울대 한국문화연구소, p.150
31) 김호종 「서애 유성룡의 전술론」『퇴계학(6)』p.99

　조선은 일본보다 2세기 앞서 화기를 개발했지만 16세기 중·후반 승자총통(勝子銃筒)이란 휴대용 화기를 개발하는 선에서 만족하고 있었다. 승자총통은 가늠자, 가늠쇠가 없었고 살상거리도 30m 밖에 되지 않은 데다 1분에 1회 정도 밖에 발사하지 못하는 수동식 점화 무기였다. 승자총통은 조총에 비하면 크게 뒤떨어지는 병기였음에도 당시 관료들은 오히려 조총이 몹쓸 물건이라며 창고에 버려두고 있었던 것이다. 결국 1952년 조선은 조총으로 무장한 일본에 의해 너무나 큰 대가를 치러야 했다. 이것이 임진왜란이다. 승자총통과 총칼로 무장한 조선군은 제대로 싸워 보지도 못하고 무너졌던 것이다.

　앞에서도 보았듯이 서애 유성룡은 조총의 위력을 일찍부터 알고 있었다. 아마도 중국에서 전해진『기효신서(紀效新書)』의 영향이 있었는지 모른다.『기효신서』는 1560년(嘉靖 39) 명나라 사람 척계광(戚繼光)이 절강현(浙江縣) 참장(參將)으로 있을 때 왜구를 소탕하기 위하여 편찬한 책이다. 왜구소탕에는 종래 북방 유목민족을 소탕하기 위하여 편제된 군제와 무기 및 전술이 적합하지 않아서 왜구의 기습적인 침략에 대비하기 위하여, 소부대의 운용과 접근전에 적합한 전술을 고안한 내용이 실려 있다. 이것이 임란 이전에 수입되어 일부 계층만이 알고 있었다.

　이러한 책이 널리 알려지게 된 것은 1593년(선조 26) 1월 평양성을 탈환하였을 때의 일이다. 선조는 친히 명의 장수 이여송(李如松: ?－1598)을 찾아가 승리에 대한 격려와 요인을 물은 결과, 이에 척계광의『기효신서』의 전법이 유효했다는 것을 이여송으로부터 들었다. 선조는 이를 보기를 원했으나 이여송은 거절했다. 여기에 자극을 받은 선조는 극비로 역관에게 명을 내려『기효신서』를 구해 오도록 했다. 그뿐만 아니라 유성룡에게 그것을 번역하여 병사들에게 읽게 하라고 명령을 내리는 동시에 조선군을 명의 군대에 파견하여 『기효신서』의 전법은 물론 무예를 배워오도록 명을 내리고 있다.[32]

유성룡은 이렇게 전래된 『기효신서』를 읽었고, 그곳에서 얻은 지식을 바탕으로 "『기효신서』에서 말하기를 조총은 명중하는 묘가 활이나 화살보다 다섯 배나 되고 쾌창보다 열배나 된다."고 평하고 있다. 이러한 그였기에 우리 측도 조총으로 무장하기를 바랐다. 『선조실록』에 의하면 그는 "지금부터 전장에서 얻은 조총은 이것을 함부로 사용하지 말고 모두 거두어 각진의 군사들로 하여금 이를 학습하게 합시다. 그리하여 그 이치를 터득한 사람들이 다른 사람들을 성의 있게 가르치도록 하소서."[33]라고 건의 하고 있다. 이처럼 그는 일본과 전쟁을 수행하면서 획득한 조총을 가지고 빨리 학습하여 우리 측 군사도 조총으로 무장하여야 한다는 사고를 가지고 조정에 건의를 했던 것이다. 선조 또한 "조총은 천하의 신기"[34]라고 경탄하기도 했다.

특히 유성룡은 "임란 때 내외가 모두 무너지고 있었으니, 수도를 빼앗기고 사방이 처음으로 붕괴된 이유는 백여 년간 지속된 평화로 백성들이 군사에 대해 무지했다 하여도 실제로는 왜적들이 조총을 가졌기 때문이다. 이것은 수백 보 바깥 물체까지 명중하여 관통시킬 수가 있다."[35]고 한 것처럼 조총의 위력을 실감하고 있었다.

이처럼 임진왜란이 발발한 뒤에야 조총의 위력을 인정하고 1593(선조 26) 2월에 우리 측에서도 조총을 훈련도감과 군기사에서 만들기 시작했고, 또 조총 쏘는 법을 가르쳤으며, 무과의 과목에도 넣도록 했다.

....
32) 박귀순(2006) 「중국(명). 한국(조선), 일본의 <기효신서>에 관한 연구」『한국체육사학회지(17)』 한국체육사학회, p.64
33) 권 48. 27년 2월 기사조
34) 선조실록 44. 선조 26년 11월 임술조
35) 『서애전서』 권1. p.321 기조총제조사, 김호종, 앞의 논문, p.96에서 재인용

1594년에는 유성룡이 도제조가 되어 이자해 등으로 하여금 조총의 제조를, 그리고 정사영으로 하여금 화약제조를 전담케 했다. 제조기술도 빨리 습득하여 『서애집』에 의하면 "이자해가 개성부에 있을 때 감독하여 조총을 만들게 하였는데 왜적의 총과 다름이 없었다."라는 기록에서 보듯이 조선 측에서 제조한 조총의 성능도 우수했다.

이러한 작업이 바탕이 되어 조선 측 병사들도 조총으로 무장하기 시작했다. 그 예로 1596년 평안도 안주 진관 관할하의 관군 무기연습상황을 보면 등재된 관군 73명 가운데 조총을 연습하고 있는 자가 48명으로 나타나 있다. 즉, 전체 관군의 약 66%를 차지하고 있는 것이다.[36]

그 이후 조선 측은 훈련도감을 설치, 날쌘 병졸 수천 명을 뽑아 조총 쏘는 법을 가르쳤다. 이처럼 조선은 조총의 위력을 뒤늦게 알았던 것이다. 그리하여 임란과 정유재란이 끝나고 조선인 포로들을 소환하기 위해 회답겸쇄환사(回答兼刷還使)를 일본에 보낼 때 선조는 특별히 "전쟁에 사용하는 무기로는 왜인의 조총이 가장 절묘하다. 백금을 넉넉히 보내 역관(譯官)들로 하여금 정교하게 만들어진 것을 사서 가져오게 하라."[37] 고 명을 내리고 있는 것에서도 조총을 얼마나 중요한 화기로 인식하고 있었는지를 알 수 있다.

6. 조선의 조총제작에 참여한 일본인

조총의 중요성만큼 그 제작도 여간 어려운 것이 아니다. 유성룡은 『기효신서』를 인용하면서 "조총은 한 달 동안 뚫어야 상품이 되며, 이

---

36) 김호종, 앞의 논문, pp.99-100
37) 선조 수정본 41권, 40년(1607 정미 / 명 만력(萬曆) 35년) 1월 1일 을축 3번째기사

조총 한 자루는 한 사람이 한 달의 힘을 쓴 뒤라야 사용할 만하니, 만들기 어려워서 귀한 것이 이와 같다.”[38]고 한 적이 있다. 이러한 조총의 제작에 조선은 어디에서 기술을 습득하였을까?

여기에 대해 유승주는 1593년 당시 의주행재소에서 명나라 원병에 의해 전래되었다고 보았다. 그리고 표류해온 하멜일행이 소지한 조총을 모방하여 1656년에는 새로운 조총을 만들기도 했다고 해석했다.[39] 이러한 해석에서 보듯이 조선의 조총 제작기술은 중국과 하멜의 일행에서 전래된 것으로 볼 수 있다. 다시 말하여 그의 해석에는 우리보다 먼저 조총으로 무장한 일본의 기술은 전혀 없었던 것처럼 보인다.

그러나 과연 조선의 조총제작에 일본인들은 관여하지 않았을까? 일본인이 관여했을 가능성이 매우 높았을 것으로 보인다. 『왕조실록』에 의하면 1593년 2월까지 조선은 조총 만드는 기술을 터득하지 못한 것 같다. 그리하여 적군의 길을 안내한 김덕회를 체포하였을 때 선조는 적의 정세 및 염초(焰硝)와 조총의 제작법과 도검 취색(刀劍取色)의 방법을 속히 낱낱이 추문하라.” 하였다.[40] 이처럼 조선은 조총의 제조법을 습득하기 위하여 일본군에 협조했던 사람들을 붙잡아 그 제조법을 알려고 노력했던 것이다. 그러나 유감스럽게도 김덕회는 “조총과 철환과 철통은 하나도 만들지 않고, 다만 먹같이 까만 화약(火藥)을 소반 위에 쌓아 놓고 칼가루로 부수고 다듬이 돌에 찧는 것을 날마다 일삼는데 이것이 무슨 일인지 모른다.”[41]고 자백하고 있는 것처럼 조총의 제조법을 몰랐다. 김덕회의 아들 김서남(金瑞男)도 이를 증명하듯이 “아비

38) 西厓集 啓辭 請訓練軍兵啓 甲午春
39) 유승주 「조선후기 군수광공업의 발전 －조총문제를 중심으로－」『사학지』 p.2
40) 선조 35권, 26년(1593 계사 / 명 만력(萬曆) 21년) 2월 16일(신축) 6번째기사
41) 선조 35권, 26년(1593 계사 / 명 만력(萬曆) 21년) 2월 21일(병오) 6번째기사

덕회는 전부터 매매하던 사람들과 알 뿐이고 조총과 화약 만드는 법은 전혀 알지 못한다."고 했다.[42] 결국 김덕회를 통하여도 조선은 조총의 제조법을 터득하지 못하였던 것이다.

그러던 조선 조정에 조총과 화약 제조법를 가르쳐 준다는 중국인의 제의를 받고 솜씨 좋은 대장장이와 화약 만드는 장인 각각 몇 명씩을 신속히 구하여 배우게 하고 있다.[43] 아마도 조선은 이를 통하여 어느 정도 제조법을 배웠던 것 같다. 그러나 조총에 쓸 화약(탄환)제조는 그 때까지 완전하게 터득하지 못했다. 그리하여 이러한 기술을 포로가 된 일본인으로부터 알아내려고 노력했다. 그러한 예가 『선조실록』에 다음 과 같이 서술되어 있다.

"조총(鳥銃)의 제도는 벌써 전해 익혔으나, 염초(焰硝)를 굽는 방법은 전해 익히지 못하였다. 이번에 생포해온 왜인이 그 굽는 방법을 안다고 하는데, 이 왜인은 죽여 보았자 이익이 없을 것이니 그의 목숨을 살려주어 속히 오응림(吳應林), 소충한(蘇忠漢)을 시켜 장인(匠人)을 데리고 그 방법을 다 알아내도록 하라는 뜻을 은밀히 병조 판서 이항복에게 말하라."[44]

"전에 생포한 왜인 2명 중에, 한 명은 염초(焰硝)를 구울 줄 알고, 한 명은 조총을 만들 줄 안다고 하니, 염초를 굽는 자는 영변으로 보내 관인(官人)에게 보수(保授)하게 하여 가을부터 시작하면 많은 염초를 구워낼 것이고, 조총 만드는 자는 철이 생산되는 어느 고을에 보내 또한

....
42) 선조 35권, 26년(1593 계사 / 명 만력(萬曆) 21년) 2월 21일(병오) 8번째기사
43) 선조 35권, 26년(1593 계사 / 명 만력(萬曆) 21년) 2월 10일(을미) 8번째기사
44) 선조 36권, 26년(1593 계사 / 명 만력(萬曆) 21년) 3월 11일(병인) 6번째기사

관인에게 보수(保授)하게 하면 많은 조총을 만들어 낼 수 있을 것이다. 그러니 이를 군기사에게 말하고 제조에게 의논하여 아뢰라. 또 들으니 그 왜인들에게는 아직까지도 족쇄(足鎖)를 채웠다고 하는데, 만일 죽이지 않기로 작정하였다면 이와 같이 할 필요가 없으니 족쇄를 풀어주는 것이 어떻겠는가? 이 뜻을 아울러 군기 제조에게 물어보라."45)

여기에서 보듯이 조선정부는 일본포로들로부터 조총과 화약의 제조법을 배우려고 노력을 했다. 이러한 노력을 통하여 조선은 어느 정도 기술을 습득했다. 그리고 당시 일본포로 조우여문(調于汝文) 중 1명이 화약(탄환) 만드는 법을 잘 알고 있어서 군기사 관원의 감독하에 영변에서 작업을 하도록 했다.46) 이처럼 조선은 일본포로들을 통하여 기술을 익히고 제작에 착수했다.

그 결과 1593년 7월에는 무과의 기준을 대폭 수정하여 "별시(別試)의 규정은 영유(永柔)의 예(例)에 따라 하되, 철전(鐵箭)은 정수(定數)를 맞혔으나 기사(騎射)를 맞히지 못했거나 평상시의 분수(分數)가 부족한 자에게는 조총 세 자루를 쏘게 하여 한 번 이상 맞힌 자는 모두 뽑으라."47)라고 명할 만큼 조총의 기술을 익히게 했다. 그리고 같은 해 7월에는 비변사는 조총을 배울 포수 2백 명을 뽑자고 임금에게 건의를 하고 있다.48)

이와 같이 1593년 조선은 조총의 기술을 배우기에 혈안이 되어있었으며, 이를 아는 사람이면 중국인이던 일본인이던 상관없이 그 기술을 익히려고 노력하였던 것이다. 그 결과 1년도 채 되기 전에 조선은 조총

45) 선조 39권, 26년(1593 계사 / 명 만력(萬曆) 21년) 6월 16일(기해) 2번째기사
46) 유승주(1980)『조선후기 군수 광공업사 연구』고려대 박사학위논문, p.24
47) 선조 40권, 26년(1593 계사 / 명 만력(萬曆) 21년) 7월 14일(병인) 4번째기사
48) 선조 40권, 26년(1593 계사 / 명 만력(萬曆) 21년) 7월 28일(경진) 6번째기사

의 제조법과 탄환(화약) 제조법까지 빨리 익힐 수가 있었다. 그러므로 이러한 조선의 기술에는 중국과 일본의 기술이 복합되어있다고 보아야 할 것이다. 이처럼 단기간에 양국의 복합된 기술로 인해 만들어졌기 때문에 초기의 것은 성능면에 있어서 그다지 만족스럽지 못했던 것 같다. 그리하여 선조는 그 해 12월에 "우리나라에서 만든 조총은 모두 거칠게 만들어서 쓸 수가 없다. 이제는 이렇게 하지 말고 왜인의 정밀한 조총을 준적(準的)으로 삼아 일체 그 견양(見樣)대로 제조하게 해야 한다."고 명하고 있다.[49] 다시 말하여 우리나라의 조총제조법은 일본 측 기술을 우선으로 하기 시작한 것이었다.

이러한 데에는 조선 측에 투항한 일본군이 많았으며, 또 그들 가운데는 조총제작에 관한 기술과 정보를 가지고 있는 자들도 있었기 때문에 가능한 일이었다. 만약 그러한 일본인이 있었다면 어떤 자들이 있었을까?

여기에 중요한 사실을 제공해주는 사료가 『모하당문집(慕夏堂文集)』이다. 이 문집은 조선 측에 귀화한 일본인 사야가

〈그림 60〉 조선에 투항한 왜장 김충선

(김충선)의 업적을 기리기 위해 그의 6대손인 김한조가 1798년에 발간한 것이다. 모하당이란 김충선의 호이다. 그런데 이 문집의 서문을 강세륜이 썼는데, 그것에 의하면 "조총과 화포는 그 때 일본군이 가진 특수한 무기로서 우리나라가 처음에 패전을 거듭한 것은 우리는 아직 이 총포를 가지지 못한 까닭이었다. 공이 이에 총포만드는 법을 가르쳤으

---

49) 선조 46권, 26년(1593 계사 / 명 만력(萬曆) 21년) 12월 2일(신해) 6번째기사

니, 이 사실은 당시 여러 진중에 오고간 글월로써 넉넉히 증거할 수 있다. 이후부터는 일본이 가진 특수무기를 우리도 가지게 된 것이니, 결국 수복한 공은 실제로 공의 힘이 컸던 것이다."[50])고 서술되어있다.

이처럼 『모하당문집』에는 조선에 투항한 일본인 사야가가 조선에 조총제조법을 처음으로 알려준 사람으로 되어있는 것이다. 이를 다시 확인하듯이 문집에는 김충선의 장자인 김경원이 쓴 행록이 실려 있는데, 그것에도 "당시 우리나라에는 원래 조총이 없었다. 또 화약제조법도 몰랐다. 공은 강화한 후 병마절도사에게 처음으로 조총제조법을 가르쳤다. 때문에 1593년(만력21) 조정은 훈련청을 설치하고 항왜 300여 명을 모집하여 화약을 만들고 화포를 만들었다."[51])고 되어있다.

이러한 내용을 중심으로 문집 내용을 다시 정리하여 보면 그는 1594년에서 97년, 그의 나이 24세부터 27세까지 울산성을 거점으로 하여 조총과 화약제조 그리고 조총부대를 조직하여 훈련시키는 일을 하였으며, 때로는 곽재우가 이끄는 의병과 함께 일본군을 공격하기도 한 인물이었다.[52]) 그리고 조총제조에 김충선만이 참여한 것이 아니었다. 무릇 일본인 300여 명이 제작에 참여한 것으로 되어있는 것이다. 만일 이것이 사실이라면 조선의 조총제작에 엄청난 숫자의 일본인들이 참여한 것이 된다.

물론 이 문헌에 수록된 내용이 모두 사실을 반영하고 있는 것이라고 보기는 어렵다. 왜냐하면 이 문헌이 김충선을 현창하기 위해 편집된 것이기 때문에 다소 역사적인 사실과 거리가 있을 수 있다. 그렇다고 사

50) 金致烈編(1996)『慕夏堂文集 附實記』賜姓金海金氏宗會, p.3
51) 金致烈編, 앞의 책, pp.167-168
52) 貫井正之(1993)「朝鮮の土となった投降武將 降倭」『歷史群像シリーズ(35) －文祿, 慶長の役』學研, p.85

야가(김충선)의 존재조차 무시할 수 없다. 그의 이름이 『조선왕조실록』, 『승정원일기』에도 등장하고 있기 때문이다.

특히 『선조실록』30년 11월에 전라도 운봉에서 경상도 산음, 삼가로 진격하는 일본군 1만명이 있다는 정보를 듣고 경상 우병사 김응서는 군사를 이끌고 명나라 군사와 이정의 군대와 합세하여 일본군을 공격하여 큰 전과를 올렸다. 일본군 70여 명을 죽이고, 깃발을 비롯하여 칼, 창, 조총 등을 빼앗고, 조선인 포로 100여 명을 되찾았기 때문이다. 바로 그 때 그의 휘하에 사야가, 사고여무(沙古汝武), 요질기(要叱其), 염지(念之) 등의 투항한 일본인들이 있었다. 그 후 사고여무에게는 첨지와 2급, 요질기에게는 동지와 1급, 사야가에게는 첨지와 1급, 염지에게는 1급의 공훈과 관직을 각각 제수하였다.[53]

이처럼 『모하당문집』의 내용을 그대로 다 믿을 수는 없지만 우리 측에 투항한 일본군 가운데 조총과 화약의 제조법을 알고 있는 포로가 있었던 것만은 확실하다. 앞에서도 언급하였듯이 이들을 통하여 조선은 조총제작과 사용법, 염초의 채취 및 화약제조법 등을 전수 받으려고 했던 것이다. 이에 사야가를 비롯한 많은 왜인들이 적극 참여한 것으로 보인다.

그렇다면 사야가는 일본 어디 출신이기에 조총의 제조법을 알고 있었을까? 여기에 대해 지금까지 여러 가지 해석이 제시되고 있다. 작가 시라이시 이치로(白石一郎)는 마츠우라당(松浦黨) 출신이라는 설, 시바 료타로(司馬遼太郎)는 대마도 출신, 그리고 소설가 코사카 지로는 기슈의 와카야마 출신, 키타지마 만지(北島万次)와 심수관은 가토 기요마사 휘하에서 활약한 오카모토에치고모리(岡本越後守) 또는 아소노

---

53) 한문종(2006)「임진왜란시의 항왜장 김충선과 <모하당문집>」『한일관계사연구(24)』한일관계사학회, pp.81 - 82

미야 에치고모리(阿蘇宮越後守)라는 설 등 지금까지 매우 다양한 설이 나와 있다.54)

특히 이 중에서 시바와 코사카 그리고 키타지마(심수관)의 설이 주목을 끄는데 대략 정리하여 소개하면 다음과 같다. 먼저 시바의 경우 『모하당문집』에서 보듯이 그 자신을 섬 오랑캐라는 뜻의 도이(島夷)라는 표현을 사용하고 있는 것등으로 보아 이는 대마도를 의미하며, 그의 본명은 사에몬(左衛門)인데, 이를 당시 조선의 관리가 사에몬의 끝 글자인 門을 叱로 잘못 표기한 것에서 생겨난 것으로 보았으며, 또 투항을 한 것으로 보아 도요토미 히데요시의 정책에 반감을 가진 인물로 해석했다.55)

이에 비해 코사카는 사야가가 키슈(와카야마현)의 사이가(雜賀) 출신이라고 추정했다. 그 이유는 사야가는 사이가와 발음이 비슷하며, 실제로 그곳에는 어느 지역의 영주에 예속되지 않은 조총제작시술을 가지고 있는 조총부대가 있었고, 그들을 이끄는 인물 가운데 스즈키 마고이치로가 있는데, 그가 조선으로 출병하기 위해 100여 명을 이끌고 큐슈 나고야까지 갔는데, 그 이후 자취를 감추었다고 하고 있기 때문에 그를 사야가로 지목했던 것이다.56)

그런데 키타지마와 사쓰마 도자기 종가 14대 심수관씨는 이 보다 진일보한 해석을 가하고 있다. 즉, 이들은 사야가를 사이가 출신 오카모토 에치고모리(岡本越後守)라고 추정하였던 것이다. 오카모토가 속해 있던 사이가슈가 1585년 히데요시로부터 공격당하여 무너져 그들은 시코쿠와 큐슈로 도망하여 몸을 숨겼고, 특히 이들 중에서 오카모토는

---

54) 한문종, 앞의 논문, p.88
55) 司馬遼太郞, 『韓のくに紀行』
56) KBS역사스페셜제작국(2003) 『역사스페셜(6)』 효형출판, pp.295－296

큐슈의 아소 코레미츠(阿蘇惟光)에게 몸을 의탁하여 있다가 일본이 히데요시에 의해 통일되고, 또 히데요시의 명에 따라 큐슈 영주들이 조선으로 출병할 때 그도 따라간 것으로 보았던 것이다.[57] 만일 이것이 사실이라면 사야가는 키슈의 네고로 지역의 조총제작자이며, 이들의 기술이 조선의 조총제작에 대거 반영된 것으로 생각할 수 있을 것이다.

물론 김충선 그룹만이 조선 측에 기술을 제공한 것은 아닐 것이다. 조선왕조실록에는 당시 투항한 왜병의 이름만 해도 일일이 다 셀 수 없이 많다. 조사랑(助四郎), 학사이(鶴沙伊), 요질기(要叱其), 주질지(酒叱只), 손시로(孫時老), 요시라(要時羅), 목병위(木兵衛), 마당고등라(馬堂古等羅), 신시랑(信時郎), 오질기(吾叱己), 세이소(世伊所), 사기소(沙己所), 고로여문(老古汝文), 염지(念之), 마다시지(馬多時之), 여여문(呂余文), 준사(俊沙), 선대(善待), 야여문(也汝文), 연시로(延時老), 그 밖에도 평구로(平仇老), 산여문(山如文)과 같은 일본인들의 이름이 보인다.[58] 이들 가운데 조총부대원이 있었을 것이며, 또 조총제작기술을 알고 있는 사람들도 있었을 것이다. 김충선(사야가) 휘하에 김계수, 김계충이라는 일본인도 있었다. 이러한 기술을 가진 일본인들은 조선에서 후대했고, 이들을 훈련도감에 소속시켜 조선군사들에게 기술을 전수하게 하고 급료도 주었다.[59] 이처럼 조선이 조총제작에 성공할 수 있었던 것은 바로 이들의 기술을 적극 수용하였기 때문이었다.

이처럼 조총의 제작은 당시 한일 양국에 있어서 하나의 커다란 이슈

57) 山中靖城(2009)「秀吉の朝鮮侵略に謀反した男 －沙也可. 金忠善－」『まほら(43)』旅の文化硏究所, p.21에서 재인용.

58) 今村鞆(1995)「文祿慶長の役異談」『歷史民俗 朝鮮漫談』<復刻板> 國書刊行會, p.296

59) 김문자(2005)「임란시 항왜문제」『임진왜란과 한일관계』<한일관계사연구논집 편찬위원회편> 경인문화사, p.349

이었다. 즉, 해적으로부터 배운 조총으로 전국의 통일을 이룩하고, 해외까지 손을 뻗치게 하였던 그 힘을 조선은 임란이라는 혹독한 전쟁을 통하여 자신을 공격한 일본으로부터 배웠던 것이다.

7. 마무리

지금까지 살펴보았듯이 조총은 임진왜란 때 그 능력을 유감없이 발휘한 중요한 무기였다. 이것으로 무장한 일본군은 재래식 무기로 무장한 조선군으로 하여금 고전을 면치 못하게 했던 것이다. 그들의 무장은 조선과 중국에 비해 훨씬 빠른 것이었다. 이러한 조총을 일본은 어떻게 손에 넣을 수 있었을까?

그것은 정말 우연이었다. 1543년 8월 태풍으로 말미암아 중국의 해적 두목 왕직이 이끄는 배가 풍랑으로 인해 카고시마의 타네가시마에 표류한 것에서 시작되었다. 그 배에 탄 포르투갈인으로부터 조총의 존재와 성능을 알고 거금을 치르고 두 자루를 구입하여 연구한 결과의 산물이었다. 이들의 노력이 얼마나 각별했는지 젊고 예쁜 딸을 포르투갈인에게 바친 대가로 부족한 기술을 보충할 수 있었다는 전설까지 생겨났다.

이렇게 개발된 조총이 군웅이 할거하던 시대적 상황에 부합하여 삽시간에 전역으로 퍼져갔고, 이의 효능을 일찍이 간파한 오다 노부나가가 조총부대를 효과적으로 운영함으로써 일본을 거의 통일하기에 이른다. 그의 후계자라 할 수 있는 도요토미 히데요시가 전국을 통일하고, 그 여세를 몰아 조선을 침략하였을 때도 조총은 중요한 화기로서 작용하였던 것이다. 조선 측도 조총의 존재를 몰랐던 것은 아니나, 그것의 효능을 과소평가하여 개발을 늦추었다가 임란이 발발하자 그것의 가치를 알고 처음에는 중국으로부터 수입하여 개발에 박차를 가하였으나, 그 성능이 일본의 것만 못하다는 사실을 깨닫고 일본 측 기술을 대거 도입하고 응용하였다. 이것을 가능케 한 데에는 사야가와 평구로, 산여문과 같은 조선 측에 투항한 왜병들이 많이 있었기 때문이었다. 이들은 자신들이 가지고 있었던 조총제조와 화약제조법을 제공했고, 이러한 그들을 조선 측은 우대하여 정착케 하고는 그들로부터 기술을 도입했다. 이처럼 조선의 조총제작과 생산에 있어서 일본인의 기술은 매우 중요하게 작용하였던 것이다. 이러한 관점에서 보았을 때 조총이 일본을 통하여 조선에 전래된 길은 한일 양국인들이 얼마나 국익을 위하여 실리를 추구하였는지를 여실히 드러내는 좋은 사례라 하지 않을 수 없다.

참고 문헌

고영자(2001) 『일본역사』 탱자출판사

김문자(2005) 「임란시 항왜문제」『임진왜란과 한일관계』

　　　　　<한일관계사연구논집 편찬위원회편> 경인문화사

김호종 「서애 유성룡의 전술론」『퇴계학(6)』

金致烈編(1996) 『慕夏堂文集 附實記』 賜姓金海金氏宗會

노영구(2001) 「임진왜란 이후 전법의 추이와 무예서의 간행」

　　　　　『한국문화(27)』 서울대 한국문화연구소

박귀순(2006) 「중국(명). 한국(조선), 일본의 <기효신서>에 관한 연구」

　　　　　『한국체육사학회지(17)』 한국체육사학회

박재광 「우리나라의 화약병기 제조와 발달」『국방품질(17)』

유승주 「조선후기 군수 광공업의 발전 -조총문제를 중심으로-」『사학지』

＿＿＿(1980) 『조선후기 군수 광공업사 연구』 고려대 박사학위논문

하우봉(2000) 「임진왜란 후 조일 간의 문물교류」『일본학(20)』

　　　　　동국대 일본학연구소

한문종(2006) 「임진왜란시의 항왜장 김충선과 <모하당문집>」

　　　　　『한일관계사연구(24)』 한일관계사학회

KBS역사스페셜제작국(2003) 『역사스페셜(6)』 효형출판

有水博(1993) 「鐵砲傳來異說について」『大阪外大論集(9)』 大阪外大

今村鞆(1995) 『歷史民俗 朝鮮漫談』<復刻板> 國書刊行會

宇田川武久(1990) 『鐵砲傳來』 中公新書

＿＿＿＿＿(1993) 「日朝の主力火器 鐵砲と銃筒」『歷史群像シリーズ(35)

　　　　　　 －文祿, 慶長の役』 學硏

岡田章雄外 2人(1968) 『日本の歷史 (7) －天下統一－』 讀賣新聞社

朝尾直弘外 3人(1986)『日本の歷史 －戰國の爭い－』小學館

貫井正之(1993)「朝鮮の土となった投降武將 降倭」

　　　　　　　　『歷史群像シリーズ(35) －文祿, 慶長の役』學研

佐久間重男(1979)「王直と徐海 －倭寇の巨魁－」

　　　　　　　　『人物 海の日本史(3) <遣明船と倭寇>』每日新聞社

林屋辰三郎(1974)『日本の歷史(12)』中公文庫

平山武章(1990)『鐵砲傳來考』和田書店

日本傳說拾遺會(出版年代不明)『日本の傳說(15) <南九州, 沖繩>』山田書院

山中靖城(2009)「秀吉の朝鮮侵略に謀反した男 －沙也可. 金忠善－」

　　　　　　　　『まほら(43)』旅の文化研究所

所壯吉(1988)「鐵砲」『國史大辭典(9)』吉川弘文館

찾아보기

(ㄱ)

(ㅈ)

저자 ●●●

노 성 환

1955년 대구출생. 계명대(문학사), 한국외대(문학석사), 일본 오사카대학 대학원 졸업
(문학박사). 미국 메릴랜드대학 방문교수, 일본 국제일본문화연구센터 객원연구원 역임. 현
울산대학교 교수. 주된 연구 분야는 신화, 역사 그리고 민속을 통한 한일비교문화론. 저서
로는 일본속의 한국(울산대 출판부. 1994년), 한일왕권신화(울산대 출판부. 1995년), 술과
밥(울산대출판부. 1996년), 젓가락사이로 본 일본문화(교보문고. 1997년), 일본신화의 연구
(보고사. 2002년), 동아시아의 사후결혼(울산대출판부. 2007년), 고사기(민속원. 2009년), 일
본의 민속생활(민속원. 2009년), 일본신화와 고대한국(민속원. 2010년), 오동도 토끼설화의
세계성(민속원. 2010년) 등이 있고, 역서로는 일본의 고사기(상, 중, 하)(예전사), 조선의 귀
신(민음사. 1990년), 고대한국과 일본불교(울산대출판부, 1996년), 불교의 기원<일본출판>
(法藏館. 1997년) 등이 있다.

일본에 남은 임진왜란

초판1쇄 인쇄 2011년 08월 21일   **초판1쇄 발행** 2011년 08월 31일
초판2쇄 인쇄 2012년 07월 02일   **초판2쇄 발행** 2012년 07월 10일

저   자 노성환
발 행 인 윤석현
발 행 처 제이앤씨
책임편집 이신
등록번호 제7-220호

우편주소 서울시 도봉구 우이천로 353, 3층
대표전화 (02) 992 / 3253
전   송 (02) 991 / 1285
홈페이지 http://www.jncbms.co.kr
전자우편 jncbook@hanmail.net

ISBN 978-89-5668-871-8 93910   **정가** 24,000원